Der erste Teil dieses Bandes, ›Evaristo Carriego‹, lag bisher auf Deutsch nicht vor. Der zweite Teil, ›Diskussionen‹ (1932), ist Borges' erste ›überlebende‹ Essaysammlung (drei frühere Bände wurden von ihm selbst unterdrückt). Borges hat sich immer darum bemüht, auch schwierige Dinge verständlich auszudrücken; die Klarheit und Präzision seiner Sprache ist ebenso beeindruckend wie die Vielfalt der Themen – von der Gaucho-Dichtung über Probleme des Realismus und Teilaspekte der gnostischen Kabbala bis zu scharfsinnigen Bemerkungen über Walt Whitman oder Flaubert.

Jorge Luis Borges (* 1899 Buenos Aires, † 1986 Genf) ist einer der wichtigsten Autoren des 20. Jahrhunderts; ohne sein wegweisendes und bahnbrechendes Werk wäre die moderne hispanische Literatur undenkbar. Die Vielfalt seiner Themen und die Perfektion seiner Formen in Erzählung, Essay und Lyrik machten ihn schon zu Lebzeiten zum Klassiker der Weltliteratur auch außerhalb der spanischsprachigen Welt. Mit Joyce und Proust teilt er die Auszeichnung, den Nobelpreis nicht bekommen zu haben.

Die Herausgeber:

Gisbert Haefs (* 1950) studierte Hispanistik und Anglistik, verfaßte u. a. *Hannibal* (Roman, 1989), *Freudige Ereignisse* (Geschichten, 1990), Krimis und Hörspiele. Als Übersetzer und Herausgeber betreut er u. a. die deutschen Werkausgaben von Rudyard Kipling, Ambrose Bierce und Jorge Luis Borges.

Fritz Arnold (* 1916) studierte Kunst- und Literaturwissenschaft und veröffentlichte den Essayband *Welt im Wort* (1987). Er war freier Journalist und Redakteur (›Neue Zeitung‹, ›Prisma‹, ›Thema‹, ›Perspektiven‹) sowie Lektor der Fischer Bücherei und bei den Verlagen Insel und Carl Hanser. Mitglied des PEN-Clubs und Mitbegründer der Münchner Autorenbuchhandlung.

Jorge Luis Borges
Werke in 20 Bänden
Herausgegeben von
Gisbert Haefs und Fritz Arnold

Band 2

Jorge Luis Borges
KABBALA UND TANGO

Essays 1930–1932

Evaristo Carriego
Evaristo Carriego
Discusión
Diskussionen

Übersetzt von Karl August Horst,
Curt Meyer-Clason, Melanie Walz
und Gisbert Haefs

Fischer Taschenbuch Verlag

Veröffentlicht im Fischer Taschenbuch Verlag GmbH,
Frankfurt am Main, November 1991

Alle Rechte dieser Ausgabe
© Carl Hanser Verlag München Wien 1991
Quellennachweis auf Seite 291
Umschlaggestaltung: Buchholz/Hinsch/Hensinger
Umschlagabbildung: Eduardo Arollyo
›El Baile del 14 de Julio‹ (1988)
Satz: Reinhard Amann, Aichstetten
Druck und Bindung: Clausen & Bosse, Leck
Printed in Germany
ISBN 3-596-10578-1

Inhalt

Evaristo Carriego
(1930)

Vorwort

*... a mode of truth, not of truth coherent
and central, but angular and splintered.*

De Quincey, *Writings*, XI, 68

Jahrelang habe ich geglaubt, ich sei in einem Vorort von Buenos Aires aufgewachsen, einem Vorort mit streunenden Straßen und offenkundigen Sonnenuntergängen. Tatsächlich wuchs ich in einem Garten auf, hinter einem Lanzengitter, und in einer Bibliothek von unzähligen englischen Büchern. Das Palermo des Messers und der Gitarre (versichert man mir) befand sich gleich um die Ecke, aber die, die meine Morgen bevölkerten und meinen Nächten ersprießliches Grauen schenkten, waren Stevensons blinder Bukanier, der unter den Hufen der Pferde starb, und der Verräter, der seinen Freund im Mond zurückließ, und der Zeitreisende, der aus der Zukunft eine welke Blume mitbrachte, und der Dschinn, der jahrhundertelang in Salomons Krug eingekerkert war, und der verschleierte Prophet von Khorassan, der hinter Geschmeide und Seide die Lepra verbarg.

Was geschah während dessen auf der anderen Seite des Lanzengitters? Welche heimischen und heftigen Schicksale erfüllten sich einige Schritte entfernt von mir, in der schäbigen Ladenschänke oder auf dem unsicheren Brachland? Wie war jenes Palermo, oder wie hätte es sein sollen, um schön zu sein?

Auf diese Fragen möchte dies Buch, das weniger dokumentarisch als erfinderisch ist, antworten.

Buenos Aires, Januar 1955   J. L. B.

Erklärung

Ich glaube, daß der Name Evaristo Carriego bald zur *ecclesia visibilis* unserer Literatur gehört, deren fromme Institutionen – Deklamationskurse, Anthologien, nationale Literaturgeschichten – definitiv mit ihm zu rechnen haben. Ich glaube außerdem, daß er der echteren, geheimen *ecclesia invisibilis* zugehören wird, der verstreuten Gemeinschaft der Gerechten, und daß diese wichtigere Mitgliedschaft nicht auf dem geringfügigen tränenreichen Teil seines Werkes beruhen wird. Ich habe versucht, diese Vermutungen zu begründen.

Außerdem habe ich – vielleicht mit ungebührlicher Vorliebe – die Wirklichkeit betrachtet, die er imitieren wollte. Ich wollte gern mit Definitionen, nicht mit Hypothesen arbeiten: freiwilliges Risiko, denn ich glaube, die *Calle Honduras* zu erwähnen und sich der zufälligen Resonanz dieses Namens hinzugeben, ist als Methode weniger fehlbar – und bequemer – als weitschweifiges Definieren. Wer bonairensische Themen liebt, sollte deshalb nicht ungeduldig werden. Für ihn habe ich die Kapitel des Anhangs beigefügt.

Ich habe das überaus hilfreiche Buch von Gabriel verwendet und die Studien von Melián Lafinur und Oyuela. Mit Dankbarkeit will ich auch diese Namen nennen: Julio Carriego, Félix Lima, Dr. Marcelino del Mazo, José Olave, Nicolás Paredes, Vicente Rossi.

Buenos Aires, 1930   J. L. B.

I
Palermo, Buenos Aires

Der Nachweis des Alters von Palermo ist Paul Groussac zu verdanken. Verzeichnet ist es in den *Anales de la Biblioteca*, in einer Anmerkung auf Seite 360 des vierten Bandes; die Belege oder Dokumente wurden sehr viel später in Nummer 242 von ›Nosotros‹ veröffentlicht. Sie berichten uns von einem Sizilianer namens Domínguez (Domenico) aus Palermo, Italien, der seinem Namen den seiner Heimatstadt anhängte, vielleicht um einen nicht hispanisierbaren Namensteil zu behalten, »und er wurde gerade zwanzig Jahre und ist vermählt mit der Tochter eines Conquistadors«. Dieser Domínguez Palermo also, der zwischen 1605 und 1614 die Stadt mit Fleisch versorgte, besaß in der Nähe des Maldonado einen Corral, wo er wilde Rinder hegte und schlachtete. Diese Rinder sind ge- und vergessen, aber uns bleibt die genaue Erwähnung einer »scheckigen Mauselin auf dem Gut von Palermo, wo diese Stadt endet«. Ich sehe sie absurd deutlich und winzig auf dem Grunde der Zeit und will keine Details hinzuerfinden. Es genügt, nur sie zu sehen: Der buntscheckige immerwährende Stil der Wirklichkeit, mit seiner Interpunktion von Ironien, von Überraschungen, von Vorkehrungen, die ebenso seltsam sind wie die Überraschungen, läßt sich nur im Roman wiedergeben, der hier unangemessen wäre. Zum Glück ist der üppige Stil der Wirklichkeit nicht der einzige; es gibt auch den des Erinnerns, dessen Wesen nicht die Verästelung von Fakten, sondern das Überdauern isolierter Züge ist. Diese Poesie ist die unserer Ignoranz gemäße, und eine andere will ich nicht suchen.

Zum Inventar von Palermo gehören das bescheidene Gut und der obszöne Schlachthof; in den Nächten fehlte ebensowenig die eine oder andere holländische Schmugglerbarkasse, auf den Untiefen liegend vor dem schwankenden Schilf. Diese fast unbewegliche Vorgeschichte zu erwecken liefe darauf hinaus, sinnlos eine Chronik winziger Vorgänge zu erstellen: die Etappen des achtlosen jahrhundertelangen Vorrückens von Buenos Aires gegen Palermo, damals irgendwelche vagen Ländereien im Hinterland, oft überschwemmt. Am direktesten wäre es, gemäß den Verfahrensweisen des Kinos eine kontinuierliche Reihe vereinzelter Gestalten aufzubieten: eine Koppel Maultiere für den Weinbau, die wilden mit verbundenen Köpfen; ein ruhiges weites Gewässer, auf dem einige Weidenblätter treiben; ein einsamer armer Teufel, schwindelerregend hoch auf Stelzen, wie er durch eine reißende Überflutung watet; das offene Land, wo sich nichts tut; die festgebackenen Hufspuren einer Herde auf dem Weg zu den Schlachtpferchen der Nordstadt; ein Bauer (vor frühem Morgenhimmel), der vom erschöpften Pferd steigt und ihm den dicken Hals aufschlitzt; Rauch, der sich in der Luft auflöst. Und so bis zur Gründung durch Don Juan Manuel: Palermos längst mythologischer Vater, nicht bloß historisch wie jener Domínguez-Domenico von Groussac. Die Gründung war ein Gewaltakt. Damals gab es schon hübsche Landhäuser mit Patina, auf dem Weg nach Barracas. Aber Rosas wollte bauen, wollte, daß das Haus sein Kind sei, von fremden Schicksalen weder durchtränkt noch geprüft. Tausende Wagenladungen schwarzer Erde wurden herbeigeschafft von den »Luzernefeldern von Rosas« (später Belgrano), um den lehmigen Boden zu ebnen und aufzubessern, bis Palermos ungebärdiger Schlamm und die undankbare Scholle sich seinem Willen fügten.

Gegen 1840 war Palermo Kommandantur der Republik geworden, Hof des Diktators und Fluchwort der Unitarier. Ich berichte die Geschichte nicht ausführlich, um nicht alles andere zu beeinträchtigen. Es soll genügen, einiges aufzuzählen – »dieses große gekälkte Haus, genannt sein Palast« (Hudson, *Far Away and Long Ago*, S. 108), die Orangenhaine, das Bassin mit Ziegelwänden und Eisengeländer, wo sich das Boot des Restaurators jener so kärglichen Navigation ergötzte, die Schiaffino kommentierte: »Die Ausfahrt zu Wasser bei geringem Tiefgang kann nicht besonders ersprießlich gewesen sein, und ob der sehr kurzen Strecke entsprach alles einer Art Ponyreiten. Aber Rosas war gelassen; wenn er den Blick hob, sah er die vom Himmel umrissenen Silhouetten der Posten, die beim Geländer Wache hielten und den Horizont mit spähendem Adlerauge musterten.« Zum Rand hin zerfranste dieser Hof schon: das geduckte Feldlager aus primitiven Adobeziegeln für die Division Hernández und die Hütten voll von dem Streit und der Leidenschaft der dunkelhäutigen Truppen, die Quartiere von Palermo. Wie man sieht, war das Viertel schon immer eine Spielkarte mit zwei Farben, eine Münze mit zwei Seiten.

Zwölf Jahre währte dieses hitzige Palermo, ewig in Unruhe durch die fordernde Anwesenheit eines korpulenten blonden Mannes, der über die gefegten Wege wanderte, in blauer Uniformhose mit roter Biese und grellroter Weste und sehr breitkrempigem Hut, und der immer einen langen Rohrstock trug und bog, wie ein leichtes luftiges Zepter. Dieser furchtsame Mann verließ Palermo eines Abends, um einen simplen Ausfall zu befehligen, die von vornherein verlorene Schlacht bei Caseros; in Palermo zog der neue Rosas ein, Justo José, mit dem Körperbau eines Wildstiers und dem seidenen grellroten Mazorca-Schmuckband um den Hut und der prunkvollen Generaluniform. Er hielt Einzug und, wenn Ascásubis Pamphlete uns nicht irreführen:

> en la entrada de Palermo
> ordenó poner colgados
> a dos hombres infelices,
> que después de afusilados
> los suspendió en los ombuses,
> hasta que de allí a pedazos
> se cayeron de podridos…

beim Einmarsch in Palermo
ließ er aufhängen
zwei Unglückselige,
die er hatte erschießen lassen
und dann in die Ombu-Bäume hängte,
bis sie dort verwest
stückchenweise herabfielen…

Danach befaßt Ascásubi sich mit der verlotterten Truppe aus
Entre Ríos im Großen Heer:

Entre tanto en los barriales
de Palermo amontonaos
cuasi todos sin camisa,
estaban sus Entre-rianos
(como él dice) miserables,
comiendo terneros flacos
y vendiendo las cacharpas…

Inzwischen waren da, in den Lehmkuhlen
Palermos zusammengedrängt,
fast alle ohne Hemd,
seine (wie er sagt) erbärmlichen
Entre-Rios-Männer,
aßen dürre Stierkälber
und versetzten ihre Habe…

Tausende Tage, von denen die Erinnerung nichts weiß, trübe
Zonen aus Zeit, wucherten und verwitterten danach, bis wir
über einzelne Gründungen – das Gefängnis anno 77, das
Nordhospital anno 82, das Rivadavia-Hospital anno 87 – am
Vorabend der neunziger Jahre zu dem Palermo gelangen, in
dem die Carriegos ein Haus kauften. Über dieses Palermo
von 1889 möchte ich schreiben. Ich will rückhaltlos sagen,
was ich weiß, ohne etwas auszulassen, denn das Leben ist
schamhaft wie ein Verbrechen, und wir wissen nicht, was Gott

daran wichtig erscheinen mag. Außerdem sind fast immer die Einzelumstände das, was uns anrührt.* Ich schreibe alles, auf das Risiko hin, offenkundige Wahrheiten zu schreiben, die aber morgen die Sorglosigkeit verkramen wird, armseligste Form des Geheimnisses und seine Vorderseite.**

Jenseits der Verzweigung der Westbahn, die ins Innere Amerikas führte, fläzte sich zwischen Versteigerungswimpeln das Viertel, nicht nur auf dem ursprünglichen Feld, sondern auch auf dem zerstückelten Rest von Landgütern, brutal parzelliert, um später von Schankläden, Kohlenhandlungen, Hinterhöfen, Mietskasernen, Barbierstuben und Holzlagern mit Füßen getreten zu werden. Mancher erdrosselte Garten im Viertel, mit trübsinnigen Palmen zwischen Steinen und Eisenzeug, ist das degenerierte und verstümmelte Überbleibsel eines großen Landsitzes.

* »Das Anrührende steckt fast immer in den Details der geringfügigen Einzelumstände«, stellt Gibbon fest in einer der letzten Anmerkungen zum fünfzigsten Kapitel seines *Decline and Fall*.

** Ich behaupte – ohne zimperliche Scheu vor (oder wetterwendische Neigung zu) Paradoxien –, daß nur die jungen Länder eine Vergangenheit haben; das heißt, eine autobiographische Erinnerung an sie; das heißt, sie haben eine lebendige Geschichte. Wenn Zeit Abfolge ist, müssen wir einräumen, daß dort, wo eine größere Dichte von Vorgängen existiert, mehr Zeit vergeht, und daß der üppigste Zeitstrom auf dieser unbedeutenden Seite der Welt fließt. Die Eroberung und Kolonisierung dieser Reiche – vier furchtsame Schanzwerke aus Lehm, errichtet an der Küste und bewacht vom schwebenden Horizont, jenem Bogen, der Indio-Überfälle auf sie abschoß – waren derart flüchtig durchgeführt, daß einer meiner Großväter noch 1872 die letzte große Schlacht gegen die Indios befehligen konnte und so, in der zweiten Hälfte des 19. Jahrhunderts, ein Eroberungswerk des 16. Jahrhunderts vollendete. Aber wozu längst vergangene Schicksale anführen? In Granada, im Schatten von Türmen, die hundertmal älter sind als unsere Feigenkakteen, habe ich das leichte Strömen der Zeit nicht verspürt, wohl aber an der Ecke von Pampa und Triunvirato: heute ein fader Ort mit Industrieziegeln, vor drei Jahren noch voll qualmender Ziegelbrennereien, vor fünf Jahren voll wimmelnder Fohlenherden. Die Zeit – europäisches Gefühl von Menschen zahlreicher Tage, auch ein wenig ihre Rechtfertigung und Krönung – ist in unseren Republiken in sorgloserem Umlauf. Widerwillig verspüren es die Jungen. Hier sind wir Zeitgenossen der Zeit, wir sind ihre Geschwister.

Palermo war unbekümmerte Armut. Der Feigenkaktus verdunkelte die Lehmmauer; die kleinen Balkone, die nicht höher hinaus wollten, ragten in immergleiche Tage; das verlorene Horn des Vorarbeiters erkundete die Abenddämmerung. Auf den schlichten Häusern fand sich nicht selten eine gemauerte Vase, dürr gekrönt von Kakteen: unheimliche Pflanze, die im allumfassenden Schlummer der anderen einer Albtraumzone zu entsprechen scheint, tatsächlich aber sehr geduldig ist und auf den undankbarsten Böden und in öder Luft gedeiht; und achtlos hält man sie für eine Zier. Es gab auch Glückhaftes: die Rabatten im Patio, der protzende Gang des *compadre*, das Säulengeländer mit Himmelssegmenten.

Der von Grünspan gestreifte Hengst und sein Garibaldi deprimierten die alten Hoftore noch nicht. (Dieses Leid ist weit verbreitet: es gibt keine Plaza mehr, die nicht an irgendeiner grobschlächtigen Bronze litte.) Der Botanische Garten, stumme Baumwerft, Heimat aller Alleen der Hauptstadt, lag Ecke an Ecke mit der verwahrlosten Lehmplaza; anders der Zoologische Garten, der damals *las fieras* [die Raubtiere] genannt wurde und weiter im Norden lag. Heute (Karamel- und Tigerduft) befindet er sich da, wo vor hundert Jahren die Quartiere von Palermo randalierten. Nur einige wenige Straßen – Serrano, Canning, Coronel – hatten widerborstige Pflaster sowie auch glatte Fahrspuren für die Kutschen, imposant wie eine Parade, und für die lärmigen Ausflugswagen. Die Calle Godoy Cruz wand sich unter dem Scheppern der Linie 64, des hilfreichen Vehikels, das sich mit dem weiland machtvollen Schatten von Don Juan Manuel in die Gründung von Palermo teilt. Die schiefe Schirmmütze und das Milonga-Horn des Kutschers lösten Bewunderung und Nachäfferei im Viertel aus, aber der Schaffner – berufsmäßiger Bezweifler der Rechtschaffenheit – war eine befehdete Einrichtung, und es gab manch einen *compadre*, der sich den Fahrschein in den Hosenbund stopfte und empört immer wieder sagte, wenn man ihn sehen wolle, brauche man ihn ja nur da herauszuholen.

Ich suche noblere Realitäten. Nahe der Grenze zu Balvanera, gen Osten, wimmelte es von großen Häusern mit säuberlich aufgereihten Patios, gelbe oder braune Häuser mit bogenförmigen Türen – der Bogen wiederholte sich spektakulär im *zaguán* vor dem Patio – hinter feinen schmiedeeisernen Windfängen. Wenn die unleidlichen Oktobernächte Stühle und Leute auf den Gehsteig trieben und die ausgehöhlten Häuser sich bis zur Rückwand durchschauen ließen und in den Patios gelbes Licht glomm, war die Straße vertraulich und leichtlebig und die hohlen Häuser wie aufgereihte Laternen. Dieser Eindruck von Irrealität und Heiterkeit läßt sich für mich besser wiedergeben durch eine Geschichte oder ein Symbol, das schon immer mit mir gewesen zu sein scheint. Es ist ein Fetzen aus einer Erzählung, die ich in einer Ladenschänke hörte, und die gleichzeitig trivial und verwickelt ist. Ich gebe sie wieder, ohne mich ihrer weitergehend zu versichern. Der Held dieser schäbigen Odyssee war der ewige *criollo* auf der Flucht vor der Justiz, diesmal verraten von einem verlogenen, widerwärtigen Subjekt, das aber die Gitarre beherrschte wie kein zweiter. Die Geschichte, das bewahrte Stückchen der Geschichte, berichtet, wie der Held aus dem Gefängnis ausbrach, wie er in einer einzigen Nacht Rache nehmen mußte, wie er vergebens den Verräter suchte, wie ihm, als er im Mondlicht durch die Straßen irrte, der kraftlose Wind einen Hauch von Gitarre zutrug, wie er dieser Spur durch die Labyrinthe und Wechselfälle des Windes folgte, wie er in Buenos Aires um Ecken bog, wie er die entlegene Türschwelle erreichte, auf der der Verräter die Gitarre zupfte, wie er sich durch die Zuhörer drängte und ihn mit dem Messer durchbohrte, wie er kopflos aufsprang und floh, den Verräter und seine geschwätzige Gitarre tot und verstummt zurückließ.

Nach Westen zu lag das *gringo*-Elend des Viertels, seine Nacktheit. Der Begriff *las orillas* [»die Ufer«, Rand, Stadtrand] paßt mit übernatürlicher Genauigkeit auf diese dünnen Landstreifen, wo die Erde die Unbestimmtheit des Meers annimmt, und scheint ein würdiger Kommentar zu Shake-speares Feststellung zu sein: »Im Boden gibt es Blasen, wie im Wasser.« Gen Westen gab es staubige Gassen, zum Abend hin immer ärmlicher; es gab Stellen, an denen ein Schwellen-schuppen der Bahn, eine Agavensenke oder eine fast ge-heime Brise verdrossen die Pampa eröffnete. Oder es gab ei-nes jener gedrungenen Häuser ohne Putz, mit niedrigem Fenster, mit Gitter – dahinter bisweilen eine gelbe Schilfmatte mit Bildern –, wie sie die Einsamkeit von Buenos Aires ohne sichtbare menschliche Beteiligung zu erstellen scheint. Dann: der Maldonado, ein ausgedörrter gelber Graben, der sich ziel-los vom Chacarita-Friedhof hierher verlief und durch ein er-staunliches Wunder vom Tod durch Verdursten überging in die ungeheure Ausdehnung wilder Überschwemmungen, die die hinfälligen Hüttensiedlungen des Stadtrands wegspülten. Etwa fünfzig Jahre jenseits dieses irregulären Grabens oder Todes begann der Himmel: ein Himmel aus Gewieher und Mähnen und sanfter Weide, ein Rösserhimmel, die *happy hunt-ing-grounds* der Muße für emeritierte Reittiere der Polizei. Etwa am Maldonado lichtete sich das einheimische Gelichter und wurde durch kalabresisches ersetzt, Leute, mit denen sich keiner anlegen wollte, weil ihr Groll ein gefährlich gutes Gedächtnis hatte und ihre Dolchstöße langfristig tückisch wa-ren. Hier wurde Palermo trübe, denn die Schienen der Pazi-fik-Bahn säumten den Bach und luden jene Trauer ab, die versklavten und großartigen Dingen eigen ist: den Schranken so hoch wie die Deichseln abgestellter Karren, den geraden Dämmen und Bahnsteigen. Ein Grenzland emsigen Damp-fes, ein Grenzland jäh rangierender Waggons schloß diese Seite ab; dahinter wuchs oder schwand der Bach. Heute ker-kert man ihn ein: Diese fast unendliche Flanke von Einsam-keit, die sich bis vor kurzem hinter der Spielkneipe und Confi-serie *La paloma* verbarg, soll jetzt abgelöst werden von einer öden Straße mit Ziegelpflaster. Vom Maldonado wird nichts bleiben als unsere Erinnerung, erhaben und allein, und der beste argentinische Schwank und die beiden nach dem Bach benannten Tangos – der eine ursprünglich, völlig unbekümmert, bloße Tanzvorgabe, Anlaß, ganz in den Tanzschritten aufzugehen; der andere ein schmerzliches Tangolied im Boca-Stil – und manches dümmliche Klischee, das dem Wesentlichen nicht gerecht werden kann, dem Eindruck von Weite und einem abwegigen andersartigen Leben in der Phantasie jener, die es nicht gelebt haben. Wenn ich darüber nachdenke, glaube ich nicht, daß das Maldonado-Viertel sich von anderen sehr armen Örtlichkeiten unterschied, aber die Vorstellung von seinem Pöbel, wie er in verrotteten Bordellen über die Stränge schlägt, bedroht von Überschwemmung und Ende, beherrschte die Phantasie der Leute. So ist in dem hübschen Schwank, den ich erwähnte, der Bach keine notdürftige Hintergrundkulisse: Er ist ein Protagonist, viel wichtiger als der Schwarze Nava und die Dirne Dominga und der Títere. (Puente Alsina, mit seiner noch nicht vernarbten Messerstecher-Vergangenheit und seiner Erinnerung an die große vaterländische Erhebung von 1880, hat in der Mythologie von Buenos Aires Maldonado verdrängt. Was die Realität angeht, so läßt sich leicht feststellen, daß die ärmsten Viertel meistens die zaghaftesten sind, und daß in ihnen furchtsame Anständigkeit gedeiht.) Vom Bach segelten die hochbordigen Staubstürme los, die den Tag verfinsterten, und der überfallartige Pampero-Wind, der alle nach Süden blickenden Türen rüttelte, Distelbäusche durch den Bogengang zum Patio blies, und die verheerende Heuschreckenwolke, die die Leute mit Geschrei zu vertreiben suchten*, und die Einsamkeit und der Regen. Diese Randgegend roch nach Staub.

Zum schwärzlichen Wasser des Flusses hin, zum Wald hin versteifte sich das Viertel. Die ersten Gebäude dieses Landstreifens waren die Schlachthöfe der Nordstadt; sie umfaßten an die achtzehn Blocks zwischen den künftigen Straßen Anchorena, Las Heras, Austria und Beruti, und heute bleibt von

---

* Heuschrecken zu töten war etwas für Ketzer, denn sie trugen das Zeichen des Kreuzes: als Mal, daß der Herr sie ausgesandt und speziell zugeteilt hatte.

diesem Viertel nur eine Wortreliquie, der Begriff *la Tablada* [Schlachtviehtrift, -markt], den ich von einem Karrenfahrer hörte, der nichts von der uralten Berechtigung wußte. Ich habe den Leser dazu angehalten, sich diesen viele Häuserblocks weiten Bereich vorzustellen, und wenn die Pferche auch um 1870 verschwanden, ist doch die Vorstellung eines Corral typisch für die Gegend, die immer von Land- und Bauerngütern durchsetzt war – der Friedhof, das Rivadavia-Hospital, das Gefängnis, der Markt, das städtische Holzdepot, die heutige Wollwäscherei, das Brauhaus, die Villa Hale – und umgeben von der Ärmlichkeit der vom Schicksal Gebeutelten. Die Villa findet aus zwei Gründen Erwähnung: wegen der Birnen, die die jungen Strolche des Viertels dort auf heimlichen Raubzügen erbeuteten, und wegen des Gespenstes, das an der Seite zur Calle Agüero hin erschien, den unmöglichen Kopf an den Arm eines Leuchters gelehnt. Denn zu den echten Gefahren eines hochmütigen, messerfertigen Pöbels kamen auch noch die phantastischen einer vogelfreien Mythologie: die *Witwe* und das absonderliche *Blechschwein*, schäbig wie der Schlamm, waren die meistgefürchteten Geschöpfe dieser Sumpflandreligion. Hier im Norden hatte man vorher Müll verbrannt: Es ist ganz natürlich, daß dort in der Luft Seelenabfälle schwebten. Noch immer gibt es dort armselige Ecken, die nur deshalb nicht zusammenbrechen, weil die toten *compadritos* sie nach wie vor stützen.

Wenn man die Calle de Chavango (später Las Heras) hinabging, war die letzte Kneipe am Weg *La Primera Luz* [das erste Licht, Morgenlicht], ein Name, der, trotz der Anspielung auf die Frühaufsteher der Stammkundschaft, mit Recht an verrammelte, leblose Sackgassen denken läßt, in denen man endlich, nach mühsamem Umherirren, das menschliche Licht einer Ladenschänke erblickt. Zwischen den Mauern des rötlichen Nordfriedhofs und denen der Strafanstalt reckte sich aus dem Staub allmählich eine flache, zusammengestückelte Vorstadt ohne Verputz, mit dem notorischen Beinamen Feuerland. Uralter Schutt, Ecken von Aggression oder Einsamkeit, verstohlene Männer, die einander durch Pfiffe rufen und jäh in der seitlichen Gossennacht verschwinden, bestimmten den Ortscharakter. Das Viertel war Endstation und letzte Ecke. Eine Unterwelt zu Pferde, Gauner mit breitkrempigen Hüten tief über den Augen und bäuerischen Pluderhosen, führte aus Trägheit oder zwanghaft einen Krieg individueller Zweikämpfe mit der Polizei. Die Klinge der Vorstadtraufbolde war nicht sehr lang – die Tapferen leisteten sich den Luxus der Kürze –, aber besser temperiert als die vom Staat angeschaffte Machete, das heißt in den meisten Fällen teurer und aus schäbigerem Material. Der Arm, der sie führte, war begieriger zu töten und kannte sich besser aus in den jähen Wendungen des Handgemenges. Nur dank des Reims hat ein Stückchen jener Wucht vierzigjährigen Verschleiß überlebt:

> *Hágase a un lao, se lo ruego,*
> *que soy de la Tierra 'el Juego.**

> Machen Sie Platz, bitte sehr,
> ich bin nämlich aus »Feuerland«.

Nicht nur von Kämpfen – auch von Gitarren war dieses Grenzland voll.

Indem ich diese wiederbeschafften Fakten niederschreibe, zieht mich mit offenkundiger Willkür der dankenswerte Vers aus den *Homethoughts* an: »*Here and here did England help me*«, den Browning schrieb, als er an eine Opfertat auf hoher See dachte und an das hochbordige Schiff, gedrechselt wie ein Läufer im Schachspiel, auf dem Nelson fiel, und der, sobald ich ihn wiederhole – wobei ich auch den Namen der Heimat übertrage, denn für Browning war der seines England nicht minder unmittelbar –, mir als Symbol für einsame Nächte

* Taullard, 233.

dient, für verzückte und endlose Wanderungen durch die Unendlichkeit der Viertel. Denn Buenos Aires ist tief, und niemals, in Enttäuschung oder Schmerz, habe ich mich seinen Straßen ergeben, ohne unerhofften Trost zu finden, sei es durch das Gefühl der Unwirklichkeit, sei es durch Gitarren aus einem Patio, sei es durch die Berührung mit fremden Leben. *»Here and here did England help me«*, hier und hier kam Buenos Aires mir zu Hilfe. Dies ist einer der Gründe, aus denen ich beschloß, dieses erste Kapitel abzufassen.

II
Evaristo Carriego – eine Vita

Daß einer bei einem anderen Erinnerungen wecken möchte, die allenfalls einem dritten gehörten, ist ein offensichtliches Paradoxon. Dieses Paradoxon unbekümmert durchzuführen, ist die naive Absicht jeder Biographie. Ich glaube auch, daß die Tatsache, Carriego gekannt zu haben, in diesem besonderen Fall die Schwierigkeit des Vorhabens keineswegs entzerrt. Ich habe Erinnerungen an Carriego: Erinnerungen von Erinnerungen an andere Erinnerungen, deren ursprünglich geringfügige Abweichungen bei jedem neuen Versuch des Erinnerns undurchschaubar gewachsen sein dürften. Sie bewahren, das weiß ich, jenen eigentümlichen Geschmack, den ich Carriego nenne und der es uns erlaubt, in einer Menge ein Gesicht zu identifizieren. Es läßt sich jedoch nicht leugnen, daß dieses flüchtige mnemonische Archiv – Intonation, seine Art zu gehen, zu ruhen, die Augen einzusetzen – von all meinen Kenntnissen über ihn am wenigsten schriftlich mitteilbar ist. Übermittelt wird diese Erinnerung allein durch das Wort *Carriego*, das den gemeinsamen Besitz des präzisen Bildes verlangt, welches ich mitteilen will. Es gibt ein weiteres Paradoxon. Ich schrieb, daß für jene, die ihn kannten, die Erwähnung des Namens Evaristo Carriego ausreicht, um ihn sich vorzustellen; ich füge hinzu, daß jegliche Beschreibung sie zufriedenstellen kann, wenn sie nur nicht allzu grob gegen das längst erschaffene Bild verstößt, das sie erwarten. Ich führe nun die Beschreibung von Giusti an, aus der Nummer 219 von ›Nosotros‹: »Hagerer Poet mit kleinen stochernden Augen, immer schwarz gekleidet, der in der Vorstadt lebte.« Die Andeutung des Todes, enthalten in diesem »immer schwarz gekleidet« und im Adjektiv, fehlte keineswegs in dem überaus lebendigen Gesicht, das die Linien des Schädels durchscheinen ließ. Das Leben, das dringlichste Leben, war in den Augen. An sie erinnerte mit Recht auch der Nachruf von Marcelo del Mazo. »Diese einzigartige Wirkung seiner Augen, mit so wenig Licht und so überreich an Ausdruck«, schrieb er.

Carriego war aus Entre Rios, aus Paraná. Sein Großvater war Doktor Evaristo Carriego, Autor jenes Buchs aus bräunlichem Papier in steifem Einband, das völlig zutreffend *Páginas olvidadas* [Vergessene Seiten] (Santa Fé, 1895) heißt und das mein Leser, wenn er gewohnheitsmäßig die staubigen Fegefeuer alter Bücher in der Calle Lavalle durchstöbert, irgendwann einmal in Händen gehalten haben wird. Gehalten und fortgelegt, denn die in diesem Buch niedergeschriebene Leidenschaft betrifft nur Einzelumstände. Es handelt sich um eine Summe heftig parteiischer Seiten, auf denen alles der politischen Aktion untergeordnet ist, von hausbackenen Latinismen bis zu Macaulay oder dem Plutarch von Garnier. Seine Tapferkeit ist eine der Seele: Als die Legislative von Paraná beschloß, Urquiza zu Lebzeiten eine Statue zu errichten, protestierte Dr. Carriego als einziger Abgeordneter, mit einer schönen wiewohl nutzlosen Rede. Der Ahnherr Carriego ist hier denkwürdig nicht nur wegen seines möglichen polemischen Erbes, sondern auch wegen der literarischen Tradition, auf die der Enkel später zurückkommen sollte, um die ersten schwächlichen Dinge zu kritzeln, die eine Vorbedingung für Gültiges sind.

Die Carriegos lebten seit vielen Generationen in Entre Ríos. Die entrerianische Ausprägung des *criollismo*, der uruguayischen verwandt, vereint Dekoratives und Grausames, wie bei den Jaguaren. Sie ist kämpferisch, ihr Symbol ist die Montonero-Lanze der Erhebungen. Sie ist sanft: Eine schwüle und sterbliche Sanftheit, eine Sanftheit ohne Scham, kennzeichnet noch die kriegerischsten Seiten von Leguizamón, Elías Regules und Silva Valdés. Sie ist ernst: Uruguay, wo der Charakter, auf den ich mich beziehe, deutlicher ist, hat nicht ein einziges fröhliches Stückchen, nichts Glückliches geschrieben seit den 1400 hispanokolonialen Epigrammen, die Acuña de

28

Figueroa vorlegte. Beim Versemachen schwankt Uruguay zwischen dem Aquarell und dem Verbrechen; sein Thema ist nicht die Hinnahme des Schicksals wie bei Martín Fierro, sondern die Erhitzbarkeit durch Zuckerrohrschnaps oder Banner, beide möglichst süß. Zu diesem Lebensgefühl trägt die Aufwallung bei, die wir nicht begreifen, der Baum; eine Grausamkeit, die wir nicht verkörpern, der Indio. Die Ernsthaftigkeit scheint sich aus einer eher panischen Strenge abzuleiten: Sombra, als Porteño, kannte die geraden Wege der Ebene, das Gewühl der Herden und ein gelegentliches Messerduell; als Uruguayer hätte er auch den Kavallerieangriff der Revolten gekannt, die Herden harter Männer, den Schmuggel… Carriego kannte dank seiner Tradition diesen romantischen *criollismo* und vermengte ihn mit dem verdrossenen *criollismo* der Vorstädte.

Den offensichtlichen Gründen für seinen *criollismo* – Herkunft aus der Provinz und Leben am Rand von Buenos Aires – müssen wir einen paradoxen Grund hinzufügen: daß er ein wenig italienisches Blut besaß, ausgedrückt im Mutternamen Giorello. Ich schreibe das ohne Boshaftigkeit; der *criollismo* des vollkommenen *criollo* ist Schicksal, der des Mischlings eine Entscheidung, eine als Vorzug beschlossene Lebensführung. Die Verehrung des ethnisch Englischen, wie sie sich beim »*inspired Eurasian journalist*« Kipling findet – ist sie nicht ein weiterer Beweis (wenn die Physiognomie nicht ausreichte) für sein eingeschwärztes Blut?

Carriego pflegte zu prahlen: »Es reicht mir nicht, Ausländer zu verabscheuen; ich verleumde sie auch«, aber das heitere Ungestüm dieser Erklärung erweist ihre Unwahrheit. Im sicheren Besitz seiner Enthaltsamkeit und der Tatsache, daß er hier zu Hause ist, betrachtet der *criollo* den Ausländer wie einen jüngeren Bruder, dessen Glück, ja sogar dessen Apotheose ihn amüsiert. Es ist allgemein bekannt, daß der Italiener in dieser Republik alles erreichen kann, außer von denen, die er verdrängt hat, wirklich ernstgenommen zu werden. Diese auf tiefer Bosheit beruhende Gutmütigkeit ist die den *Landeskindern* vorbehaltene Revanche.

Die Spanier waren ein weiteres Lieblingsobjekt seiner Aversion. Die landläufige Definition des Spaniers – der Fanatiker, der das Autodafé durch ein Wörterbuch der Gallizismen ersetzt hat, der Diener im Dschungel der Flederwische – war auch die von Carriego. Es ist müßig anzumerken, daß diese Einstellung oder dieses Vorurteil ihn nicht an einigen hispanischen Freundschaften hinderte, etwa der mit Doktor Severiano Lorente, der sich in die müßige, üppige Zeit Spaniens (die weitläufige muselmanische Zeit, die das *Buch von Tausendundeiner Nacht* zeugte) zu hüllen schien und im Royal Keller immer bis zum Morgengrauen vor seinem halben Liter saß.

Carriego glaubte, seinem armen Viertel gegenüber eine Verpflichtung zu haben: eine Verpflichtung, die der kläffende Stil jener Tage in einen Groll verwandelte, den er jedoch als Stärke empfand. Arm zu sein impliziert einen weit unmittelbareren Besitz der Realität, eine größere Intensität des ersten herben Geschmacks der Dinge: ein Wissen, das den Reichen zu fehlen scheint, als ob alles gefiltert zu ihnen käme. So viel glaubte Evaristo Carriego seiner Umgebung zu schulden, daß er sich an zwei verschiedenen Stellen seines Werks dafür entschuldigt, Verse an eine Frau zu schreiben, als ob die Betrachtung der bitteren Armseligkeit der Gegend die einzig zulässige lyrische Nutzung seines Schicksals sei.

Die Fakten seines Lebens, wiewohl unendlich und unzählbar, lassen sich anscheinend leicht anführen, und sehr hilfreich zählt Gabriel sie in seinem Buch von 1921 auf. Darin teilt er uns vertraulich mit, daß unser Evaristo Carriego am 7. Mai 1883 geboren wurde, daß seine Schulbildung mit der Tertia endete, daß er die Redaktion der Tageszeitung ›La Protesta‹ frequentierte, daß er am 13. Oktober 1912 starb, und liefert weitere präzise und blinde Notizen, die demjenigen, der sie empfängt, sorglos die räuberische Arbeit des Erzählens auferlegen, nämlich: Berichte wieder zu Bildern zu machen. Ich glaube, daß die chronologische Abfolge auf Carriego nicht angewendet werden kann, einen Mann, dessen Leben Gespräch und Umherschweifen war. Ihn aufzuzählen, der Abfolge seiner Tage nachzugehen, scheint mir unmöglich; besser, seine Ewigkeit, seine Wiederholungen zu suchen. Nur eine zeitlose, liebevoll verweilende Beschreibung kann ihn uns zurückgeben.

In literarischer Hinsicht ignorierten seine Verdammungsurteile und seine Lobpreisungen den Zweifel. Er war sehr gehässig: Die mit vollstem Recht berühmten Namen schmähte er mit jenem offensichtlichen Widersinn, der gewöhnlich nichts anderes ist als Höflichkeit gegenüber dem eigenen Zirkel, getreuer Glaube daran, daß die versammelte Runde vollkommen ist und durch niemandes Hinzutreten zu verbessern. Das ästhetische Vermögen des Wortes offenbarte sich bei ihm, wie bei fast allen Argentiniern, durch die Trübsal und die Verzükkungen eines Almafuerte: ein Hang, den persönliche Freundschaft später bekräftigte. Der *Quijote* war seine Lieblingslektüre. Mit dem *Martín Fierro* muß er so verfahren sein, wie es zu seiner Zeit üblich war: mit Leidenschaft einige heimliche Lektüren als Junge, Lesefreude ohne Urteil. Er mochte auch die verleumdeten Schurkenbiographien, die Eduardo Gutiérrez verfaßt hat, von der halbromantischen über Moreira bis zur enttäuschend realistischen über Hormiga Negra, den *guapo* aus San Nicolás (»*del Arroyo y no me arollo!*« [etwa: »Vom Arroyo, und ich mach nicht schlapp!«]). Frankreich, als Land damals hiesiger Begeisterung anempfohlen, hatte für ihn seine Vertretung subdelegiert an Georges d'Esparbès, irgendeinen Roman von Victor Hugo und die Romane von Dumas. Seine Konversation pflegte auch solche militanten Vorlieben öffentlich zu machen. Der erotische Tod des Caudillo Ramírez, durch Lanzenstöße vom Pferd geworfen und enthauptet, als er »sein Mädel« verteidigte, und der von Juan Moreira, den es von den heißen Spielen des Bordells zu den Bajonetten und Kugeln der Polizei verschlug, wurden von ihm immer wieder erzählt. Auch die Gesellschaftschronik seiner Zeit verschmähte er nicht: Die Messerstechereien beim Tanzfest und an der Straßenecke, die Berichte über Waffengänge, deren Mannhaftigkeit den einschließt, der sie erzählt. »Seine Konversation« –

sollte Giusti später schreiben – »beschwor die Patios der Vorstadtgegend, die quengelnden Leierkästen, die Tänze, die Totenwachen, die Schurken, die Stätten der Ausschweifung, das Material der Zuchthäuser und Hospitäler. Wir Leute aus dem Zentrum hörten ihm verzaubert zu, als ob er uns Märchen aus einem fernen Land erzählte.« Er wußte, daß er zerbrechlich und sterblich war, aber die Meilen roter Häuser Palermos stärkten ihm den Rücken.

Er schrieb wenig, was bedeutet, daß er seine Entwürfe mündlich machte. In der durchschweiften Nacht der Straße, auf der Plattform der Straßenbahn, bei der späten Rückkehr nach Hause wob er Verse. Am nächsten Tag – meistens nach dem Mittagessen, in einer von Trägheit marmorierten Stunde ohne Verpflichtungen – schliff er sie auf dem Papier. Weder erschöpfte er die Nacht, noch zelebrierte er je den trostlosen Ritus, früh aufzustehen, um zu schreiben. Bevor er ein neues Werk in Druck gab, prüfte er dessen direkte Wirkung, indem er es den Freunden vorlas oder aufsagte. Einer von ihnen, der immer wieder erwähnt wird, ist Carlos de Soussens.

»Die Nacht, in der Soussens mich entdeckte«, war eines der wiederkehrenden Daten in Carriegos Konversation. Er mochte und schmähte ihn aus den gleichen Gründen. Ihm gefiel, daß er Franzose war und teilhatte am Prestige von Dumas *père*, Verlaine und Napoleon; ihn störte die dazugehörige Tatsache, daß er Ausländer war, ohne Tote in Amerika. Außerdem war der pendelnde Soussens Franzose eher durch Annäherung: Er war, wie er selbst es umschrieb und wie Carriego es in einem Vers wiederholte, »*Caballero de Friburgo*«, ein Franzose, der noch nicht ganz Franzose und nicht mehr ganz Schweizer war. Ihm gefiel, abstrakt, daß er ein völlig freier Bohème war; ihn störte – bis hin zu pädagogischen Erörterungen und Tadel – sein kompliziertes Lotterleben, seine Trunksucht, seine regelmäßige Unzuverlässigkeit und sein Wirrwarr. Dieses Mißfallen zeigt, daß der eigentliche Evaristo Carriego der der biederen *criollo*-Tradition war, nicht der Nachtmensch von *Los inmortales*.

Aber Carriegos echtester Freund war Marcelo del Mazo, der für ihn die fast perplexe Bewunderung empfand, die der instinktive Künstler oft im *homme de lettres* hervorruft. Del Mazo, als Schriftsteller zu Unrecht vergessen, pflegte in der Kunst die gleiche reizbare Höflichkeit wie im alltäglichen Umgang, und sein Lieblingsthema waren die Tugenden oder die Schwächen des Bösen. 1910 veröffentlichte er *Los vencidos* (Zweite Folge), ein verkanntes Buch, das einige potentiell ruhmreiche Seiten enthält, wie die Schmähschrift gegen ältere Leute – weniger wüst, aber besser beobachtet als die von Swift (*Travels into Several Remote Nations*, III, 10) – und die mit dem Titel *La última*. Weitere Autoren im Freundeskreis von Carriego waren Jorge Borges, Gustavo Caraballo, Félix Lima, Juan Más y Pi, Álvaro Melián Lafinur, Evar Méndez, Antonio Monteavaro, Florencio Sánchez, Emilio Suárez Malimano, Soiza Reilly.

Ich komme nun zu seinen Vorstadtfreundschaften, an denen er überreich war. Die wichtigste war die des Caudillo Paredes, damals der Boß von Palermo. Diese Freundschaft suchte Evaristo Carriego mit vierzehn Jahren. Seine Loyalität hatte er noch zu vergeben, erkundigte sich nach dem Namen des Caudillos der Gegend, man nannte ihm ihn, er suchte ihn auf, bahnte sich seinen Weg zwischen den stämmigen Prätorianern mit hohen Schlapphüten und sagte ihm, er sei Evaristo Carriego, aus der Calle Honduras. Das geschah auf dem Markt an der Plaza Güemes; der Junge rührte sich bis zum Morgengrauen nicht mehr von der Stelle, in bestem Einvernehmen mit Schurken, duzte sich – Wacholderschnaps schafft Zutrauen – mit Mördern. Denn damals wurden Wahlen mit Axthieben geregelt, und die nördlichen und südlichen Teile der Hauptstadt brachten in direkter Beziehung zu ihrer *criollo*-Bevölkerung und ihrem Elend das *elemento electoral* hervor, das die Hiebe austeilte. Dieses *elemento* operierte auch in der Provinz: Die Caudillos der Viertel gingen dort hin, wo sie von der Partei gebraucht wurden, und nahmen ihre Männer mit. Auge und Messer – nationale Zutaten zu Papier und langläufigen Revolvern – gaben ihre unbeeinflußte Stimme ab. Die Anwendung des Gesetzes Sáenz Peña löste 1912 diese Milizen auf. Aber das spielt hier keine Rolle; die schlaflose Nacht, von der ich berichtet habe, trägt sich 1897 zu, und Paredes herrscht. Paredes ist der prahlerische *criollo*, im vollen Besitz seiner Realität: die Brust gebläht von Männlichkeit; herrisches Auftreten; widerborstige schwarze Mähne; prunkvoller Schnurrbart; für gewöhnlich ernste Stimme, die absichtlich weibisch und schleppend wird, wenn es um eine Herausforderung geht; gespreizter Gang; geschickter Umgang mit der angemessenen heroischen Anekdote, der Zote, der flinken Spielkarte, dem Messer und der Gitarre; unendliche Selbstsicherheit. Er ist auch gut zu Pferde, denn er ist in einem früheren Palermo aufgewachsen, nicht dem der Karren, sondern dem der Distanz und der Landhäuser. Er ist der große Mann der homerischen Bratengelage und des unermüdlichen *contrapunto*. Ich sagte *contrapunto*; dreißig Jahre nach dieser übervollen Nacht sollte er mir einige Dezimen widmen, und ich werde nie ihre unerhörte Treffsicherheit vergessen, auch nicht die freundschaftliche Widmung: »Und Sie, Kamerad Borges, / begrüß ich von ganzem Herzen«. Er kabbelte sich mit dem Gesetz, aber jeder Ganove, der ihn aushebeln wollte, wurde, um die Disziplin aufrechtzuerhalten, gebändigt: nicht mit dem Messer wie ein Gleichrangiger, sondern mit der Peitsche des Herrn oder mit der flachen Hand. Wie die Toten und die Städte arbeiten auch die Freunde an jedem Menschen, und in *El alma del suburbio* gibt es eine Zeile: »*pues ya una vez lo hizo ca...er de un hachazo*« [etwa: »denn ich habe ihn schon einmal besch...lagen mit einem Axthieb«], in der die Stimme von Paredes widerzuhallen scheint, jenes müde, verdrossene Grollen von *criollo*-Verwünschungen. Durch Nicolás Paredes lernte Evaristo Carriego die Messerhelden des Bezirks kennen, die Blüte des Sumpfs. Einige Zeit unterhielt er mit ihnen eine ungleiche Freundschaft, eine professionelle *criollo*-Freundschaft mit heftigen Gefühlen in der Ladenschänke und treulichen Gaucho-

Schwüren und »Du kennst mich doch, *che*, Bruder« und dem ganzen sonstigen Zubehör. Asche dieses Umgangs sind einige Strophen in Lunfardo, denen Carriego seine Unterschrift vorenthielt und von denen ich zwei Serien zusammengestellt habe: eine, in der er Félix Lima für die Übersendung seines Buchs mit Klatschchroniken, *Con los nueve*, dankt; eine zweite, deren Titel eine Verhöhnung von *Dies irae* zu sein scheint, *Día de bronca* [Tag des Zoffs], veröffentlicht über dem Pseudonym *El Barretero* [Der Hauer] in der Kriminalzeitschrift ›L.C.‹ Im Anhang zu diesem zweiten Kapitel gebe ich einige wieder.

Über Liebschaften weiß man bei ihm nichts. Seine Brüder erinnern sich an eine Frau in Trauerkleidung, die immer auf dem Trottoir wartete und alle greifbaren Jungen losschickte, ihn zu suchen. Sie haben ihn ihretwegen verspottet, aber nie ihren Namen aus ihm herausgeholt.

Ich komme zur Frage seiner Krankheit, die ich für überaus wichtig halte. Allgemein ist man überzeugt davon, daß ihn die Tuberkulose aufzehrte: eine Meinung, die von seiner Familie dementiert wird, vielleicht aufgrund des zweifachen Aberglaubens, daß diese Krankheit ehrverletzend sei und daß sie sich vererbe. Alle außer seinen Verwandten behaupten, er sei an Schwindsucht gestorben. Drei Überlegungen stützen diese in seinem Freundeskreis verbreitete Ansicht: die inspirierte Sprunghaftigkeit und der Schwung von Carriegos Konversation, mögliches Ergebnis eines Fieberzustands; das obsessiv wiederholte Bild des Blutspuckens; das dringende Verlangen nach Applaus. Er wußte, daß er todgeweiht war und keine andere Unsterblichkeit hatte als die seiner geschriebenen Worte; daher die Besorgnis um Ruhm. Im Café setzte er seine Verse durch, brachte das Gespräch auf Dinge, die an jene angrenzten, die er bedichtet hatte, setzte durch indifferentes Lob oder totalen Verriß jene Kollegen herab, die über gefährliche Fähigkeiten verfügten; er sagte, wie aus Versehen, »mein Talent«. Außerdem hatte er einen Sophismus erarbeitet oder aufgetrieben, dessen Orakel zufolge die gesamte zeitgenössische Dichtung an Rhetorik zugrunde gehen würde, außer der seinen, die als Dokument Bestand haben werde – als ob ein Hang zur Rhetorik nicht ebenfalls Dokument einer Epoche wäre. »Er hatte Gründe im Übermaß«, schreibt del Mazo, »selbst die allgemeine Aufmerksamkeit auf sein Werk zu lenken. Er begriff, daß die allmähliche Kanonisierung zu Lebzeiten nur wenigen Greisen zuteil wird, und da er wußte, daß er keine Bücherberge hervorbringen würde, öffnete er den Sinn seiner Umgebung für die Schönheit und Tiefe seiner Verse.« Dieses Verfahren bedeutet keineswegs Eitelkeit: Es war der mechanische Teil des Ruhms, eine Verpflichtung der gleichen Art wie die Korrektur von Fahnen. Die Vorahnung des unausweichlich nahenden Todes trieb ihn an. Carriego begehrt die großmütige künftige Zeit der anderen, die Zuneigung von Abwesenden. Wegen dieser abstrakten Konversation mit den Seelen kam er dazu, auf Liebe und ahnungslose Freundschaft zu verzichten, und beschränkte sich darauf, sein eigener Trommler und Apostel zu sein.

Ich möchte hier eine Geschichte anführen. Eine blutüberströmte Frau, Italienerin, die vor den Schlägen ihres Mannes floh, drang eines Abends in den Patio der Carriegos ein. Empört ging Carriego auf die Straße und sagte die vier harten Worte, die nötig waren. Der Mann (ein Kantinenwirt aus der Nachbarschaft) nahm sie ohne Widerrede hin, bewahrte aber gegen ihn einen Groll. Da Carriego wußte, daß Ruhm, auch abfälliger, zu den lebenswichtigen Dingen gehört, veröffentlichte er in ›Ultima Hora‹ einen kurzen Artikel voll prächtiger Mißbilligung über die Brutalität dieses Ausländers. Das unmittelbare Ergebnis: Der Mann, hierdurch öffentlich als Rauhbein gerühmt, legte unter dem schmeichlerischen Gejohle der Nachbarn seine Übellaunigkeit ab; die Geprügelte wanderte einige Tage lang lächelnd umher; die Calle Honduras hielt sich für wirklicher, da sie sich gedruckt las. Wer derart in anderen jene heimliche Gier nach Ruhm zum Vorschein bringen konnte, muß selbst auch an ihr gelitten haben.

Das Überdauern in der Erinnerung der anderen knechtete ihn. Als irgendeine eherne Feder endgültig befand, Alma-

36

fuerte, Lugones und Enrique Banchs stellten bereits das Triumvirat – oder war es der Dreispitz oder der Dreierrat? – der argentinischen Dichtung dar, betrieb Carriego in den Cafés die Absetzung von Lugones, um selbst in diese Dreifaltigkeit aufgenommen werden zu können.

Die Varianten wurden geringer: Seine Tage wurden ein einziger Tag. Bis zu seinem Tod lebte er in der Calle Honduras Nr. 84, heute 3784. Unfehlbar stellte er sich sonntags in unserem Haus ein, bei der Rückkehr von der Pferderennbahn. Beim Überdenken seiner wiederkehrenden Lebensumstände – das fade Erwachen zu Hause, der Spaß am Herumalbern mit Kindern, das große Glas mit uruguayischem Kirschschnaps oder Orangenlikör in der nahen Ladenschänke Ecke Charcas und Malabia, die Sessionen in der Bar Ecke Venezuela und Perú, die Wortgefechts-Freundschaften, die italienischen Porteño-Essen im Lokal La Cortada, die Zelebrierung der Verse von Gutiérrez Nájera und Almafuerte, seine Mannestaten im Haus mit dem Torbogen, der errötet war wie ein Mädchen, das Pflücken eines überstehenden Geißblatts an einer Gartenwand, die Vertrautheit mit der Nacht und die Liebe zu ihr – sehe ich in eben dieser Trivialität eine Art Umfassung und Zirkel. Es sind überaus *kommune Akte*, aber die grundlegende Bedeutung von *kommun* ist, daß etwas von allen geteilt wird. Ich weiß, daß seine von mir aufgezählten wiederkehrenden Verrichtungen uns Carriego näherbringen. Sie wiederholen ihn unendlich in uns, als ob Carriego verstreut in unseren Schicksalen überdauerte, als ob jeder von uns einige Sekunden lang Carriego wäre. Ich glaube, daß es buchstäblich so ist, und daß diese momentanen Identitäten (nicht Wiederholungen!), die den vermeintlichen Ablauf der Zeit aufheben, die Ewigkeit beweisen.

Aus einem Buch auf die Neigungen seines Verfassers zu schließen, scheint eine allzu einfache Gewohnheit zu sein, vor allem wenn wir vergessen, daß er nicht immer das schreibt, woran ihm liegt, sondern das, was ihm die wenigste Mühe bereitet und wovon er annimmt, daß man es von ihm erwartet.

Diese undeutlichen, gewohnten Bilder vom Reiter in der Ebene, die der Hintergrund jedes argentinischen Bewußtseins sind, konnten bei Carriego nicht fehlen. In dieser Welt hätte er gern gelebt. Es waren jedoch andere beiläufige Umstände (zunächst vom Zufall des Wohnsitzes bestimmt, später vom Versuch des Abenteuers, zuletzt von Zuneigung), die sein Andenken ausmachen sollten: der Patio als Anlaß zur Heiterkeit, Rose der Tage, das schlichte Johannisfeuer, das sich wie ein Hund mitten auf der Straße suhlt, der Pfosten vor der Kohlenhandlung, ihr Block dichter Finsternis, die vielen Scheiter, die Eisentür der Mietskaserne, die Männer an der rosa Straßenecke. All diese Dinge künden von ihm und spielen auf ihn an. Ich hoffe, daß Carriego es so verstanden hat, fröhlich und ergeben, in einer seiner letzten durchschweiften Nächte; ich stelle mir vor, daß der Mensch dem Tod gegenüber porös ist und daß das Bevorstehen des Todes ihn mit Überdruß und Licht zu masern pflegt, mit wunderbarer Wachsamkeit und Vorahnungen.

III
Ketzermessen

Vor einer Erörterung dieses Buches sollte man noch einmal festhalten, daß jeder Schriftsteller mit einer naiven physischen Vorstellung dessen beginnt, was Kunst ist. Ein Buch ist für ihn kein Ausdruck, auch keine Verkettung von Expressionen, sondern ganz buchstäblich ein *Volumen*, ein Prisma mit sechs rechteckigen Seiten, hergestellt aus feinen Papierbögen, und es muß enthalten ein Vorsatzblatt, ein Titelblatt, ein Motto in Kleinkursiv, ein Vorwort in Großkursiv, neun oder zehn mit Versalien beginnende Kapitel, ein Inhaltsverzeichnis, ein Ex-Libris mit kleiner Sanduhr und lateinischem Wahlspruch, eine erschöpfende Errata-Liste, einige leere Blätter, ein halbzeiliges Impressum und die Angabe der Auflage: Elemente, die bekanntlich die Kunst des Schreibens ausmachen. Einige Stilisten (gewöhnlich die aus der unnachahmlichen Vergangenheit) bieten außerdem ein Vorwort des Herausgebers, ein zweifelhaftes Porträt, eine handschriftliche Signatur, einen Text mit Varianten, einen feisten kritischen Apparat, einige vom Herausgeber eingebrachte Verweise, ein Literaturverzeichnis und etlichen Leerraum, aber derlei ist natürlich nicht für die Masse... Diese Verwechslung von Büttenpapier mit Stil, von Shakespeare mit Jacob Peuser erfreut sich unbekümmerter Verbreitung und überdauert (kaum verhüllt) bei den Rhetorikern, für deren gedankenlos akustische Seelen ein Gedicht ein Prunkstück aus Akzenten, Reimen, Elisionen, Diphthongierungen und sonstiger phonetischer Fauna ist. Ich schreibe diese jammervollen Charakteristiken eines jeden ersten Buchs nieder, um die ungewöhnlichen Tugenden des Bandes hervorzuheben, mit dem ich mich hier befasse.

Es wäre natürlich lachhaft zu leugnen, daß *Misas herejes* ein Lehrlingswerk ist. Damit will ich nicht Untüchtigkeit definieren, sondern zwei Gepflogenheiten: die beinahe physische Lust an bestimmten Wörtern – gewöhnlich sind es Wörter von Glanz und Wucht – und die schlichte, ehrgeizige Entschlossenheit, zum x-ten Mal ewige Vorgänge zu definieren. Niemand beginnt mit dem Verseschmieden, ohne eine Definition der Nacht, des Unwetters, der Fleischeslust, des Mondes in Angriff zu nehmen: Dinge, die keiner Definition bedürfen, da sie bereits einen Namen besitzen, das heißt, allen gegenwärtig sind. Carriego verfällt diesen beiden Praktiken.

Auch vom Vorwurf der Verworrenheit kann man ihn nicht freisprechen. Der Unterschied zwischen den unzugänglichen Wortbergen von Kompositionen – genauer: Dekompositionen – wie *Las últimas etapas* und der Rechtschaffenheit seiner guten späten Seiten in *La canción del barrio* ist so offensichtlich, daß man ihn weder betonen muß noch übergehen darf. Diese Nichtigkeiten mit dem Symbolismus in Verbindung zu bringen, heißt absichtlich die Intentionen von Laforgue oder Mallarmé verkennen. Man braucht gar nicht so weit zu gehen: Der wahre und berühmte Vater dieser Lockerungsübung war Rubén Darío, ein Mann, der aus dem Französischen einige metrische Gebrauchsgegenstände importierte und dafür seine Verse heimtückisch aus dem *Petit Larousse* mit einem so unendlichen Mangel an Skrupeln möblierte, daß *Pantheismus* und *Christentum* für ihn Synonyme waren, und daß er, wenn er an *Langeweile* dachte, *Nirwana* schrieb.* Ein amüsanter Umstand ist, daß José Gabriel, der die symbolistische Ätiologie formuliert hat, sich nicht damit zufrieden gibt, in den *Misas herejes* keine Symbole zu finden, sondern den Lesern der Seite 36 seines Buches die folgende eher unlösbare Auflösung des Sonetts *El clavel* [Die Nelke] darbietet: »Er (Carriego) will sagen, er habe einer Frau einen Kuß geben wollen, und sie, un-

---

* Ich lasse diese Frechheiten stehen, um mich dafür zu züchtigen, daß ich sie geschrieben habe. Damals hielt ich die Gedichte von Lugones für besser als die von Darío. Tatsächlich hielt ich auch die von Quevedo für besser als die von Góngora. (ANMERKUNG VON 1954.)

nachgiebig, habe ihre Hand zwischen die beiden Münder gehalten (und das versteht man erst nach vielen beschwerlichen
Versuchen); aber nein, dies so zu sagen wäre banal, wäre nicht
poetisch, und deshalb nennt er seine Lippen *Nelke* und *roter
Herold liebender Credos*, und die abschlägige Tat der Frau nennt
er die Exekution der Nelke mit *der Guillotine ihrer edlen Finger*.«
So die Erklärung; hier nun das interpretierte Sonett:

> *Fue al surgir de una duda insinuativa*
> *cuando hirió tu severa aristocracia,*
> *como un símbolo rojo de mi audacia,*
> *un clavel que tu mano no cultiva.*
>
> *Hubo quizá una frase sugestiva*
> *o advirtió una intención tu perspicacia,*
> *pues tu serenidad llena de gracia*
> *fingió una rebelión despreciativa.*
>
> *Y así, en tu vanidad, por la impaciente*
> *condena de tu orgullo intransigente,*
> *mi rojo heraldo de amatorios credos*
>
> *mereció, por su símbolo atrevido,*
> *como un apóstol o como un bandido*
> *la guillotina de tus nobles dedos.*

Aus einem einschmeichelnden Zweifel auftauchend
verletzte deinen strengen Adel
wie ein rotes Symbol meiner Kühnheit
eine Nelke, die deine Hand nicht pflegen mag.

Vielleicht gab es einen Satz voller Andeutungen,
oder dein Scharfsinn erriet eine Absicht,
denn deine anmutsvolle Heiterkeit
heuchelte geringschätzige Auflehnung.

Und so, ob deiner Eitelkeit, durch die unwirsche
Verdammung seitens deines starren Hochmuts,
erlitt mein roter Herold liebender Credos

wegen seiner kühnen Symbolhaftigkeit
wie ein Apostel oder ein Bandit
die Guillotine deiner edlen Finger.

Die Nelke ist ohne Zweifel eine richtige Nelke, eine simple populäre Blume, die das Mädchen zerpflückt, und Symbolismus (schierer Gongorismus) ist die Erklärung des Spaniers, der sie als Lippen übersetzt.

Außer Frage steht, daß der größere Teil der *Misas herejes* den Kritikern ernsthaftes Unbehagen bereitet hat. Wie lassen sich diese harm- und hemmungslosen Ergüsse im Werk eines ausgesprochenen Vorstadtpoeten rechtfertigen? Ich glaube, einer derart empörten Fragestellung mit der Antwort gerecht zu werden: Diese Anfänge von Evaristo Carriego sind auch die der Vorstadt, nicht in dem oberflächlichen thematischen Sinn, daß sie von der Vorstadt handelten, sondern in dem substantiellen, daß genau so die Vororte dichten. Den Armen gefällt diese dürftige Rhetorik, eine Neigung, die sie nicht auf ihre realistischen Beschreibungen auszudehnen pflegen. Das Paradoxon ist ebenso bewundernswert wie ungewollt: Man diskutiert die volkstümliche Authentizität eines Autors im Hinblick auf die einzigen Seiten dieses Autors, die dem Volk gefallen. Es ist ein Gefallen aufgrund von Verwandtschaft: Gewäsch, Defilee abstrakter Begriffe, Gefühlsduselei sind die Stigmata der Stadtranddichtung, die sich abgesehen von etwas Gauchohaftem um keinerlei lokalen Akzent bemüht, innig vertraut mit Joaquín Castellanos und Almafuerte, nicht aber mit Tangotexten. Erinnerungen an kleine Plätze und Ladenschänken stehen mir hier bei; in der Calle Corrientes verproviantiert die Vorstadt sich mit Vorstädtischem, aber typisch für sie ist das geschwollen Abstrakte, und das ist das Material, das die *payadores* bearbeiten. Noch einmal, kurz gesagt:

Die sündhafte Menge solcher Gedichte in den *Misas herejes* spricht nicht von Palermo, aber Palermo hätte sie erfinden können. Folgendes Gemauschel mag es belegen:

> *Y en el salmo coral, que sinfoniza*
> *un salvaje siclón sobre la pauta,*
> *venga el robusto canto que presagie,*
> *con la alegre fiereza de una diana*
> *que recorriese como un verso altivo*
> *el soberbio delirio de la gama,*
> *el futuro cercano de los triunfos,*
> *futuro precursor de las revanchas;*
> *el instante supremo en que se agita*
> *la misión terrenal de las canallas…*

> Und im Psalmchoral, symphonisch dargebracht
> vom wilden Zyklon über dem Notenblatt,
> erstehe der kräftige Gesang, der ankündige
> – mit der munteren Wildheit einer Diana,
> die wie ein hochmütiger Vers durchlaufe
> das großartige Delirium der Tonleiter –
> die nahe Zukunft der Triumphe,
> künftiger Vorläufer der Revanchen;
> erhabener Moment, da sich vollendet
> die irdische Mission des Lumpenpacks…

Das heißt: Ein Unwetter verkleidet als Psalm, der einen Gesang enthalten soll, der einer Diana gleichen soll, die einem Vers gleichen soll, und eine nahe Zukunft als Vorläufer, als Vorhersage dem Gesang übertragen, der besagter Diana gleichen soll, die einem Vers gleicht. Es wäre eine Kriegserklärung, das Zitat zu verlängern: Ich will mich damit begnügen zu versichern, daß diese Rhapsodie eines vom Elfsilbler beschwipsten *payador* zweihundert Zeilen überschreitet, und daß keine seiner vielen Strophen über einen Mangel an Unwettern, Flaggen, Kondoren, besudelten Schärpen und Hämmern klagen kann. Die üble Erinnerung daran mögen folgende Dezimen tilgen, in ihrer Leidenschaft so reich an Fakten, daß wir sie für biographisch halten möchten, und die sich so gut zur Gitarre vortragen lassen:

Que este verso, que has pedido,
vaya hacia ti, como enviado
de algún recuerdo volcado
en una tierra de olvido…
para insinuarte al oído
su agonía más secreta,
cuando en tus noches, inquieta,
por las memorias, tal vez,
leas, siquiera una vez,
las estrofas del poeta.

¿Yo…? Vivo con la pasión
de aquel ensueño remoto,
que he guardado como un voto,
ya viejo, del corazón.
Y sé en mi amarga obsesión
que mi cabeza cansada
caerá, recién, libertada
de la prisión de ese ensueño
¡cuando duerma el postrer sueño
sobre la postrer almohada!

Daß dieser Vers, den du erbeten hast,
zu dir gelange, als Bote
einer benommenen Erinnerung
in einem Land des Vergessens…
um deinem Ohr seine
geheimste Agonie anzudeuten,
wenn du in Nächten, beunruhigt
vielleicht durch die Erinnerungen,
und sei es auch nur ein einziges Mal
die Strophen des Dichters liest.

Ich…? Ich lebe mit der Passion
jenes fernen Traums,
den ich gehütet habe wie ein
uraltes Gelübde im Herzen.
In meiner bitteren Besessenheit weiß ich,
daß mein müder Kopf
bald schon fallen wird, befreit
aus dem Gefängnis dieses Wahns:
Wenn er endlich den letzten Schlaf schläft
auf dem letzten Kissen!

Ich komme nun zur Betrachtung der realistischen Schöpfungen, aus denen *El alma del suburbio* besteht, worin wir – endlich! – die Stimme Carriegos hören können, die in den weniger geglückten Teilen so sehr fehlte. Ich will sie der Reihe nach betrachten und dabei freiwillig eine oder zwei auslassen: *De la aldea* [Vom Dorf] (ein andalusierendes Kitschgemälde von kategorischer Trivialität) und *El guapo*, ein Text, den ich mir für eine ausgedehntere Schlußbetrachtung aufhebe.

Der erste Text, *El alma del suburbio* [Die Seele der Vorstadt], berichtet von einer Abenddämmerung an einer Straßenecke. Die belebte Straße, zum Patio verwandelt, der tröstliche Besitz der elementaren Dinge, die den Armen verbleiben: die einladende Magie der Karten, der Umgang der Leute miteinander, die Drehorgel mit ihrer Habanera und ihrem *gringo*, die gut sortierte Schnodderigkeit der Reden, das ewig ziellose Debattieren, die Themen des Fleischs und des Todes. Evaristo Carriego vergaß nicht den Tango, der sich mit Lärm und Laster auf den Trottoirs spreizte, wie frisch aus den Häusern der Calle Junín gekommen, und der für Männer einfach der Himmel war, genauso wie das Scheinduell mit Messern.*

* Das detaillierte Epos des Tango ist bereits geschrieben: Sein Autor, Vicente Rossi; sein Name im Buchladen, *Cosas de negros* [etwa: Negersachen] (1926), ein Werk, das ein Klassiker unserer Literatur werden und schon aufgrund der Intensität seines Stils sich in jedem Fall durchsetzen wird. Für Rossi ist der Tango afro-montevideanisch, aus dem Bajo, für ihn haben die Wurzeln des Tango

En la calle, la buena gente derrocha
sus guarangos decires más lisonjeros,
porque al compás de un tango, que es La Morocha,
lucen ágiles cortes dos orilleros.

Auf der Straße ergießen die braven Leute
ihre freundlichsten Unflätigkeiten,
denn im Rhythmus des Tango *La Morocha*
produzieren sich zwei *orilleros* mit geschmeidigen *cortes*.

Es folgt eine Seite von rätselhaftem Ruhm, *La viejecita* [etwa:
Die kleine Alte], bei der Veröffentlichung gefeiert, weil ihre
schwache Dosis Realität, heute unkenntlich, ein winziges bißchen kraftvoller war als die der zeitgenössischen Rhapsodien.
Durch die Leichtfertigkeit ihres Lobes läuft die Kritik Gefahr,
zur Prophezeiung zu werden. Die auf *La viejecita* bezogenen
Preisungen sind jene, die später *El guapo* verdienen sollte; die
1862 *Los mellizos de la Flor* [Die Zwillinge von La Flor] von Ascásubi ausgesprochenen sind eine gewissenhafte Prophezeiung des *Martín Fierro*.

   Detrás del mostrador [Hinter dem Tresen] ist eine Gegenüberstellung des lärmigen Lebens der Säufer und der schönen,
dummen, unzugänglichen Frau,

   detrás del mostrador como una estatua

   hinter dem Tresen, wie eine Statue

schwarze Flecken. Für Laurentino Mejías (*La policía por dentro* [etwa: Innenan-
sicht der Polizei], II, Barcelona 1913) ist der Tango afro-bonairensisch, entstanden aus den obszön-zudringlichen Candombes von Concepción und Monser-
rat, und später verludert in den Tanzkaschemmen: der von Lorea, der von Boca
del Riachuelo und der von Solís. Man tanzte ihn auch in den verrufenen Häusern der Calle del Temple, wo in Vorkehrung gegen eine Polizeirazzia die einge-
schmuggelte Drehorgel unter der von einem Lotterlager gezerrten Matratze erstickte und die Waffen der Anwesenden in der Kanalisation der Umgebung ver-
steckt waren.

die dreist ihre Gier anstachelt

> *y pasa sin dolor, así, inconsciente,*
> *su vida material de carne esclava:*

und verbringt so ohne Schmerz, bewußtlos,
ihr physisches Leben als versklavtes Fleisch

mit der dunklen Tragödie einer Seele, die ihr Schicksal nicht
sieht.

Die folgende Seite, *El amasijo* [Prügel], ist das gewollte Gegenteil von *El guapo*. Mit heiligem Zorn wird hier unsere schlimmste Realität denunziert: Der Raufbold zu Hause, das doppelte Unglück der angebrüllten und geprügelten Frau und des Schuftes, der sich niederträchtig auf diese armselige, eingebildete Männlichkeit der Unterdrückung versteift:

> *Dejó de castigarla, por fin, cansado*
> *de repetir el diario brutal ultraje*
> *que habrá de contar luego, felicitado,*
> *en la rueda insolente del compadraje…*

Er hörte auf, sie zu schlagen, endlich müde,
die tägliche brutale Schmach zu wiederholen,
die er später beglückwünscht
im dreisten Kreis der Kumpels erzählen muß…

Es folgt *En el barrio* [Im Viertel], eine Seite, deren hübsches Motiv die ewige Begleitung und das ewige Emblem der Gitarre ist, nicht wie üblich als Konvention dargeboten, sondern buchstäblich, um eine tatsächliche Liebe aufzuzeigen. Die Episode um diese Wiederbelebung von Symbolen ist voll von schmierigem Licht, aber kraftvoll. Aus dem primitiven Patio aus Lehm oder Ziegeln ruft mit leidenschaftlichem Zorn die drängende Milonga,

que escucha insensible la despreciativa
moza, que no quiere salir de la pieza.

Sobre el rostro adusto tiene el guitarrero
viejas cicatrices de cárdeno brillo,
en el pecho un hosco rencor pendenciero
y en los negros ojos la luz del cuchillo.

Y no es para el otro *su constante enojo.*
A ese desgraciado que a golpes maneja
le hace el mismo caso, por bruto y por flojo,
que al pucho que olvida detrás de la oreja.

Pues tiene unas ganas su altivez airada
de concluir con todas las habladurías.
¡Tan capaz se siente de hacer una hombrada
de la que hable el barrio tres o cuatro días!…

die ungerührt und verächtlich das Mädchen
anhört, das nicht aus dem Zimmer kommen mag.

In seinem mürrischen Gesicht hat der Gitarrist
alte Narben, die dunkelviolett leuchten,
in der Brust eine düstere Krakeeler-Wut
und in den schwarzen Augen das Licht des Messers.

Und sein dauernder Groll richtet sich nicht gegen Den Anderen.
Dieser Hurensohn, den er mit Prügeln kleinhält,
kümmert ihn, ob Raufbold oder Schlappschwanz, so viel
wie die Kippe, die er hinterm Ohr vergißt.

Denn in seinem zornigen Stolz steckt eine Lust,
endlich mit dem ganzen Geschwätz schlußzumachen.
So fähig fühlt er sich zu einer Männertat,
von der das Viertel drei oder vier Tage reden kann…!

Die vorletzte Strophe gehört dem dramatischen Genre an; als wäre sie vom Sänger selbst gesprochen. Bedeutungsvoll ist auch die letzte Zeile, die leere Hoffnung auf einige wenige Tage, die das damals arg verwöhnte Viertel eines Totschlags gedenken würde: flüchtiger Ruhm einer Großtat.

Danach kommt *Residuo de fábrica* [Fabrikabfall], die diskrete Mitteilung eines Leides, in dem vielleicht die instinktive Wiedergabe der Krankheiten als ein Mangel, eine Schuld, am wichtigsten ist.

> *Ha tosido de nuevo. El hermanito*
> *que a veces en la pieza se distrae*
> *jugando sin hablarle, se ha quedado*
> *de pronto serio, como si pensase.*
>
> *Después se ha levantado y bruscamente*
> *se ha ido, murmurando al alejarse,*
> *con algo de pesar y mucho de asco:*
> *–que la puerca otra vez escupe sangre.*

> Sie hat schon wieder gehustet. Der jüngere Bruder,
> der sich manchmal im Zimmer damit vergnügt,
> indem er spielt, ohne mit ihr zu reden, ist plötzlich
> ganz ernst geworden, als ob er nachdächte.
>
> Dann ist er aufgestanden und jäh
> gegangen, wobei er murmelte,
> mit ein wenig Kummer und viel Ekel:
> »Die Sau rotzt schon wieder Blut.«

Für mich liegt die emotionale Emphase der vorletzten Strophe in dem herben: »Ohne mit ihr zu reden.«

Es folgt *La queja* [Die Klage], eine mürrische Vorahnung ich weiß nicht wie vieler mürrischer Tangotexte, eine Biographie vom Glanz, Verschleiß und schließlich Untergang einer Frau für alle. Das Thema ist horazischer Abkunft – Lydia, die erste in dieser endlosen, sterilen Dynastie, von glühender Einsamkeit zur Raserei getrieben wie die brünstigen Stuten, *»matres equorum«*, und in ihrem längst verlassenen Raum *»amat ianua limen«*, liebt die Haustür die Schwelle – und endet bei Contursi, auf dem Weg über Evaristo Carriego, dessen südamerikanischer *harlot's progress*, von der Tuberkulose vollendet, in der Serie kein besonderes Gewicht hat.

Es folgt *La guitarra*, eine streunende Aufzählung dümmlicher Bilder, unwürdig des Autors von *En el barrio*. Das Stück scheint alle durch das Instrument nahegelegten Möglichkeiten poetischer Kraft zu verschmähen oder zu ignorieren: die an die Straße verschwendete Musik, die glückliche Melodie, die dank der vagen Erinnerung, die wir mit ihr verbinden, nicht traurig ist, die Freundschaften, die sie fördert und krönt. Ich habe gesehen, wie zwei Männer Freundschaft schlossen und ihre Seelen nebeneinander herzulaufen begannen, während sie auf den beiden Gitarren einen Gato zupften, der der muntere Klang dieses Zusammenfließens zu sein schien.

Das letzte Stück ist *Los perros del barrio* [Die Hunde des Viertels], ein dumpfes Echo von Almafuerte, aber es gibt eine Realität wieder, denn in der Ärmlichkeit dieser Vororte gab es immer einen Überfluß an Hunden, teils weil sie gute Wachtposten sind, teils um ihrer Lebensweise nachzuschnüffeln (was eine unerschöpfliche Zerstreuung ist), teils auch aus Achtlosigkeit. Diese streunende gesetzlose Meute allegorisiert Carriego ungebührlich, aber er gibt ihr hitziges Leben im Rudel, ihre Horde von Trieben wieder. Ich möchte diesen Vers zitieren:

cuando beben agua de luna en los charcos

Wenn sie Mondwasser aus den Lachen saufen

und auch diesen:

Exorzismen heulend gegen den Hundefängerkarren

der eine meiner stärksten Erinnerungen birgt: die überwältigende Heimsuchung durch diese rollende Hölle, angekündigt durch qualvolles Gebell und angeführt – beinahe – von einem Haufen armer Jungen, die mit Geschrei und Steinwürfen ein anderes Rudel von Hunden verscheuchten, um sie vor der Schlinge zu bewahren.

Es fehlt noch die Erörterung von *El guapo* [Der Schurke / Raufbold], einer Verherrlichung, die eingeleitet wird durch eine berühmte Widmung an den alsinistischen Wahlkampfschläger *Sankt* Juan Moreira, ebenfalls ein *guapo*. Das Gedicht ist eine inbrünstige Inszenierung*, deren Kraft wiederum in der Betonung von Nebenumständen liegt: so in

> *conquistó a la larga renombre de osado*

> Er errang schließlich Ruhm als Verwegener

was auf die vielen ausgeschalteten Kandidaten für diesen Ruhm hinweist, und in der fast magischen Andeutung erotischer Gewalt:

> *caprichos de hembra que tuvo la daga*

> Frauenkaprizen, die den Dolch überkamen

In *El guapo* sind auch die Auslassungen wichtig. Der *guapo* war weder ein Straßenräuber noch ein Raufbold, noch notwendigerweise ein lästiger Schurke; er war die Definition von Carriego: ein *Kultdiener des Mutes*. Im besten Fall ein Stoiker; im

---

* Bedauerlich in den Schlußzeilen die willkürliche Erwähnung des Musketiers.

schlimmsten ein professioneller Krachmacher, ein Spezialist für progressive Einschüchterung, ein Veteran des kampflosen Siegens: weniger würdelos – immer – als seine derzeitige italienische Entstellung zu einem *Kultdiener der Niedertracht*, zum kleinen Gauner, den die Scham darüber zerquält, daß er kein Zuhälter ist. Durchtränkt vom Alkohol der Gefahr oder ein berechnender Gewinner durch sein bloßes Auftreten: das war der *guapo*, ohne daß letzteres etwa Feigheit einschlösse. (Wenn eine Gemeinschaft beschlösse, daß Tapferkeit die erste Tugend ist, wäre die Vorspiegelung von Tapferkeit in ihr ebenso verbreitet wie die von Schönheit bei den Mädchen oder die von schöpferischem Denken bei den Publizisten; aber selbst die Vorspiegelung von Mut wäre dessen Lehrzeit.)

Ich denke an den alten *guapo*, die Gestalt aus Buenos Aires, die mich interessiert, und zwar mit eher begründeter Anziehungskraft als jener andere, populärere Mythos Carriegos (Gabriel, 57), »die kleine Näherin, die diesen Fehltritt gemacht hat« und ihr organisch-sentimentales Mißgeschick. Sein Beruf: Fuhrmann, Zureiter oder Schlachter; seine Erziehung: jede Straßenecke der Stadt, vor allem aber diese Ecken: im Süden die Gegend vom Alto – die Strecke Chile, Garay, Balcarce, Chacabuco –, im Norden Tierra del Fuego – die Strecke Las Heras, Arenales, Pueyrredón, Coronel –, außerdem noch Once de Setiembre, La Batería, Corrales Viejos*. Er war nicht immer ein Rebell: Das Komitee mietete seine Messerkunst und seine Fähigkeit, Furcht einzuflößen, und gewährte ihm

---

* Und sein Name? Ich übergebe der Legende diese Liste, die ich der aktiven Liebenswürdigkeit von Don José Olave verdanke. Sie bezieht sich auf die beiden letzten Jahrzehnte des vorigen Jahrhunderts. Sie mag immerhin ein hinlängliches wiewohl undeutliches Bild der Messerkämpfer heraufbeschwören, hart und asketisch wie die Feigenkakteen in ihrer staubigen Vorstadt.

Gemeinde Socorro

Avelino Galeano (vom Garderegiment der Provinz). Alejo Albornoz (in der Calle Santa Fe vom Nachstehenden im Kampf getötet). Pío Castro.

Mitläufer, Gelegenheits-*guapos*: Tomás Medrano. Manuel Flores.

Protektion. Damals gab es stille Übereinkünfte zwischen ihm und der Polizei: Bei einem Straßenkampf ließ der *guapo* sich nie festnehmen, aber er gab – und hielt – sein Wort, anschließend zu kooperieren. Einfluß und Vormundschaft des Komitees sorgten dafür, daß dieser Ritus unbedingt eingehalten wurde. Er war durchaus gefürchtet, dachte aber nie daran, seinen Stand zu verleugnen; ein Pferd – Zaumzeug und Sattel protzig versilbert –, ein paar Pesos für Hahnenkampf oder Kartenspiel, das reichte, um seine Sonntage zu erhellen. Er war nicht immer stark: einer der *guapos* der ersten Gruppe, der Kleine Flores, war ein Giftzwerg, ein erbärmliches Kerlchen, aber mit dem Messer ein Wunder. Er war nicht immer aufmüpfig: Der berühmte *guapo* Juan Muraña war eine gehorsame Kampfmaschine, und seine einzigen auffälligen Züge waren die tödliche Sicherheit seines Arms und eine vollkommene Unfähigkeit zur Furcht. Er wußte nicht, wann er zu handeln hatte, und erflehte mit den Augen – servile Seele – die Gunst seines jeweiligen Bosses. Wenn der Kampf einmal begonnen hatte, stach er nur, um zu töten. Er wollte keine rachsüchtigen »Schlangen am Busen nähren«. Er sprach, ohne Scheu und ohne Vorlieben, von den Toden, die er verursacht hatte – besser: die das Schicksal durch ihn bewirkt hatte,

Gemeinde Pilar (Antigua)

Juan Muraña. Romualdo Suárez alias *El Chileno*. Tomás Real. Florentino Rodríguez. Juan Tink (Sohn von Engländern, brachte es zum Polizeiinspektor in Avellaneda). Raimundo Renovales (Schlachter).

Mitläufer, Gelegenheits-*guapos*: Juan Ríos. Damasio Suárez alias *Carnaza* [Fleisch, Fleischseite].

Gemeinde Belgrano

Atanasio Peralta (gestorben im Kampf gegen viele). Juan González. Eulogio Muraña alias *Cuervito* [kleiner Rabe].

Mitläufer: José Díaz. Justo González.

Sie kämpften nie im Haufen, immer mit blanker Waffe, allein.

Die britische Geringschätzung des Messers hat sich so weit verbreitet, daß ich mich berechtigt fühle, an die hiesige Vorstellung zu erinnern: Für den *criollo* war der einzige ernsthafte Kampf unter Männern einer, der das Risiko des Sterbens enthielt. Der Fausthieb war ein bloßer Prolog für den Stahl, eine Provokation.

denn es gibt Dinge von einer so unendlichen Verantwortung (einen Menschen zeugen oder töten), daß Reue oder Dünkel ihretwegen Wahnsinn wäre. Er starb erfüllt von Tagen, mit seiner zweifellos längst verschwommenen Konstellation von Toden im Gedächtnis.

IV
Das Lied des Viertels

1912. Draußen bei den vielen Holzlagern der Calle Cerviño
oder zwischen den Riedfeldern und Ödflächen am Maldonado – dieser Zone hatte man die Hütten aus Zinkblech gelassen, die sich verschiedentlich *salón* Soundso nannten und in
denen der Tango loderte, zehn Centavos pro Runde, Partnerin inklusive – kam noch immer das Volk vom Stadtrand
zusammen und erzählte sich Geschichten über irgendein
Männergesicht, oder man sichtete gleichgültig einen toten
compadrito mit einem tiefen Messerstich im Bauch; aber im allgemeinen betrug Palermo sich gottgefällig und war so gesittet
und unglücklich wie jede andere Gemeinde aus *gringos* und
criollos. Der astronomische Jubel über die Hundertjährige
Unabhängigkeit war schon genauso verblichen wie die Meilen
von Flaggen aus blauem Wollstoff, wie die verprosteten Fäs-
ser, das dazugehörende Prassen, die städtische Festbeleuch-
tung im rostigen Himmel über der Plaza de Mayo und das
prädestinierte Festfeuerwerk des Halleyschen Kometen, Engel aus Luft und Feuer, dem die Leierkästen den Tango *Inde-
pendencia* sangen. Längst war der Sport interessanter: Die
Jungen ignorierten Messerkämpfe, um beim *football* zuzuse-
hen, von der nachlässigen Umgangssprache zu *foba* umge-
tauft. Palermo veränderte sich immer schneller: Die unheimliche Jugendstil-Bauweise überwucherte wie eine geblähte
Blume sogar die Tongruben. Die Geräusche waren anders:
Nun vermengte sich das Geklingel des Biographen – mit seiner guten amerikanischen Vorderseite von Mut hoch zu Roß
und seiner europäischen Kehrseite von erotischer Sentimentalität – mit dem müden Gedröhn der Pritschenwagen und
dem Kreischen der Schleiferei. Außer wenigen Nebengassen
gab es keine ungepflasterte Straße mehr. Die Bevölkerungs-
dichte hatte sich verdoppelt: Die Volkszählung, die 1904 für

die Bezirke von Las Heras und Palermo de San Benito insgesamt 80000 Seelen ergeben hatte, sollte 1914 180000 erfassen. Die elektrische Tram quietschte um die öden Straßenecken. In der Phantasie der Leute hatte Cattaneo Moreira verdrängt... Dieses fast unsichtbare Palermo der Matetrinker und des Fortschritts ist das von *La canción del barrio*.

Carriego, der 1908 *El alma del suburbio* veröffentlicht hatte, hinterließ 1912 die Texte von *La canción del barrio*. Dieser zweite Titel ist in seiner Beschränkung und Wahrhaftigkeit besser als der erste. *Canción* [Lied] ist in seiner Bedeutung viel klarer als *alma* [Seele]; *suburbio* [Vorstadt] ist eine sorgenvolle Überschrift, das Gehampel eines Mannes, der Angst hat, den letzten Zug zu verpassen. Niemand hat uns je mitgeteilt, er »lebe im Vorort Soundso«; alle ziehen die Nennung eines *barrio* [Viertels] vor. Diese Erwähnung von *el barrio* ist im Bezirk Piedad nicht weniger intim, hilfreich und verbindend als in Saavedra. Der Unterschied ist sinnvoll: Die Verwendung von Begriffen der Ferne zur Erhellung der Dinge dieser Republik leitet sich her aus einem Hang, uns Barbarei anzuhängen. Den Bauern will man unter »Pampa« fassen; den *compadrito* unter »Schrottschuppen«. Beispiel: J. M. Salaverría, Journalist oder Artefakt baskischer Abkunft, und sein Buch, das schon im Titel in die Irre geht: *El poema de la pampa, Martín Fierro y el criollismo español* [Das Gedicht der Pampa, Martín Fierro und der spanische *criollismo*]. *Criollismo español* ist ein absichtlicher Widerspruch zum Zwecke des Verblüffens (für die Logik eine *contradictio in adjecto*); *poema de la pampa* ist ein weiteres, weniger freiwilliges Mißgeschick. *Pampa* war, Ascásubi zufolge, für die alten Bauern die Einöde, in der die Indios marodierten.[*] Es genügt, den *Martín Fierro* noch einmal durchzusehen, um zu wissen, daß es nicht das Gedicht der Pampa, sondern des in die Pampa Verbannten ist, des Mannes, der ausgestoßen wurde von der Viehhirten-Zivilisation,

---

[*] Heute ist Pampa ein ausschließlich literarischer Begriff, der die Aufmerksamkeit auf das Ländliche lenkt.

die sich dorfähnlich um die Estancias im geselligen *pago* [»Gau«, Heimat] schart. Für Fierro, den allzeit wackeren *hombre* Fierro, war es schmerzlich, die Einsamkeit zu ertragen, das heißt die Pampa.

> *Y en esa hora de la tarde*
> *En que tuito se adormece,*
> *Que el mundo dentrar parece*
> *A vivir en pura calma,*
> *Con las tristezas del alma*
> *Al pajonal enderiece.*

> *Es triste en medio del campo*
> *Pasarse noches enteras*
> *Contemplando en sus carreras*
> *Las estrellas que Dios cría,*
> *Sin tener más compañía*
> *Que su delito y las fieras.*

> Und in dieser Abendstunde,
> in der alles einschlummert,
> wenn die Welt in reiner Ruhe
> leben zu wollen scheint,
> straft sie die Steppe
> mit der Traurigkeit der Seelen.

> Es ist traurig, mitten im Feld
> ganze Nächte zu verbringen
> mit der Betrachtung der Sterne,
> die Gott schuf, und ihres Laufs,
> ohne andere Gesellschaft
> als das eigene Verbrechen und die wilden Tiere.

Und dann die unvergänglichen Strophen, der ergreifendste Moment dieser Geschichte:

Cruz y Fierro de una estancia
Una tropilla se arriaron–
Por delante se la echaron
como criollos entendidos,
Y pronto sin ser sentidos
Por la frontera cruzaron.

Y cuando la habían pasao
Una madrugada clara,
Le dijo Cruz que mirara
Las últimas poblaciones
Y a Fierro dos lagrimones
Le rodaron por la cara.

Cruz und Fierro stahlen von einer
Estancia eine kleine Herde –
trieben sie vor sich her
wie verständige *criollos*,
und bald, ohne aufzufallen,
überquerten sie die Grenze.

Und als sie sie überschritten hatten,
eines hellen Morgens,
sagte Cruz ihm, er solle
die letzten Dörfer ansehen,
und Fierro rannen zwei dicke Tränen
über das Gesicht.

Ein anderer Salaverría – dessen Namen ich nicht erwähnen
mag, da der Rest seiner Bücher meine Bewunderung findet –
spricht, ei was nicht gar!, vom *payador pampero* [Pampa-Trou-
badour], der »im Schatten des Ombu, in der unendlichen
Stille der Einöde, zur Begleitung der spanischen Gitarre die
monotonen Dezimen des *Martín Fierro* intoniert«; aber der
Autor ist derart monoton, dezimiert, unendlich, spanisch,
still, öde und begleitet, daß er nicht bemerkt, daß es im *Martín*

Fierro keine Dezimen gibt. Die Prädisposition, uns Barbarei anzuhängen, ist sehr verbreitet: Santos Vega (dessen ganze Legende es ist, daß es eine Santos-Vega-Legende gebe, soweit dies die vierhundert Seiten der Monographie von Lehmann-Nitsche darlegen können) hat die Strophe veranstaltet oder geerbt, die da lautet: *»Si ese novillo me mata / No me entierren en sagrao; / Entiérrenme en campo verde / Donde me pise el ganao«* [Wenn dieser Jungstier mich tötet, beerdigt mich nicht auf dem Friedhof; beerdigt mich auf dem grünen Feld, wo die Rinder über mich hinweggehen sollen], und ihre allzu offenkundige Idee (Wenn ich mich derart dämlich anstelle, habe ich den Friedhof nicht verdient) wurde gefeiert als pantheistische Deklaration eines Mannes, der im Tod gern von Kühen betrampelt werden möchte.*

---

* Den Landmann zum Unendlichen Durchschweifer der Einöde zu machen, ist romantischer Unfug; zu behaupten, wie es Vicente Rossi, unser bester Gefechts-Prosaist, tut, daß der Gaucho der »nomadische Charrúa-Krieger« sei, bedeutet lediglich die Feststellung, daß man diese streunenden Charrúas als *gauchos* bezeichnete: ursprüngliche Verwendung eines Worts, die sehr wenig besagt. Ricardo Güiraldes mußte für seine Version vom Landmann als Vagabund auf die Zunft der Treiber von Wanderherden zurückgreifen. Groussac spricht in seinem Vortrag von 1892 vom Gaucho, der »in den fernen Süden« flieht, »in das, was von der Pampa übrigblieb«, aber es ist allgemein bekannt, daß im fernen Süden keine Gauchos übriggeblieben sind und daß es sie in den näheren *criollo*-Distrikten noch gibt. Mehr als im Ethnischen (der Gaucho konnte Weißer, Schwarzer, Indio, Mulatte oder Zambo sein), mehr als im Linguistischen (der Gaucho vom Río Grande spricht eine brasilianische Variante des Portugiesischen) und mehr als im Geographischen (weite Gebiete von Buenos Aires, von Entre Ríos, von Córdoba und von Santa Fe sind heute von *gringos* bewohnt) liegt das, was den Gaucho als solchen kenntlich macht, in seiner Arbeit mit einer primitiven Form der Viehzucht.

Auch das Geschick der *compadritos* ist es, verleumdet zu werden. Vor weit über hundert Jahren nannte man so die armen Porteños, die keinen Lebensunterhalt in der unmittelbaren Umgebung der Plaza Mayor fanden, eine Tatsache, die ihnen ebenfalls die Bezeichnung *orilleros* [Leute vom Stadtrand] eintrug. Sie waren buchstäblich das Volk: Sie hatten ein wenig Land, von der Größe etwa eines Viertel-Blocks, und ihr eigenes Haus, jenseits der Calle Tucumán oder der Calle Chile oder der damaligen Calle de Velarde: Libertad-Salta. Später verdrängten die Assoziationen die eigentliche Idee: Ascásubi, bei der Bearbeitung

Die Randgebiete leiden ferner unter etwas, das ihnen hartnäckig zugesprochen wird: die Vulgarität und der Tango. In einem früheren Kapitel habe ich beschrieben, wie sich die Vorstadt in der Calle Corrientes mit Vorstädtisch-Vulgärem versieht und wie die Ergüsse von ›El cantaclaro‹, wie Schallplatten und Radio diesen Schauspieler-Schnickschnack in Avellaneda oder Coghlan heimisch machen. Derlei pädagogisch zu verbreiten ist nicht leicht: Jeder neue Tango, abgefaßt im angeblichen Volksidiom, ist ein Ratespiel, noch dazu mit wirren Varianten, Begleitumständen, dunklen Stellen, und begründeter Uneinigkeit der Kommentatoren. Die Unklarheit ist logisch: Das Volk kommt ohne Lokalkolorit aus; der volkstümelnde Simulant nicht, aber ihm rutscht bei der Operation die Hand aus. Was die Musik angeht, so ist der Tango keineswegs der natürliche Klang der Viertel; er war lediglich der Klang der Bordelle. Wirklich repräsentativ ist die Milonga. Ihre derzeitige Form ist ein unablässiger Gruß, eine

seines *Gallo Nr. 12*, konnte schreiben: »*compadrito:* Junggeselle, Tänzer, Verliebter und Sänger.« Der unbemerkbare Monner Sans, heimlicher Vizekönig, setzte ihn gleich mit: »Raufbold, Prahlhans und Maulheld« und fragte: »Warum wird hier *compadre* [Gevatter, Kumpel] immer negativ aufgefaßt?«, eine Ermittlung, der er sich anschließend entledigte, indem er in seiner so sehr beneideten Orthographie, mit gesundem Mutterwitz etcetera schrieb: »Denken Sie sich selber was.« Segovia definiert ihn durch Beleidigungen: »Großmäuliges, tückisches, streitsüchtiges und treuloses Individuum.« So schlimm ist es nicht. Andere verwechseln *guarango* [Prolet] und *compadrito*: Sie irren sich, der *compadre* muß kein Prolet sein, wie auch der Bauer es selten ist. *Compadrito* ist immer der städtische Plebejer mit einem Hang zum Feineren; weitere angebliche Attribute sind: üppig zur Schau gestellter Mut, Erfindung oder Verbreitung von Zoten, ungeschickte Verwendung klangvoller Wörter. Hinsichtlich der Tracht verwendete er die jeweils übliche, unter Beifügung oder Hervorhebung bestimmter Details. Etwa um 1890 waren für ihn kennzeichnend: in die Stirn gezogener schwarzer Hut mit aufgebogener Krempe und sehr hohem Stulp, zweireihiges Sakko, Hosen mit Litze *à la française* und leicht geschlitztem Schlag, schwarze Halbstiefel mit Knopfreihe oder Gummizug und hohem Absatz; heute (1929) trägt der *compadrito* lieber einen grauen Hut im Nacken, üppiges Halstuch, rosa oder granatfarbenes Hemd, offenes Sakko, einen Finger steif von Ringen, enge Hosen, Stiefel wie schwarze Spiegel, mit hellem Schaft.

Was für London der *cockney*, ist für unsere Städte der *compadrito*.

feierliche Hervorbringung einschmeichelnder Füllsel, gestützt auf das gewichtige Pulsieren der Gitarre. Manchmal erzählt sie ohne Hast blutige Dinge, Duelle von langer Dauer, Tode aufgrund wacker herbeigeplauderter Provokationen; dann wieder spielt sie mit dem Thema des Schicksals. Die Melodie und die Plots ändern sich; was sich nicht ändert, ist die Intonation des Sängers, schrill und näselnd, schleppend, mit Anklängen von Verdruß, niemals lauthals, immer zwischen Konversation und Gesang. Der Tango ist in der Zeit, in den Schwierigkeiten und Wechselfällen der Zeit; die scheinbare Verdrossenheit der Milonga gehört schon der Ewigkeit. Die Milonga ist eines der großen Gespräche von Buenos Aires; das zweite ist der Truco. Mit dem Truco will ich mich in einem besonderen Kapitel befassen; hier will ich nur festhalten, daß unter den Armen »der Mensch den Menschen erfreut«, wie der älteste Sohn Martín Fierros im Gefängnis erfuhr.* Geburtstag, Todestag, Namenstag, Staatsfeiertag, Taufe, Johannisnacht, eine Krankheit, Silvester, all das sind Gelegenheiten, Leute zu treffen. Der Tod ergibt die Totenwache: allgemeine Unterhaltung, die niemanden ausschließt, Besuch beim Gestorbenen. Diese rührende Geselligkeit der niederen Schichten ist so offenkundig, daß Dr. Evaristo Federico Carriego, als er sich über jüngst absolvierte »Empfänge« lustig machen wollte, schrieb, sie seien kaum von Totenwachen zu unterscheiden gewesen. Die Vorstadt ist überwölbtes Wasser und Gassen, aber sie ist auch das Säulengeländer vor dem Himmel und das baumelnde Geißblatt und der Käfig mit dem Kanarienvogel.** »Gefällige Leute«, pflegen die Klatschbasen zu sagen.

* Und vor Martín Fierros Sohn der Gott Odin. Eines der Weisheitsbücher der älteren Edda (*Hávámal*, 47) spricht ihm den Satz zu: »*Mathr es mannz gaman*«, was wörtlich übersetzt heißt: »Der Mensch/Mann ist die Freude des Menschen/Mannes«.

** Weit draußen sind die unabsichtlichen Schönheiten von Buenos Aires, zugleich die einzigen – die leichtlebige Flanierstraße Blanco Encalada, die verfallenen Ecken von Villa Crespo, von San Cristóbal Sur, von Barracas, die schäbige

Eine gesprächige Ärmlichkeit, die unseres Carriego. Seine Armut ist nicht die verzweifelte oder angeborene des armen Europäers (jedenfalls nicht die des vom russischen Naturalismus zum Roman verarbeiteten Europäers), sondern die Armut, die auf die Lotterie vertraut, auf das Komitee, auf die Einflußnahme, auf das Kartenspiel, dem ja ein Mysterium innewohnen kann, auf den Fußballtoto mit seiner erschwinglichen Verheißung, auf Empfehlungen oder, mangels eines anderen konkreteren und schäbigeren Grundes, auf die reine Hoffnung. Eine Armut, die sich mit Hierarchien tröstet – die Requenas von Balvanera, die Lunas von San Cristóbal Norte –, die allein dank ihrer Berufung auf ein Mysterium sympathisch werden, und die uns ein gewisser überaus ehrenwerter *compadrito* von José Alvarez so gut verkörpert: »Ich bin in der Calle Maipú geboren, weißte?... im Haus von den Garcías, und ich bin immer dran gewöhnt gewesen, mit feinen Leuten umzugehen, nicht mit Dreck... Klar doch! Und wenn du's noch nicht gewußt hast, dann weißt du's jetzt... ich bin in La Merced getauft worden, und mein Pate war ein Italiener, der hatte 'nen Laden neben dem Haus und ist damals bei der schlimmen Epidemie gestorben... mach dir das mal klar!«

Für mich liegt die wesentliche Schwäche von *La canción del barrio* im Beharren auf dem, was Shaw definiert als: »Bloße Sterblichkeit oder Unglück« (*Man and Superman*, XXXII). Seine Seiten verkünden Mißgeschicke; sie bergen nur den Ernst des widrigen Geschicks, für ihren Verfasser nicht minder unbegreiflich als für den Leser. Das Böse erstaunt Carriego nicht, er führt uns nicht zu jener Meditation über seinen Ursprung, den die Gnostiker klärten mit ihrem Postulat einer

Puente Alsina –, und ich finde sie viel ausdrucksvoller als die mit dem Willen zur Schönheit angefertigten Werke: Costanera, Balneario, Rosedal, und das gefeierte Standbild von Pellegrini, mit der gestürzten Flagge und dem zusammenhanglosen Piedestal, bei dem wohl die Trümmer eines demolierten Badezimmers sinnvoll verwendet wurden, und die mit dunklen Anspielungen vollgepfropften Klötzchen des Virasoro, wo man sich, um den innigen schlechten Geschmack nicht auszuposaunen, in karge Enthaltsamkeit flüchtet.

schwindenden oder verschlissenen Gottheit, die mit unzulänglichem Material diese Welt zu improvisieren sucht. Es ist die Reaktion von Blake. »Gott, der das Lamm schuf, hat dich geschaffen?« fragt er den Tiger. Gegenstand dieser Seiten ist auch nicht der Mensch, der das Böse überlebt, der Mann, der sich die Seele rein erhält, obwohl er Unrecht erleidet und verursacht. Es ist die stoische Reaktion von Hernández, von Almafuerte, abermals von Shaw, von Quevedo.

Alma robusta, en penas se examina
Y trabajos ansiosos y mortales
Cargan, mas no derriban nobles cuellos

Die kraftvolle Seele erprobt sich an Schmerzen,
und die beklemmenden, sterblichen Mühseligkeiten
lasten auf edlen Häuptern, beugen sie aber nicht

ist zu lesen in den *Musas castellanas*, im zweiten Buch. Ebensowenig erbaut sich Carriego an der Vollkommenheit des Bösen, an der Präzision und beinahe Inspiriertheit des Schicksals bei seinen Heimsuchungen, an der szenischen Pracht des Unheils. Es ist die Reaktion von Shakespeare:

All strange and terrible events are welcome,
But comforts we despise: our size of sorrow,
Proportion'd to our cause, must be as great
As that which makes it.

Alle seltsamen und furchtbaren Ereignisse sind willkommen,
aber Behagen verachten wir: Die Größe unseres Kummers,
unserer Sache angemessen, muß so groß sein
wie das, was ihn verursacht.

Carriego appelliert lediglich an unser Mitleid.

Hier ist eine Erörterung unvermeidlich. Die allgemeine Meinung, sowohl in Gesprächen wie in Schriften, hat befunden, daß dieses Bewirken von Mitleid die Rechtfertigung und Tugend von Carriegos Werk sei. Ich muß widersprechen, und sei es als einziger. Eine Lyrik, die von häuslichen Mißhelligkeiten lebt und geringfügigen Heimsuchungen verfällt, indem sie Unvereinbarkeiten erfindet oder registriert, damit der Leser sie bejammere, scheint mir mangelhaft und dürftig: Selbstmord. Ihr Thema ist jedes verkrüppelte Gefühl, jeder Kummer; ihr Stil ist klatschsüchtig, mit allen Empfindungsworten, Übertreibungen, aller Frömmelei und aller beschwichtigenden Besorgnis, wie Klatschbasen sie praktizieren. Eine verquere Meinung (die ich anstandshalber nicht verstehe) behauptet, diese Darstellung von Elend impliziere großherzige Güte. Sie impliziert eher Taktlosigkeit. Erzeugnisse wie *Mamboretá* [Gottesanbeterin] oder *El nene está enfermo* [Der Junge ist krank] oder *Hay que cuidarla mucho, hermana, mucho* [Du mußt sie sehr gut pflegen, Schwester] – sooft zum Frommen sorgloser Anthologien und für Deklamationen geplündert – sind keine Literatur, sondern ein Delikt: Sie sind eine gezielte sentimentale Erpressung, reduzierbar auf die Formel: »Ich führe Ihnen ein Leiden vor; wenn Sie sich nicht rühren lassen, sind Sie ein Schurke.« Nachstehend der Schluß eines dieser Stücke (*El otoño, muchachos* [Der Herbst, Jungs]):

> ... *¡Qué tristona*
> *anda, desde hace días, la vecina!*
> *¿La tendrá así algún nuevo desengaño?*
> *Otoño melancólico y lluvioso*
>
> *¿qué dejarás, otoño, en casa este año?*
> *¿qué hoja te llevarás? Tan silencioso*
> *llegas que nos das el miedo.*
>
>   *Sí, anochece*
> *y te sentimos, en la paz casera,*
> *entrar sin un rumor ... ¡Cómo envejece*
> *nuestra tía soltera!*

... wie trübsinnig
ist seit Tagen schon die Nachbarin!
Hat sie vielleicht irgendeinen neuen Kummer?
Melancholischer, verregneter Herbst,

was hinterläßt du, Herbst, uns dieses Jahr im Haus?
Welches Blatt nimmst du mit? So leise
kommst du, daß du uns angst machst.
                                    Ja, es wird Abend
und wir spüren, wie du in die häusliche Stille
ohne jedes Geräusch eintrittst... Wie alt
unsere ledige Tante doch wird!

Diese eilfertige »ledige Tante«, gezeugt aus der Not der letzten Zeile, damit sich in ihr der Herbst austoben kann, ist ein
gutes Indiz für die *caritas* dieser Seiten. Systematische Menschenfreundlichkeit ist immer inhuman: ein gewisser russischer Film demonstriert die Scheußlichkeit des Krieges
anhand der elenden Agonie eines Kleppers, der an Schußwunden stirbt; sie wurden ihm natürlich von den Filmern beigebracht.

   Nach diesem Vorbehalt – dessen ehrbares Ziel es ist, Carriegos Ruf zu stärken und zu stützen, durch die Bekräftigung,
daß er der Hilfe dieser jammervollen Seiten nicht bedarf –
will ich mich mit Vergnügen zu den wahren Tugenden seines
postumen Werks bekennen. Es gibt darin feine Abstufungen
von Sanftheit, Inventionen und Ahnungen von Zärtlichkeit,
so präzise wie diese:

> Y cuando no estén, ¿durante
> cuánto tiempo aún se oirá
> su voz querida en la casa
> desierta?
>   ¿Cómo serán
> en el recuerdo las caras
> que ya no veremos más?

Und wenn sie nicht mehr da sind,
wie lange hört man dann noch
ihre geliebte Stimme im Haus,
das leer ist?
    Wie sind dann
in der Erinnerung die Gesichter,
die wir nie wieder sehen?

Oder dieses Stückchen aus dem Gespräch mit einer Straße,
dieser geheime naive Besitz:

> *Nos eres familiar como una cosa*
> *que fuese nuestra: solamente nuestra.*

Du bist uns vertraut wie etwas,
das wir besaßen: nur wir.

Oder diese Aneinanderreihung, ausgestoßen mit solcher
Wucht, als wäre es ein einziges langes Wort:

> *No. Te digo que no. Sé lo que digo:*
> *nunca más, nunca más tendremos novia,*
> *y pasarán los años, pero nunca*
> *más volveremos a querer a otra.*
> *Ya lo ves. Y pensar que nos decías,*
> *afligida quizá de verte sola,*
> *que cuando te murieses*
> *ni te recordaríamos. ¡Qué tonta!*
> *Sí. Pasarán los años, pero siempre*
> *como un recuerdo bueno, a toda hora*
> *estarás con nosotros.*
> *Con nosotros ... Porque eras cariñosa*
> *como nadie lo fue. Te lo decimos*
> *tarde, ¿no es cierto? Un poco tarde ahora*
> *que no nos puedes escuchar. Muchachas*
> *como tú ha habido pocas.*

No temas nada, te recordaremos,
y te recordaremos a ti sola:
ninguna más, ninguna más. Ya nunca
más volveremos a querer a otra.

Nein. Ich sag dir, nein. Ich weiß, was ich sage:
nie, nie wieder werde ich eine Geliebte haben,
und die Jahre werden vergehen, aber nie
werde ich eine andere lieben.
Du wirst schon sehen. Und dabei hast du mir gesagt,
vielleicht aus Angst, allein zu sein,
daß ich, wenn du mal stirbst,
mich nicht mal an dich erinnern würde. Soviel Dummheit!
Ja. Die Jahre werden vergehen, aber immer
wirst du, wie eine gute Erinnerung,
in jeder Stunde bei mir sein.
Bei mir... Denn du warst liebevoll
wie niemand sonst es war. Das sage ich dir spät,
nicht wahr? Ein bißchen spät jetzt,
wo du mich nicht mehr hören kannst. Mädchen
wie dich hat es nur selten gegeben.
Keine Angst, ich werde an dich denken
und mich nur an dich erinnern:
Keine andere, keine andere. Nie
werde ich je eine andere lieben.

Die Art der Wiederholungen in diesem Stück ist die eines gewissen Stücks von Enrique Banchs (*Balbuceo*, in *El cascabel del
halcón*, 1909), das Zeile für Zeile unvergleichlich viel besser ist
(*Nunca podría decirte / todo lo que te queremos: es como un montón
de estrellas / todo lo que te queremos*, etc. [Nie könnte ich es dir sagen, alles was ich an dir liebe: es ist wie ein Haufen von Sternen, alles was ich an dir liebe...]), aber wie eine Lüge wirkt,
während die Seite von Evaristo Carriego Wahrheit ist.

Ebenfalls zu *La canción del barrio* gehört das beste Gedicht
von Carriego, mit dem Titel *Has vuelto* [Du bist wieder da].

Has vuelto, organillo. En la acera
hay risas. Has vuelto llorón y cansado
como antes.
   El ciego te espera
las más de las noches sentado
a la puerta. Calla y escucha. Borrosas
memorias de cosas lejanas
evoca en silencio, de cosas
de cuando sus ojos tenían mañanas,
de cuando era joven... la novia... ¡quién sabe!

Du bist wieder da, Leierkasten. Auf dem Trottoir
wird gelacht. Du bist wieder da, weinerlich und mürrisch
wie früher.
   Der Blinde wartet auf dich,
in den meisten Nächten, sitzend
vor der Tür. Er schweigt und lauscht. Wirre
Erinnerungen an ferne Dinge
beschwört er still, Dinge aus Zeiten,
als seine Augen noch die Morgen besaßen,
als er jung war... die Liebste... wer weiß!

Was dieser Strophe ihr Leben gibt, ist nicht die letzte, sondern
die vorletzte Zeile, und ich glaube, daß Evaristo Carriego dies
so arrangiert hat, um die Emphase zu mildern. Eine seiner ersten Kompositionen – *El alma del suburbio* – hatte das gleiche
Sujet behandelt, und es ist erfreulich, die alte Lösung (realistisches Bild, das aus detaillierten Beobachtungen besteht) mit
dem definitiven, makellosen Rest zu vergleichen, in dem
seine Lieblingssymbole versammelt sind: die kleine Näherin,
die diesen Fehltritt gemacht hat, der Leierkasten, die herun-
tergekommene Straßenecke, der Blinde, der Mond.

 ... Pianito que cruzas la calle cansado
 moliendo el eterno
 familiar motivo que el año pasado

gemía a la luna de invierno:
con tu voz gangosa dirás en la esquina
la canción ingenua, la de siempre, acaso
esa preferida de nuestra vecina
la costurerita que dio aquel mal paso.
Y luego de un valse te irás como una
tristeza que cruza la calle desierta,
y habrá quien se quede mirando la luna
desde alguna puerta.
... Anoche, después que te fuiste,
cuando todo el barrio volvía al sosiego
—qué triste—
lloraban los ojos del ciego.

... Drehorgel da auf der Straße, müde,
wie du ewig mahlst
das bekannte Motiv, das im letzten Jahr
den Wintermond anseufzte:
mit deinem Genäsel singst du an der Ecke
das simple Lied, das ewige, vielleicht
das Lieblingslied unserer Nachbarin,
der kleinen Näherin, die diesen Fehltritt gemacht hat.
Und dann, nach einem Walzer, gehst du wie eine
Traurigkeit, die die öde Straße überquert,
und bestimmt schaut danach einer in den Mond
aus irgendeiner Tür.
... Gestern abend, als du weg warst,
als das ganze Viertel wieder still wurde
– wie traurig –,
haben die Augen des Blinden geweint.

Die Zartheit ist die Krönung der vielen Tage, der Jahre. Eine
weitere Tugend, in diesem zweiten Buch bereits in Kraft und
im ersten weder zu ahnen noch glaubhaft, ist die gute Laune,
der Humor. Ein Umstand, der einen feinsinnigen Charakter impliziert: Niemals lassen sich die einfachen Leute von

diesem lauteren, sympathischen Vergnügen an fremden Schwächen abbringen, das so unabdingbar zum Erhalt der Freundschaft gehört. Es ist ein Umstand, der mit der Liebe einhergeht: Soame Jenyns, ein Autor des achtzehnten Jahrhunderts, glaubte ehrfurchtsvoll, daß ein großer Teil des Entzückens der Seligen und der Engel sich aus einer feinen Wahrnehmung des Lächerlichen herleiten müsse.

Als Beispiel für den gelassenen Humor will ich folgende Verse zitieren:

> *¿Y la viuda de la esquina?*
> *La viuda murió anteayer.*
> *¡Bien decía la adivina,*
> *que cuando Dios determina*
> *ya no hay nada más que hacer!*

> Und die Witwe von der Ecke?
> Die Witwe ist vorgestern gestorben.
> Wie die Hellseherin so schön sagte:
> wenn Gott es beschlossen hat,
> ist nichts mehr zu machen!

Die Anmut dieser Verse beruht wohl auf zwei Kunstgriffen: Erstens, daß diese keineswegs hellseherische Meinung über die Unauslotbarkeit der göttlichen Vorsehung einer Hellseherin in den Mund gelegt wird; zweitens der furchtlose Respekt der Nachbarn mit ihrem vernünftigen Witz.

Aber das geschliffenste Stück Humor, das Carriego hinterließ, ist *El casamiento* [Die Hochzeit]. Es enthält auch am meisten von Buenos Aires. *En el barrio* [Im Viertel] ist eine Art freches Schelmenstück aus Entre Ríos; *Has vuelto* [Du bist wieder da] ist eine einzige zerbrechliche Minute, eine Blume der Zeit, eines einzigen Abends. *El casamiento* ist dagegen so essentiell Buenos Aires wie die Tänze von Hilario Ascásubi, oder der *Fausto criollo*, oder die Scherze von Macedonio Fernández, oder der brüchige Putz der vergnügungssüchtigen Tangos

von Greco, Arolas und Saborido. Dies Gedicht ist ein höchst
gewandter Ausdruck der vielen typischen Züge eines ärmli-
chen Fests. Es fehlt auch nicht der rabiate Grimm der Nachbarn.

En la acera de enfrente varias chismosas
que se encuentran al tanto de lo que pasa,
aseguran que para ver ciertas cosas
mucho mejor sería quedarse en casa.

Alejadas del cara de presidiario
que sugiere torpezas, unas vecinas
pretenden que ese sucio vocabulario
no debieran oírlo las chiquilinas.

Aunque —tal acontece— todo es posible,
sacando consecuencias poco oportunas,
lamenta una insidiosa la incomprensible
suerte que, por desgracia, tienen algunas.

Y no es el primer caso… Si bien le extraña
que haya salido sonso… pues en enero
del año que transcurre, si no se engaña,
dio que hablar con el hijo del carnicero.

Ein paar Klatschweiber auf dem Trottoir gegenüber,
in jeder Hinsicht bestens auf dem laufenden,
behaupten, wenn man bestimmte Dinge sieht,
wär es besser, zu Hause zu bleiben.

Hinterm Rücken des Zuchthäuslers, dessen Gesicht
an Schändliches denken läßt, tun ein paar Nachbarinnen
so, als ob die kleinen Mädels dieses
fiese Vokabular nicht hören dürften.

Obwohl – soll ja vorkommen – alles möglich ist,
jammert eine heimtückisch, wobei sie
die unpassendsten Schlüsse zieht, über das unbegreifliche
Schwein, das leider einige Mädchen haben.

Ist ja auch nicht das erste Mal… Obwohl es sie verblüfft,
daß es ausgerechnet dieser Trottel ist… denn erst im Januar
des laufenden Jahres, wenn sie sich nicht irrt,
hat man doch über die da und den Metzgerjungen getratscht.

Der im voraus verletzte Stolz, der fast verzweifelte Anstand:

> *El tío de la novia, que se ha creído*
> *obligado a fijarse si el baile toma*
> *buen carácter, afirma, medio ofendido,*
> *que no se admiten* cortes, *ni aun en broma.*

> *–Que, la modestia a un lado, no se la pega*
> *ninguno de esos vivos… seguramente.*
> *La casa será pobre, nadie lo niega:*
> *todo lo que se quiera, pero decente. –*

Der Onkel der Braut, der meinte,
er müsse aufpassen, daß der Tanz
anständig bleibt, bekräftigt, fast beleidigt,
daß *cortes* nicht mal im Scherz erlaubt sind.

»Bescheidenheit beiseite, das soll bloß mal
einer von denen versuchen… wird's schon sehen.
Das Haus mag arm sein, zugegeben:
Alles was man will, aber anständig.«

Der Ärger, auf den man sich verlassen kann:

La polka de la silla dará motivo
a serios incidentes, nada improbables:
nunca falta un rechazo despreciativo
que acarrea disgustos irremediables.

Ahora, casualmente, se ha levantado
indignada la prima del guitarrero,
por el doble sentido mal arreglado
del piropo guarango del compañero.

Die Stuhlpolka wird sehr wahrscheinlich
zu ernsthaften Zwischenfällen führen:
Irgendwer kriegt einen verächtlichen Korb,
das bringt Ärger, der nicht auszubügeln ist.

Da ist jetzt gerade empört
die Kusine des Gitarristen aufgestanden,
weil sie das derbe Kompliment ihres Partners
zweideutig gefunden hat.

Die betrübliche Offenheit:

En el comedor, donde se bebe a gusto,
casi lamenta el novio que no se pueda
correr la de costumbre ... ques, y esto es justo,
la familia le pide que no se exceda.

Im Eßzimmer, wo man nach Herzenslust trinkt,
beklagt sich der Bräutigam beinahe, daß er sich nicht
wie gewöhnlich besaufen darf ... die Familie, völlig zurecht,
bittet ihn nämlich, sich zu bremsen.

Die Funktion des mit der Familie befreundeten *guapo* als Friedensstifter:

73

Como el guapo es amigo de evitar toda
provocación que aleje la concurrencia,
ha ordenado que apenas les sirvan soda
a los que ya borrachos buscan pendencia.

Y previendo la bronca, después del gesto
único en él, declara que aunque le cueste
ir de nuevo a la cárcel, se halla dispuesto
a darle un par de hachazos al que proteste.

Weil der *guapo* jede Provokation
vermeiden will, die die Teilnehmer vertriebe,
hat er befohlen, denen, die schon besoffen
Streit suchen, höchstens Soda zu servieren.

Und weil er nach seiner ungewöhnlichen Geste
den Zoff schon kommen sieht, erklärt er, wenn es
ihn auch wieder in den Knast brächte, er sei doch bereit,
jedem, der protestiert, ein paar mit dem Beil zu versetzen.

Überdauern werden aus diesem Buch weiterhin: *El velorio*
[Totenwache], mit der gleichen Technik wie *El casamiento*, und
La lluvia en la casa vieja [Regen über dem alten Haus], Zeugnis
jener elementaren Wonne, wenn der Regen sich in der Luft
ausdehnt wie eine Rauchwolke und jedes Heim wie ein Bun-
ker ist; sowie einige autobiographische Sonette im Gesprächs-
ton aus der Serie *Intimas* [Intimitäten]. Sie sind aufgeladen
mit Schicksal: Von ihren Umständen her sind sie heiter, aber
ihrer Resignation oder ihrem Sich-Fügen gingen Schmerzen
voraus. Ich will diese Zeile aus einem von ihnen zitieren, rein
und magisch:

cuando aún eras prima de la luna.

als du noch Kusine des Mondes warst.

Und diese keineswegs indiskrete Erklärung, die alles sagt:

Anoche, terminada ya la cena
y mientras saboreaba el café amargo,
me puse a meditar un rato largo:
el alma como nunca de serena.

Bien lo sé que la copa no está llena
de todo lo mejor, y sin embargo,
por pereza quizás, ni un solo cargo
le hago a la suerte, que no ha sido buena...

Pero como por una virtud rara
no le muestro a la vida mala cara
ni en las horas que son más fastidiosas,

nunca nadie podrá tener derecho
a exigirme una mueca. ¡Tantas cosas
se pueden ocultar bien en el pecho!

Gestern abend, schon nach dem Essen,
während ich den bitteren Kaffee genoß,
habe ich eine ganze Weile nachgedacht,
die Seele gelassen wie nie.

Ich weiß wohl, daß mein Kelch nicht erfüllt ist
vom Allerbesten, und dennoch,
vielleicht aus Trägheit, werfe ich dem Schicksal,
das nicht gut war, überhaupt nichts vor...

Aber wie dank einer seltenen Tugend
schneide ich dem Leben keine Fratzen,
nicht einmal in den schlimmsten Stunden,

nie wird einer den Anspruch erheben können,
mir eine Grimasse abzufordern. So viele Dinge
lassen sich gut im Herzen verbergen!

Eine letzte Abschweifung, die sofort keine Abschweifung mehr sein wird. Bei aller Anmut leiden die Darstellungen von Sonnenaufgang, Pampa und Abenddämmerung, die der *Fausto* von Estanislao del Campo präsentiert, an Frustration und Unbehagen: Schon die einleitende Erwähnung der Bühnenkulissen bewirkt diese Kontamination. Die Irrealität des Stadtrands ist subtiler: Sie ergibt sich aus seinem provisorischen Charakter, aus der doppelten Anziehungskraft der Ebene der Bauern oder Reiter einerseits und der Straße mit hohen Häusern andererseits, aus dem Hang seiner Menschen, sich für Landleute oder Städter zu halten, niemals aber für Stadtrandbewohner. Aus diesem schwankenden Stoff konnte Carriego sein Werk erschaffen.

V
Ein mögliches Résumé

Carriego, von der Abstammung her aus Entre Ríos, aufgewachsen in den nördlichen Stadtrandgebieten von Buenos Aires, beschloß, sich einer poetischen Darstellung dieser Randgebiete zu widmen. 1908 veröffentlichte er *Misas herejes*: Ein
scheinbar absichtsloses Buch, das 10 Folgeerscheinungen
dieser Entschlossenheit zum Lokalen enthält und 27 unterschiedliche Beispiele der Verskunst: Einige von gutem tragischen Stil – *Los lobos* [Die Wölfe] –, andere von feiner Emp-
findsamkeit – *Tu secreto* [Dein Geheimnis], *En silencio* [Im
Stillen] –, aber insgesamt sind diese Verse unansehnlich.
Wichtig sind die Seiten, die das Viertel beobachten. Sie geben
die Idee der Tapferkeit wieder, die die Vorstadt von sich selbst
hat, und sie gefielen völlig zurecht. Beispiele dieser frühen
Manier sind *El alma del suburbio, El guapo, En el barrio*. Carriego siedelte sich zwischen diesen Themen an, aber sein Be-
dürfnis, die Menschen zu rühren, führte ihn zu einer tränenreichen sozialistischen Ästhetik, deren unbewußte *reductio ad
absurdum* sehr viel später die Boedo-Gruppe bewerkstelligen
sollte. Beispiele dieser zweiten Manier, die unter Minderung
seines Ruhms vorerst die Wahrnehmung der übrigen Texte
verdrängt hat, sind *Hay que cuidarla mucho, hermana, mucho, Lo
que dicen los vecinos* [Was die Nachbarn sagen], *Mamboretá*. Danach versuchte er eine narrative Manier, bei der er als Neu-
heit den Humor einführte: unerläßlich bei einem Poeten von
Buenos Aires. Beispiele dieser letzten – besten – Manier sind
El casamiento, El velorio [Totenwache], *Mientras el barrio duerme*
[Während das Viertel schläft]. Im Lauf der Zeit hatte er auch
einige intimere Dinge notiert: *Murria* [Die Griesgrämige], *Tu
secreto, De sobremesa* [Nach Tisch].

Welche Zukunft hat Carriego? Es gibt keinen Nachruhm
ohne kritische Nachwelt, die sich der Verkündung unwider-

ruflicher Urteile widmet, aber die Fakten scheinen mir sicher. Ich glaube, daß einige seiner Seiten – vielleicht *El casamiento, Has vuelto, El alma del suburbio, En el barrio* – viele argentinische Generationen ausreichend berühren werden. Ich glaube, daß er der erste Beobachter unserer Armenviertel war und daß es das ist, was für die Geschichte unserer Lyrik zählt. Er war der erste, das heißt der Entdecker, der Erfinder.

Truly I loved the man, on this side idolatry, as much as any.

VI
Ergänzungen

Zu Kapitel 2

Dezimen in Lunfardo, die Evaristo Carriego in der Kriminalzeitschrift ›L. C.‹ (Donnerstag, 26. September 1912) über
dem Pseudonym *El Barretero* [Der Hauer] veröffentlichte.

Compadre: si no le he escrito
perdone… ¡Estoy reventao!
Ando con un entripao,
que de continuar palpito
que he de seguir derechito
camino de Triunvirato;
pues ya tengo para rato
con esta suerte cochina:
Hoy se me espiantó la mina
¡y si viera con qué gato!

Sí, hermano, como le digo:
¡viera qué gato ranero!
mishio, roñoso, fulero
mal lancero y peor amigo.
¡Si se me encoge el ombligo
de pensar el trinquetazo
que me han dao! El bacanazo
no vale ni una escupida
y lo que es de ella, en la vida
me soñé este chivatazo.

Yo los tengo junaos. ¡Viera
lo que uno sabe de viejo!

No hay como correr parejo
para estar bien en carrera.
Lo engrupen con la manquera
con que tal vez ni serán
del pelotón, y se van
en fija, de cualquier modo.
Cuando uno se abre en el codo
ya no hay caso: ¡se la dan!

¡Pero tan luego a mi edá
que me suceda esta cosa!
Si es p'abrirse la piojosa
de la bronca que me da.
Porque es triste, a la verdá
—el decirlo es necesario—
que con el lindo prontuario
que con tanto sacrificio
he lograo en el servicio,
me hayan agarrao de otario.

Bueno: ¿que ésta es quejumbrona
y escrita como sin gana?
Echele la culpa al rana
que me espiantó la cartona.
¡Tigrero de la madona,
veremos cómo se hamaca,
si es que el cuerpo no me saca
cuando me toque la mía.
Hasta luego.
                — Todavía
tengo que afilar la faca!

etwa: Kumpel, wenn ich nicht geschrieben hab,
entschuldige… Ich bin total erledigt!
Mir ist was auf den Magen geschlagen,
und wenn das weitergeht, schätz ich,
kann ich mich am besten gleich
einsargen oder einbuchten lassen;
ich hab nämlich wirklich seit einiger Zeit
ein derartiges Scheißglück:
Heute ist meine Kleine abgehauen,
und wenn du wüßtest, mit was für 'nem Schuft!

Ja, Bruderherz, ich sag's wie's ist:
Wenn du wüßtest, was für 'n mieser Typ!
Schmierig, lausig, hinterfotzig,
falscher Fuffziger – feiner Freund!
Der Magen dreht sich mir um,
wenn ich an die miese Tour denke,
die die mit mir gefahren sind! Der Drecksack
ist ja nicht mal 'ne Portion Spucke wert,
und was sie angeht, nie im Leben
hätt ich das von ihr erwartet.

Beide in einen Sack! Wie vertrottelt
man mit den Jahren doch wird!
Am besten läuft man ja zu zweit,
wenn man gut im Rennen bleiben will.
Den anderen zählt man zu den Lahmärschen,
die vielleicht gar nicht erst
ankommen, und irgendwie
verläßt man sich dann auch darauf.
Und dann schubst einer dich mit dem Ellbogen weg,
nix mehr zu machen: Er sackt alles ein!

Aber daß ausgerechnet mir in meinem Alter
sowas passieren kann!
Vor lauter Wut darüber könnt ich

mir glatt den Schädel spalten.
In Wahrheit ist es nämlich traurig
– das muß ich einfach loswerden –,
daß die mich, nach allem, was ich
für sie getan hab, allen Opfern
und allen guten Diensten,
am Ende derart zum Narren macht.

Na ja – findest du, das klingt nach
Jammerlappen, ohne Mumm geschrieben?
Gib die Schuld daran dem Schuft,
der mir die Schnepfe ausgespannt hat.
Heilige Klofrau! Du wirst schon sehen,
wie ich ihm die Maschen aufriffele,
ich geh nämlich voll zur Sache,
wenn's wirklich ums Ganze geht.
Bis demnächst.
                    – Ich muß
noch das Messer schleifen!

Zu Kapitel 4

El Truco

Vierzig Karten wollen das Leben verdrängen. In den Händen knirscht das neue oder klebt das alte Blatt: Kinkerlitzchen aus Pappe, die plötzlich lebendig werden, ein Pik-As, das allmächtig wird wie Don Juan Manuel, schmerbäuchige Pferdchen, von denen Velázquez die seinen abmalte. Der Bankhalter mischt diese Bildchen. Es ist leicht zu beschreiben und auch zu tun, aber das Magische und Ungeheure des Spiels – des Spiel-Vorgangs – bricht in der Ausführung auf. 40 ist die Anzahl der Karten, und 1 mal 2 mal 3 mal 4 ... mal 40 ist die Anzahl der möglichen Kombinationen. In ihrer Enormität ist diese Zahl von feiner Genauigkeit, mit einer unmittelbar vorhergehenden und einer einzigen folgenden, sie wird jedoch nie ausgeschrieben. Sie ist eine ferne Ziffer, schwindelerregend, die in ihrer Vielzahligkeit die Spieler aufzulösen scheint. So ist von Anfang an das zentrale Mysterium des Spiels geschmückt durch ein weiteres, die Tatsache, daß es überhaupt Zahlen gibt. Auf dem Tisch, abgedeckt, damit die Karten glitschen, warten die aufgehäuften Erbsen, auch sie der Arithmetik unterworfen. Die *trucada* beginnt; die Spieler, jäh zu *criollos* geworden, entledigen sich des gewohnten Ich. Ein anderes Ich, ein gleichsam uraltes und einheimisches Ich verwickelt die Spielpläne. Plötzlich ist die Sprache eine andere. Tyrannische Verbote, listige Möglichkeiten und Unmöglichkeiten lasten auf jeder Äußerung. *Flor* [Blume, Dreier, Dreiblatt] zu sagen, ohne drei Karten einer Farbe zu besitzen, ist verbrecherisch und strafbar, aber wenn man schon *envido* [ich biete] gesagt hat, macht es nichts. Irgendeinen Truco-Zug ankündigen bedeutet, ihn tun zu müssen: eine Pflicht, die sich bei jedem weiteren Schritt in immer mehr Euphemismen niederschlägt. *Quiebro* [ich breche] ist so viel wie *quiero* [ich fordere], *envite* soviel wie *envido*, eine *olorosa* [Duftige] oder eine *jardinera* [Gärtnerin] so viel wie *flor*. Aus dem Mund von Verlierern klingt bisweilen hochtrabend folgende Sentenz eines Spielkneipen-Caudillo: »Was die Spielregeln angeht, ist längst alles gesagt: Es geht um *envido* und Truco, und wenn es *flor* gibt, dann auch *contraflor*!« Mehr als einmal steigert sich der Dialog bis zum Vers. Für die Verlierer kennt der Truco Rezepte für Geduld, für den Jubel Verse. Das Gedächtnis des Truco ist lang wie ein Kalender. Milongas von Lagerfeuer und Kneipe, Totenwachenscherze, trotzige Drohungen mit Keilereien und Intrigen, Dreistigkeiten über die Häuser von Junín und die Schwiegermutter aus Temple gehören beim Truco zum Umgangston. Der Truco ist ein guter Sänger, vor allem, wenn er gewinnt oder zu gewinnen vorgibt: In der Dämmerung singt er an den Straßenecken, in erleuchteten Ladenschänken.

Die wichtigste Gepflogenheit des Truco ist lügen. Die Art der Täuschung ist aber nicht die des Poker: bloße Mutlosigkeit oder Verbissenheit, nicht zu schwanken und alle paar Runden einen großen Stapel Jetons aufs Spiel zu setzen; es ist vielmehr ein Zusammenspiel von lügender Stimme, von Mienen, die sich für undurchdringlich halten und verschlossen sind, von tückischem und unsinnigem Gerede. Beim Truco findet eine Potenzierung des Täuschens statt: Dieser verdrossene Spieler, der seine Karten auf den Tisch geworfen hat, kann durchaus ein gutes Blatt verbergen (elementare List), oder vielleicht belügt er uns, mit Hilfe der Wahrheit, damit wir nicht an sie glauben (List hoch zwei). Das *criollo*-Spiel ist gemächlich und gesprächig, aber hinter dem Phlegma steckt Gaunerei. Es ist eine Schichtung von Masken, und sein Geist ist der der Trödler Mosche und Daniel, die einander mitten in der weiten russischen Ebene begrüßen.

»Wohin gehst du, Daniel?« sagte der eine.

»Nach Sewastopol«, sagte der andere.

Daraufhin sah Mosche ihn scharf an und erklärte:

»Du lügst, Daniel. Mir sagst du, du gehst nach Sewastopol, damit ich glaube, daß du nach Nischni-Nowgorod gehst, aber in Wahrheit gehst du tatsächlich nach Sewastopol. Du lügst, Daniel!«

Zu den Truco-Spielern. Sie sind wie verborgen im *criollo*-Lärm des Dialogs; mit Geschrei wollen sie das Leben aufschrecken. Vierzig Karten – Amulette aus bunter Pappe, schäbige Mythologie, Exorzismen – reichen ihnen aus, um das gewöhnliche Leben zu beschwören. Beim Spiel kehren sie den geschäftigen Stunden der Welt den Rücken. Die öffentliche, drängelnde Realität, in der wir uns alle befinden, grenzt an ihre Runde, ohne einzudringen; der Bereich ihres Tischs ist ein anderes Land. Es wird bevölkert von dem *envido* und dem *quiero*, der durchkreuzten *olorosa* und der Unerwartbarkeit ihres Geschenks, dem schäbigen Hintertreppenroman jeder einzelnen Partie, der Karo-Sieben mit ihrer Schellen-Hoffnung und den anderen leidenschaftlichen Bagatellen, die zum Spiel gehören. Die Truco-Spieler leben diese kleine Welt der Halluzination. Sie schüren sie mit *criollo*-Zoten, die keine Eile haben; sie hegen sie wie ein Feuer. Es ist eine enge Welt, ich weiß: Phantom aus Kirchturmpolitik und Gaunereien, letzten Endes eine von Holzladen-Magiern und Vorort-Hexern erfundene Welt, aber sie verdrängt die reale Welt darum nicht weniger und ist in ihrem Anspruch nicht weniger einfallsreich und diabolisch.

Ein ortsgebundenes Thema wie dieses, den Truco, zu bedenken und weder davon abzuschweifen noch es zu vertiefen – beide Wendungen können hier den gleichen Vorgang bedeuten, derart ist ihre Präzision –, scheint mir eine sehr bedenkliche Spielerei zu sein. Ich will hier einen Gedanken über die Ärmlichkeit des Truco nicht vergessen. Die verschiedenen Stadien seiner Polemik, seiner Volten, seiner jähen Entschlüsse, seiner Kabalen kehren nie wieder. Um sich zu wiederholen, bedürfen sie der zugehörigen Erlebnisse. Was ist für einen, der darin bewandert ist, der Truco anderes als eine Gewohnheit? Man bedenke auch, daß das Spiel etwas von Gedenken hat, einen Hang zu traditionellen Formeln. In Wahrheit tut jeder Spieler längst nichts anderes, als uralte Stiche aufzunehmen. Sein Spiel ist eine Wiederholung von vergangenen Spielen, das heißt, von kleinen Ausschnitten vergangener Leben. Längst verblichene Generationen von *criollos* sind in ihm gleichsam lebendig begraben: Sie sind er, können wir ohne Metapher behaupten. Aus diesen Gedanken erhellt, daß die Zeit eine Fiktion ist. Von den Truco-Labyrinthen aus bunter Pappe ausgehend, haben wir uns so der Metaphysik genähert: der einzigen Berechtigung und dem Endzweck aller Themen.

VII
Die Aufschriften der Karren

Es ist wichtig, daß mein Leser sich einen Karren vorstellt. Es kostet nichts, ihn sich groß vorzustellen, die Hinterräder höher als die vorderen, als verfügten sie über eine Kraftreserve, der *criollo*-Kutscher stämmig wie das Werk aus Holz und Eisen, auf dem er sich befindet, die Lippen zum Pfeifen gespitzt oder befaßt mit seltsam sanften Aufforderungen an die zerrenden Pferde: an das folgsame Deichselgespann und an das Vorspannpferd an der Spitze (ragender Bug für jene, die ein Gleichnis verlangen). Beladen oder ohne Fracht, das ist gleich; abgesehen davon, daß bei einer leeren Rückfahrt die Gangart weniger zweckmäßig ist und der Kutschbock mehr wie ein Thron wirkt, als überdauerte in ihm die militärische Bedeutung, die die Karren in Attilas Reich der Reiterhorden hatten. Die betreffende Straße kann Montes de Oca sein oder Chile oder Patricios oder Rivera oder Valentín Gómez, aber am besten Las Heras, wegen der Verschiedenartigkeit des dortigen Verkehrs. Der langsame Karren wird dort dauernd überholt, aber gerade dieses Zurückbleiben wird ihm zum Sieg, als wäre die Eile der anderen das furchtsame Hasten von Sklaven, die eigene Weile dagegen vollkommener Besitz der Zeit, beinahe der Ewigkeit. (Dieser Besitz der Zeit ist das unendliche Kapital des *criollo*, das einzige. Die Weile können wir zur Unbeweglichkeit erhöhen: Besitz des Raums.) Der Karren dauert an, und an seiner Bordwand ist eine Aufschrift. So will es der Klassizismus der Vorstadt, und wenn diese uneigennützige expressive Dreingabe zu den sichtbaren Ausdrücken von Beständigkeit, Form, Zweck, Höhe, Realität auch den Vorwurf der Geschwätzigkeit belegen mag, den die gesprächigen Europäer gegen uns erheben, kann ich sie doch nicht verheimlichen, denn sie ist das Thema dieser Notiz. Seit einiger Zeit bin ich Jäger und Sammler dieser Aufschriften, der Epigraphik der Gehöfte und Depots, die poetischeres Schweifen und poetischere Muße voraussetzten als die Sammlerstücke selbst, die in diesen italianisierten Tagen rar werden. Ich gedenke nicht, dieses angehäufte Kapital von Groschen auf dem Tisch auszuschütten, ich möchte nur einige vorzeigen. Bei dem Projekt geht es, wie man sieht, um Rhetorik. Bekanntlich verstehen jene, die diese Disziplin methodisch betreiben, darunter alle Formen der Dienstbarkeit des Worts, bis hin zu den lächerlichen oder schlichten des Rätsels, des Kalauers, des Akrostichons, des Anagramms, des Labyrinths, des kubischen Labyrinths, der Devise. Wenn letztere, die eher symbolische Gestaltung ist als Wort, zugelassen wurde, halte ich die Aufnahme des Karren-Spruchs in die Rhetorik für einwandfrei. Er ist eine indianische Variante des Mottos, eine Gattung, die auf den Wappenschilden entstand. Außerdem ist es nur billig, den Karren-Spruch den anderen Motti gleichzusetzen, damit der Leser sich keine falschen Hoffnungen macht und von meiner Untersuchung etwa Wunderwerke erwartet. Wie kann man sie denn hier verlangen, wenn es sie doch nicht und niemals in den systematischen Anthologien von Menéndez y Pelayo oder Palgrave gibt?

Ein Irrtum ist sehr schnell begangen: nämlich daß man den Namen des Hauses, dem der Karren gehört, für sein echtes Motto hält. *Das Modell von Quinta Bollini*, perfektes Beispiel für einfallslose Plumpheit, könnte zu den von mir erwähnten Fällen gehören; die *Mutter der Nordstadt*, ein Karren aus Saavedra, gehört dazu. Das ist ein hübscher Name, und wir können für ihn zwei Erklärungen finden. Die erste, die unglaubwürdige, ist, die Metapher zu ignorieren und anzunehmen, daß die Nordstadt von diesem Karren geboren wurde, daß sie aus seinem wechselnden Verkehr in Häuser und Ladenschänken und Farbgeschäfte überfließt. Die andere ist die von Ihnen erwartete: es dabei bewenden zu lassen. Aber Namen wie dieser gehören zu einem anderen literarischen Genre, das weniger hausgemacht ist, zur Reklame: einem Genre, in dem es von kompakten Meisterwerken wimmelt, wie der Schneiderei *Der*

Koloß von Rhodos in Villa Urquiza und der Bettenfabrik *Dormitologie* in Belgrano; aber derlei unterliegt nicht meiner Beurteilung.

Die echte Karrenaufschrift ist in sich nicht sehr verschieden. Traditionell stellt sie Behauptungen auf – *Die Blume der Plaza Vertíz, Der Sieger* – und wirkt schon wie gelangweilt ob der eigenen Großsprecherei. So etwa *Der Köder, Der Kurier, Der Knüppel.* Letzere gefällt mir, verfällt aber in der Erinnerung, wenn ich an diesen anderen Namen denke, ebenfalls aus Saavedra, der von Fahrten kündet, ausgedehnt wie lange Schiffsreisen, von Vertrautheit mit den Karrenwegen und hohen Staubwolken der Pampa: *Das Schiff.*

Eine besondere Unterart des Genres sind die Aufschriften auf den kleinen Karren der Einzelhändler. Das Feilschen und das tägliche Plaudern mit Frauen hat sie vom Tapferkeitskult abgebracht, und ihre prunkenden Lettern ziehen es vor, mit Dienstleistungen anzugeben oder galant zu tun. *Der Liberale, Es lebe mein Beschützer, Der kleine Baske von Sur, Kolibri, Der kleine Milchmann von morgen, Der feine Kerl, Bis morgen, Der Rekord von Talcahuano, Die Sonne geht für alle auf* können als muntere Beispiele dienen. *Was tun mir deine Augen an* und *Wo Asche ist war Feuer* sprechen für individuellere Leidenschaften. *Wer mich beneidet stirbt verzweifelt* muß eine spanische Zugabe sein. *Ich hab's nicht eilig* ist typisch *criollo.* Die Verdrossenheit oder Strenge der knappen Sätze korrigiert sich auch sogleich, nicht nur durch den lächelnden Ausdruck, sondern vor allem durch die Vielzahl dieser Sätze. Ich habe einen Obstkarren gesehen, der neben seinem erwarteten Namen, *Der Liebling des Viertels,* in einem zufriedenen Distichon erklärte:

> *Yo lo digo y lo sostengo*
> *Que a nadie envidia le tengo.*

> Ich sag es und bleib dabei,
> daß ich niemanden beneide.

Und das Bild eines Paars von Tangotänzern im Halbdunkel wurde mit der entschlossenen Maßgabe kommentiert: *Altes Vorrecht*. Diese Geschwätzigkeit der Kürze, diese gespreizte Raserei erinnern mich an die Redeweise des berühmten dänischen Staatsmanns Polonius, oder des leibhaftigen Polonius Baltasar Gracián.

Zurück zu den klassischen Inschriften. *Der Halbmond von Morón* ist der Name eines besonders hochbordigen Karrens mit eisernem Geländer, das schon eine Reling ist; ich durfte ihn schauen in einer feuchten Nacht im genauen Mittelpunkt unseres Lebensmittelmarkts, wo er mit zwölf Beinen und vier Rädern üppig gärende Düfte beherrschte. *Die Einsamkeit* ist das Motto eines Karrens, den ich im Süden der Provinz Buenos Aires gesehen habe; es heischt Distanz. Dies ist auch die eigentliche Bedeutung von *Das Schiff*, aber weniger dunkel. *Was geht's die Alte an wenn die Tochter mich liebt* darf nicht fehlen, weniger wegen des Mangels an Geist als wegen des echten Kramlager-Tonfalls. Das kann man auch über *Deine Küsse waren mein* sagen, eine Behauptung, die einem Walzerlied entstammt, auf die Seitenwand eines Karrens geschrieben jedoch reizvoll dreist wird. *Nur kein Neid, Junge* hat etwas von einem Maul- und Weiberhelden. *Ich bin stolz* ist in seiner Würde von Sonne und hohem Kutschbock den überschwenglichsten Selbstbezichtigungen von Boedo weit überlegen. *Hier kommt Die Spinne* ist eine hübsche Ankündigung. *Und die Blonde, wann denn* ist dies noch mehr, nicht nur wegen der *criollo*-Apokope und der vorauszusetzenden Vorliebe für die Dunkelhaarige, sondern auch wegen der ironischen Verwendung des Adverbs *wann*, das hier *nie* bedeutet. (Dieses ablehnende *wann* hörte ich erstmals in einer nicht wiederzugebenden Milonga, die nicht halblaut drucken oder schamhaft auf Latein mildern zu können ich bedaure. Statt ihrer möchte ich hier eine ähnliche zitieren, *criollo*-mexikanisch, entnommen dem Buch von Rubén Campos, *El folklore y la música mexicana:* »*Dicen que me han de quitar / las veredas donde ando; / las veredas quitarán, / pero la querencia, cuándo*«. [Es heißt, sie wollen mir die Wege nehmen, über die ich gehe; die Wege können sie schon nehmen, aber die Liebe, wann?] *Wann denn, Herzchen* war auch eine übliche Bemerkung beim Nahkampf, wenn man dem verrußten Stock oder dem Messer des anderen ausgewichen war.) *Der Zweig steht in Blüte* ist eine Mitteilung von höchster Heiterkeit und Magie. *So gut wie nix, Hättest du's mir doch gesagt* und *Kaum zu glauben* sind unverbesserlich gut. Sie bergen Drama, sie haben Anteil an der Wirklichkeit. Sie entsprechen emotionalen Frequenzen: Sie sind wie vom Schicksal, ewig. Sie sind Gesten, dauerhaft gemacht durch die Schrift, eine unaufhörliche Bekräftigung. Ihre Art der Anspielung ist die des gesprächigen Stadtrandbewohners, der nicht direkter Erzähler oder Argumentierer sein kann und sich im Unzusammenhängenden gefällt, in Verallgemeinerungen, in Finten: geschmeidig wie ein Tangoschritt. Aber die Ehre, aber die dunkle Blume dieser Sammlung ist die undurchschaubare Aufschrift *Der Verlorene weint nicht*, die Xul Solar und mich über die Maßen faszinierte, obwohl wir daran gewöhnt waren, die feinsinnigen Rätsel von Robert Browning, die albernen von Mallarmé und die bloß lästigen von Góngora zu erschließen. *Der Verlorene weint nicht*; ich reiche diese düstere Nelke dem Leser weiter.

Es gibt keinen grundsätzlichen literarischen Atheismus. Ich habe geglaubt, ich glaubte nicht an die Literatur, und ich habe mich durch die Versuchung, diese literarischen Partikel zu versammeln, eines besseren belehren lassen. Zwei Gründe erteilen mir Absolution. Einer ist der demokratische Aberglaube, der jedem anonymen Werk geheime Verdienste zuspricht, als ob wir alle zusammen etwas wüßten, was kein einzelner weiß, als ob die Intelligenz nervös wäre und besser arbeitete, wenn man sie nicht gerade überwacht. Der andere Grund ist, daß es einfacher ist, kurze Dinge zu beurteilen. Wir geben nur ungern zu, daß unsere Meinung über eine einzelne Zeile möglicherweise nicht endgültig ist. Wir setzen unsere Glaubwürdigkeit auf Zeilen, nicht jedoch auf Kapitel. Es ist unvermeidlich, an dieser Stelle Erasmus zu erwähnen: ungläubig und fasziniert von Sprichworten.

Nach vielen Tagen will die Seite plötzlich gelehrt werden. Ich kann keinen bibliographischen Verweis anführen, außer diesem zufälligen Passus eines meiner Vorläufer, was derlei Neigungen angeht. Es gehört zu den mutlosen Entwürfen klassischer Verse, die man heute als freie Verse bezeichnet.

Ich glaube, er lautet so:

> *Los carros de costado sentencioso*
> *franqueaban tu mañana*
> *y eran en las esquinas tiernos los almacenes*
> *como esperando un ángel.*

> Die Karren mit Sprüchen auf den Seiten
> kreuzten durch deinen Morgen,
> und mild waren an den Ecken die Ladenschänken,
> als erwarteten sie einen Engel.

Besser gefallen mir die Karrenaufschriften, Blüten der Handelslager.

VIII
Reitergeschichten

Sie sind zahlreich und könnten unzählig sein. Die erste ist bescheiden; die folgenden werden ihr Tiefe verleihen.

Ein Estanciero aus Uruguay hatte ein Etablissement auf dem Lande erworben (ich bin ganz sicher, daß er das so formuliert hat), in der Provinz Buenos Aires. Von Paso de los Toros nahm er einen Zureiter mit, einen Mann, dem er völlig vertraute, der aber sehr unzivilisiert war. Er brachte ihn in einer Herberge in der Nähe von Once unter. Nach drei Tagen suchte er ihn auf; er fand ihn, wie er in seinem Zimmer, im Hintergebäude, Mate trank. Er fragte ihn, wie ihm Buenos Aires gefallen habe, und erfuhr, daß der Mann nicht ein einziges Mal auf die Straße gegangen war.

Die zweite Geschichte ist ganz ähnlich. 1903 wiegelte Aparicio Saravia Uruguays Hinterland auf; in einer Phase des Kampfs befürchtete man, seine Leute könnten nach Montevideo eindringen. Mein Vater, der sich dort aufhielt, bat einen Verwandten um Rat, den Historiker Luis Melián Lafinur. Dieser sagte ihm, es bestehe keinerlei Gefahr, »denn der Gaucho hat Angst vor der Stadt«. Tatsächlich machten Saravias Truppen kehrt, und mein Vater stellte einigermaßen erstaunt fest, daß das Studium der Geschichte nützlich und nicht nur angenehm sein kann.*

Die dritte Geschichte, die ich berichten will, gehört ebenfalls zur mündlichen Überlieferung meiner Familie. Gegen Ende des Jahres 1870 schlossen Truppen von López Jordán

---

* Burton schreibt, daß sich die Beduinen in den arabischen Städten die Nase mit einem Tuch oder Watte bedeckten; Ammianus zufolge hatten die Hunnen vor Häusern soviel Angst wie vor Gräbern. Ähnlich die Sachsen, die im fünften Jahrhundert England eroberten und nicht wagten, sich in den von ihnen eingenommenen römischen Städten aufzuhalten. Sie ließen sie verfallen und verfaßten dann Elegien, um die Ruinen zu beklagen.

unter dem Kommando eines Gauchos mit Beinamen *El Chumbiao* [Der Verschnürte?] die Stadt Paraná ein. Eines Abends gelang es den Montoneros, unter Ausnutzung einer Unachtsamkeit der Garnison, die Verteidigung zu durchbrechen. Sie ritten einmal um den größten Platz der Stadt, wobei sie sich auf den Mund schlugen und johlten. Unter Geschrei und Pfiffen verschwanden sie dann wieder. Krieg war für sie nicht die konsequente Durchführung eines Plans, sondern ein Spiel für Männer.

Die vierte und letzte der Geschichten findet sich auf den Seiten eines hervorragenden Buchs: *L'Empire des Steppes* (1939) von dem Orientalisten René Grousset. Zwei Abschnitte aus dem zweiten Kapitel können zum Verständnis beitragen; hier der erste:

»Tschingis-Khans Krieg gegen die Ch'in, begonnen 1211, sollte sich mit kurzen Unterbrechungen bis zu seinem Tod (1227) hinziehen, um endlich von seinem Nachfolger beendet zu werden (1234). Mit ihrer beweglichen Kavallerie konnten die Mongolen die Felder und die offenen Dörfer verwüsten, verstanden sich jedoch lange Zeit nicht auf die Kunst, von chinesischen Ingenieuren befestigte Städte zu nehmen. Außerdem kämpften sie in China wie in der Steppe, mit aufeinander folgenden Einfällen, nach denen sie sich immer mit ihrer Beute zurückzogen und hinter sich die Ch'in die Städte wieder in Besitz nehmen, die Ruinen aufbauen, die Breschen ausbessern und die Befestigungen erneuern ließen, so daß im Lauf dieses Krieges die mongolischen Generäle gezwungen waren, dieselben Orte zwei- oder dreimal zu erobern.«

Hier der zweite:

»Die Mongolen nahmen Peking ein, metzelten die Einwohner nieder, plünderten die Häuser und steckten sie dann in Brand. Die Verwüstung währte einen Monat. Offensichtlich wußten die Nomaden mit einer großen Stadt nichts anzufangen, sie nicht zur Konsolidierung und Erweiterung ihrer Macht zu nutzen. Das ist ein interessanter Fall für Spezialisten der Humangeographie: die Verwirrung der Steppenvölker,

93

wenn sie übergangslos durch Zufall in den Besitz alter Länder mit städtischer Zivilisation gelangen. Sie brennen und morden, nicht aus Sadismus, sondern weil sie verwirrt sind und nichts anderes damit anzufangen wissen.«

Hier nun die Geschichte, die von allen Fachleuten bestätigt wird: Während des letzten Feldzugs von Tschingis-Khan bemerkte einer seiner Generäle, daß seine neuen chinesischen Untertanen zu nichts taugten, da sie für den Krieg ungeeignet seien, und so solle man sie am besten alle ausrotten, die Städte schleifen und aus dem nahezu unendlichen Reich der Mitte ein weites Weideland für Pferdeherden machen. So hätte man wenigstens Nutzen von der Erde, da ja alles andere unnütz sei. Der Khan wollte diesem Rat folgen, als ein anderer Ratgeber darauf hinwies, daß es förderlicher sei, die Länder und Waren zu besteuern. Die Zivilisation wurde gerettet, die Mongolen alterten in den Städten, die sie hatten zerstören wollen, und zweifellos lernten sie schließlich in ihren symmetrischen Gärten die verächtlichen und friedfertigen Künste der Prosodie und Keramik schätzen.

Wenn auch räumlich und zeitlich voneinander entfernt, sind die Geschichten, die ich zusammengestellt habe, doch nur eine; der Protagonist ist ewig, und der mürrische *peon*, der drei Tage vor einer Tür verbringt, die zu einem letzten Patio führt, ist – wenn auch heruntergekommen – der gleiche wie der, der mit zwei Bogen, einem Lasso aus Roßhaar und einem Krummsäbel beinahe das älteste Reich der Welt mit den Hufen des Steppenpferdes zerstört und ausgelöscht hätte. Es macht Vergnügen, unter den Masken der Zeit die uralten Gestalten Reiter und Stadt wiederzufinden*; dieses Vergnügen kann uns im Fall dieser Geschichten einen melancholischen Nachgeschmack hinterlassen, da ja wir Argentinier (durch das Werk des Gauchos von Hernández oder durch die Schwerkraft unserer Vergangenheit) uns mit dem Reiter identifizie-

* Es heißt, Hidalgo, Ascásubi, Estanislao del Campo und Lussich hätten zahllose witzige Versionen vom Dialog des Reiters mit der Stadt gekannt.

ren, der am Schluß verliert. Die Kentauren, besiegt durch die Lapithen; der Tod des Schafhirten Abel, ermordet von Kain, der das Land bebaute; die Niederlage von Napoleons Kavallerie gegen die britische Infanterie bei Waterloo; sie sind Embleme und Schatten dieses Schicksals.

Ein Reiter, der sich entfernt und sich verliert, mit einer Andeutung von Niederlage, ist auch in unserer Literatur der Gaucho. So im *Martín Fierro*:

> *Cruz y Fierro en una estancia*
> *Una tropilla se arriaron,*
> *Por delante se la echaron*
> *Como criollos entendidos*
> *Y pronto, sin ser sentidos,*
> *Por la frontera cruzaron.*

> *Y cuando la habían pasao,*
> *Una madrugada clara,*
> *Le dijo Cruz que mirara*
> *Las últimas poblaciones*
> *Y a Fierro dos lagrimones*
> *Le rodaron por la cara.*

> *Y siguiendo el fiel del rumbo*
> *Se entraron en el desierto...*

Cruz und Fierro stahlen von einer
Estancia eine kleine Herde –
trieben sie vor sich her
wie verständige *criollos*,
und bald, ohne aufzufallen,
überquerten sie die Grenze.

Und als sie sie überschritten hatten,
eines hellen Morgens,
sagte Cruz ihm, er solle
die letzten Dörfer ansehen,
und Fierro rannen zwei dicke Tränen
über das Gesicht.

Und sie setzten ihren Weg fort
und gelangten in die Wüste...

Und in *El payador* von Lugones:

»Und man könnte sagen, wir haben ihn hinter den vertrauten Hügeln verschwinden sehen, mit langen Pferdeschritten, ganz langsam, damit keiner glaube, es geschehe aus Angst, im letzten Abendlicht, das sich verdunkelte wie der Flügel der Taube, unter seinem düsteren Schlapphut, und der Poncho hing von den Schultern herab in den matten Falten einer Flagge auf halbmast.«

Und in *Don Segundo Sombra*:

»Die geschrumpfte Silhouette meines Paten erschien auf dem Hügelrücken. Mein Blick heftete sich energisch auf diese winzige Bewegung in der schläfrigen Pampa. Gleich würde er den höchsten Punkt des Wegs erreichen und verschwinden. Er schrumpfte immer mehr, als ob man ihn von unten mit mehreren Hieben zerschnitte. An dem schwarzen Punkt, der sein Hut war, hingen meine Augen, mit dem Wunsch, diesen letzten Rest dauern zu lassen.«

In den oben zitierten Texten hat der Raum die Aufgabe, Zeit und Geschichte darzustellen.

Die Gestalt des Mannes auf dem Pferd ist insgeheim pathetisch. Unter Attila, der Geißel Gottes, unter Tschingis-Khan und unter Timur zerstört und gründet der Reiter mit gewaltigem Aufwand weitläufige Reiche, aber seine Zerstörungen und Neugründungen sind illusorisch. Sein Werk ist so flüchtig wie er selbst. Vom Landbebauer stammt das Wort *Kultur*, von den Städten das Wort *Zivilisation*, der Reiter jedoch ist ein

Unwetter, das vergeht. In seinem Buch *Die Germanen der Völkerwanderung* (Stuttgart, 1939) bemerkt Capelle hierzu, daß die Griechen, die Römer und die Germanen Bauernvölker waren.

IX
Der Dolch

Für Margarita Bunge

In einer Schublade liegt ein Dolch.

Er wurde geschmiedet in Toledo, gegen Ende des vergangenen Jahrhunderts; Luis Melián Lafinur gab ihn meinem Vater, der ihn aus Uruguay heimbrachte; Evaristo Carriego hielt ihn einmal in der Hand.

Alle, die ihn sehen, müssen ein wenig mit ihm spielen; man spürt, daß sie ihn schon lange gesucht haben; die Hand beeilt sich, den Griff zu drücken, der auf sie wartet; die gehorsame und machtvolle Klinge paßt genau in die Scheide.

Der Dolch will etwas anderes.

Er ist mehr als eine aus Metallen verfertigte Gestalt; die Menschen erdachten und formten ihn zu einem sehr genauen Zweck; in gewisser Weise ist er ewig, der Dolch, der gestern abend einen Menschen in Tacuarembó tötete, und die Dolche, die Caesar trafen. Er will töten, er will jähes Blut vergießen.

In einer Schublade des Schreibtisches, zwischen Notizheften und Briefen, träumt der Dolch unaufhörlich seinen einfachen Tigertraum, und die Hand erwacht, die ihn führt, denn das Metall erwacht, das Metall, das in jeder Berührung die Tötung eines Menschen verspürt, für die die Menschen es schufen.

Bisweilen bedaure ich ihn. So viel Härte, so viel Glauben, so viel gleichgültiger oder unschuldiger Hochmut, und die Jahre verstreichen, nutzlos.

X
Vorwort zu einer Ausgabe sämtlicher Gedichte von Evaristo Carriego

Heute sehen wir alle Evaristo Carriego im Hinblick auf die Vorstadt und vergessen gern, daß Carriego (wie der *guapo*, die kleine Näherin und der *gringo*) eine Person aus Carriego ist; ebenso wie die Vorstadt, in der wir ihn uns denken, eine Projektion und beinahe ein Blendwerk seines Œuvres ist. Wilde behauptete, Japan – die Bilder, die dieses Wort hervorruft – sei eine Erfindung von Hokusai; im Fall Evaristo Carriego müssen wir einen gegenläufigen Vorgang feststellen: Die Vorstadt erschafft Carriego und wird von ihm neu erschaffen. In Carriego fließen die wirkliche Vorstadt und die von Trejo und die der Milongas ein; Carriego zwingt uns seine Vision der Vorstadt auf; diese Vision verändert die Realität. (Später sollten der Tango und die Komödie sie noch stärker modifizieren.)

Wie kam es dazu, wie konnte dieser arme Junge Carriego zu dem werden, der er nun für immer sein wird? Vielleicht könnte Carriego selbst, wenn wir ihn fragten, es nicht sagen. Ohne eine andere Begründung als meine Unfähigkeit, mir die Dinge anders vorzustellen, schlage ich dem Leser diese Version vor:

An einem der Tage des Jahres 1904 in einem Haus, das in der Calle Honduras noch immer steht, las Evaristo Carriego mit Trauer und Gier ein Buch über die Taten des Charles de Batz, Seigneur d'Artagnan. Mit Gier, denn Dumas gab ihm, was anderen Shakespeare oder Balzac oder Walt Whitman geben, den Geschmack des Lebens in seiner Fülle; mit Trauer, denn er war jung, stolz, schüchtern und arm und glaubte sich aus dem Leben verbannt. Das Leben war in Frankreich, dachte er, im hellen Klirren der Waffen oder dort, wo die

Heere des Kaisers die Erde überfluteten, aber mir ist das 20. Jahrhundert zugefallen, das allzu späte 20. Jahrhundert, und ein schäbiger Vorort in Südamerika… In dieser Grübelei befand Carriego sich, als etwas geschah: Ein Akkord einer emsigen Gitarre, im Fenster der Blick auf die unregelmäßige Reihe niedriger Häuser, Juan Muraña, der seinen Hut berührt, um einen Gruß zu erwidern (Juan Muraña, der zwei Abende zuvor den Chilenen Suárez *markiert* hatte), der Mond im Geviert des Patio, ein alter Mann mit einem Kampfhahn, etwas, irgendwas. Etwas, das wir nicht wiederfinden können, etwas, dessen Sinn wir erfassen, nicht aber dessen Gestalt, etwas Alltägliches und Triviales und bis dahin nicht Wahrgenommenes, das Carriego offenbarte, daß das Universum (das sich vollkommen darbietet, in jedem Augenblick, an jedem Ort, nicht nur in den Werken von Dumas) auch hier war, in der schäbigen Gegenwart, in Palermo, im Jahre 1904. »Tretet ein, denn auch hier sind die Götter«, sagte Heraklit aus Ephesus zu denen, die ihn antrafen, als er sich eben in der Küche aufwärmte.

Ich habe bisweilen vermutet, daß jedes Menschenleben, wie verwickelt und bevölkert es auch sei, in Wirklichkeit aus einem einzigen Moment besteht: dem Moment, in dem der Mensch für immer weiß, wer er ist. Seit der unbestimmbaren Offenbarung, die ich intuitiv zu erfassen suchte, ist Carriego Carriego. Er ist bereits der Autor der Verse, die zu erfinden ihm Jahre später gestattet sein sollte:

> *Le cruzan el rostro, de estigmas violentos*
> *Hondas cicatrices, y tal vez le halaga*
> *llevar imborrables adornos sangrientos:*
> *Caprichos de hembra que tuvo la daga.*

Mit wüsten Stigmata striemen sein Gesicht
tiefe Narben, und vielleicht ist er stolz darauf,
unauslöschlich blutige Verzierungen davonzutragen:
Frauenkaprizen, die den Dolch ankamen.

Im letzten Vers ist wie durch ein Wunder ein Echo der mittelalterlichen Vorstellung von der Vermählung des Kriegers mit
seiner Waffe, jener Vorstellung, die Detlev von Liliencron in
andere berühmte Verse faßte:

> *In die Friesen trug er sein Schwert Hilfnot,*
> *das hat ihn heute betrogen...*

Buenos Aires, November 1950.

XI
Geschichte des Tango

Vicente Rossi, Carlos Vega und Carlos Muzzio Sáenz Peña, gründliche Forscher, haben den Ursprung des Tango auf verschiedene Weise dargestellt. Ich erkläre unumwunden, daß ich alle ihre Schlußfolgerungen und jedwede andere unterschreibe. Es gibt eine Geschichte vom Schicksal des Tango, die das Kino in regelmäßigen Abständen verbreitet; nach dieser gefühlvollen Version habe der Tango in der Vorstadt, in den Mietskasernen das Licht der Welt erblickt (meist im Mündungsviertel des Riachuelo, wegen der Photogenität dieses Stadtgebietes); das Patriziat habe ihn zunächst abgelehnt; vom guten Pariser Beispiel belehrt, habe es um 1910 seine Tore schließlich dem interessanten Stadtrandgeschöpf geöffnet. Dieser Bildungsroman, dieser »Roman über einen armen Jüngling« ist mittlerweile eine Art von unbestrittener Wahrheit oder von Axiom geworden; meine Erinnerungen (ich habe das fünfzigste Lebensjahr erreicht) und mündliche Ermittlungen, die ich angestellt habe, bekräftigen diese allerdings nicht.

Ich habe mich mit José Saborido, dem Autor von *Felicia* und von *La morocha*, mit Ernesto Poncio, dem Autor von *Don Juan*, mit den Brüdern von Vicente Greco, dem Autor von *La viruta* und *La tablada*, mit Nicolas Paredes, seinerzeit Caudillo in Palermo, mit einem ihm befreundeten Gauchosänger unterhalten. Ich habe sie reden lassen und darauf geachtet, keine Fragen zu stellen, die bestimmte Antworten nahegelegt hätten. Über die Herkunft des Tango befragt, wichen ihre Auskünfte über die Topographie und die Geographie stark voneinander ab: Saborido (der aus Uruguay stammte) verlegte die Wiege des Tango nach Montevideo; Poncio (aus dem Stadtteil Retiro gebürtig) stimmte für Buenos Aires und sein eigenes Viertel; die Bewohner der Südstadt machten die Calle

Chile geltend; die aus dem Norden die Prostituiertenstraßen Calle del Temple oder die Calle Junín.

Trotz der aufgezählten Abweichungen, die durch Befragung von Leuten aus La Plata oder Rosario leicht zu erweitern wären, stimmten meine Berater in einem wesentlichen Punkt überein: dem Ursprung des Tango in den Bordellen. (Und zugleich im Datum dieses Ursprungs, das für keinen weit vor 1880 oder nach 1890 lag.) Das anfängliche Instrumentarium der Orchester – Klavier, Flöte, Geige, später Bandoneon – bekräftigt durch den Kostenaufwand diese Aussage; es ist Beweis dafür, daß der Tango nicht in den Randvierteln entstanden ist, denn dort begnügte man sich bekanntlich mit den sechs Saiten der Gitarre. Es fehlt nicht an zusätzlichen Bestätigungen: die lüsternen Tanzfiguren, die offensichtliche Anzüglichkeit gewisser Titel (*El choclo* [der Maiskolben], *El fierrazo* [das Schüreisen]), der Umstand, den ich als Kind in Palermo und Jahre später in La Chacarita und in Boedo beobachten konnte: An den Straßenecken tanzten Männer zusammen, weil die Frauen aus dem Volk nicht an einem Schlampenschwof teilnehmen wollten. Evaristo Carriego hat dies in seinen *Ketzermessen* festgehalten:

> *En la calle, la buena gente derrocha*
> *sus guarangos decires más lisonjeros,*
> *porque al compás de un tango, que es* la morocha,
> *lucen ágiles cortes dos orilleros.*

> Auf der Straße ergießen die braven Leute
> ihre freundlichsten Unflätigkeiten,
> denn beim Rhythmus des Tango *La morocha*
> produzieren sich zwei *orilleros* mit geschmeidigen *cortes*.

An einer anderen Stelle schildert Carriego mit einem Überfluß an beklemmenden Einzelheiten ein armseliges Hochzeitsfest; der Bruder des Bräutigams sitzt im Gefängnis, da sind zwei Krakeeler, die der *guapo* mit Drohungen zur Ruhe bringen muß, da gibt es Argwohn und Groll und gemeine Scherze, aber

> El tío de la novia, que se ha creído
> obligado a fijarse si el baile toma
> buen carácter, afirma, medio ofendido,
> que no se admiten cortes, ni aun en broma...
> Que, la modestia a un lado, no se la pega
> ninguno de esos visos... seguramente.
> La casa será pobre, nadie lo niega,
> todo lo que se quiera, pero decente –.

Der Onkel der Braut, der meinte,
er müsse aufpassen, daß der Tanz
anständig bleibt, bekräftigt, fast beleidigt,
daß *cortes* nicht mal im Scherz erlaubt sind...
»Bescheidenheit beiseite, das soll bloß mal
einer von denen versuchen... wird's schon sehen.
Das Haus mag arm sein, zugegeben:
Alles was man will, aber anständig.«

Dieser jähe, strenge Mann, den uns die beiden Strophen deutlich ahnen lassen, zeigt sehr gut die erste Reaktion des Volks auf den Tango, dieses »Bordellreptil«, wie Leopoldo Lugones ihn mit lakonischer Verachtung nannte (*El payador*, p. 117). Viele Jahre dauerte es im Stadtteil Norte, bis der Tango, den Paris schon weniger anstößig und damit gesellschaftsfähig gemacht hatte, sich in den Mietskasernen durchsetzte, und ich weiß nicht, ob das bis heute ganz gelungen ist. Früher war der Tango eine orgiastische Teufelei; heute ist er eine Art zu schreiten.

Der Krakeeler-Tango

Die sexuelle Natur des Tango wurde von vielen hervorgehoben, nicht jedoch seine Krakeeler-Natur. Tatsächlich sind beides Arten oder Äußerungen desselben Impulses, und so bezeichnet das Wort »Mann« in allen mir bekannten Sprachen sexuelle und kriegerische Fähigkeit, und das Wort *virtus*, das im Lateinischen Mut bedeutet, stammt von *vir*, Mann. Desgleichen erklärt ein Afghane in Kiplings Roman *Kim*: »Als ich fünfzehn war, hatte ich meinen Mann erschossen und meinen Mann gezeugt« (*When I was fifteen, I had shot my man and begot my man*), als seien beide Akte im wesentlichen einer.

Es genügt nicht, vom Krakeeler-Tango zu sprechen; ich möchte behaupten, daß der Tango, und auch die Milongas, unmittelbar etwas ausdrücken, was die Dichter viele Male mit Worten sagen wollten: die Überzeugung, daß Kämpfen ein Fest sein kann. In der berühmten *Geschichte der Goten*, die Jordanes im 6. Jahrhundert verfaßte, lesen wir, daß Attila vor der Niederlage bei Châlons in einer anfeuernden Rede zu seinen Kriegern sprach und ihnen sagte, das Glück habe die Wonnen dieser Schlacht (*certaminis huius gaudia*) für sie allein bereitgehalten. In der *Ilias* wird von Achaiern gesprochen, für die der Krieg süßer war als die Rückkehr in den Schiffsbäuchen in ihr geliebtes Heimatland; dort heißt es auch, daß Paris, des Priamos Sohn, mit flinken Füßen in die Schlacht lief, wie mit fliegender Mähne der Hengst, der die Stuten sucht. Im alten sächsischen Epos *Beowulf*, mit dem die germanischen Literaturen beginnen, nennt der Rhapsode die Schlacht »*sweorda gelac*«, Schwerterspiel. »Wikingerfest« nannten sie die skandinavischen Dichter des 11. Jahrhunderts. Zu Beginn des 17. Jahrhunderts nannte Quevedo in einem seiner Spottgedichte ein Duell »*danza de espadas*«, Schwertertanz, was dem Schwerterspiel des namenlosen Angelsachsen nahezu gleichkommt. Der glänzende Victor Hugo sagte in seiner Beschwörung der Schlacht von Waterloo, die Soldaten, begreifend, daß sie in diesem Fest sterben würden (»*comprenant qu'ils allaient mourir dans cette fête*«), hätten ihren Gott gegrüßt, aufrecht im Sturm.

Diese Beispiele, die ich im Laufe meiner Lektüren notiert habe, ließen sich ohne große Mühe vervielfältigen; vermutlich lassen sich im *Rolandslied* oder in Ariosts weitläufigem Poem ähnliche Stellen finden. Einige der hier festgehaltenen – sagen wir die von Quevedo und die von Attila – sind von unwiderleglicher Wirksamkeit; alle kranken übrigens an der Erbsünde des Literarischen: Es sind Wortstrukturen, aus Sinnbildern geschaffene Formen. »Schwertertanz« zum Beispiel lädt uns ein, zwei ungleiche Vorstellungen, die des Zweikampfes und die des Tanzes, zu vereinen, damit die zweite die erste mit Freude fülle, aber das spricht nicht unmittelbar unser Blut an und schafft diese Freude nicht in uns nach. Schopenhauer schreibt in *Die Welt als Wille und Vorstellung* (I, § 52), die Musik sei nicht weniger unmittelbar als die Welt; ohne Welt, ohne einen gemeinsamen Schatz an durch Sprache evozierbaren Erinnerungen gäbe es sicherlich keine Literatur, aber die Musik kann auf die Welt verzichten, es könnte Musik und keine Welt geben. Die Musik ist Wille, Leidenschaft; der alte Tango vermittelt als Musik unmittelbar diese kriegerische Freude, deren sprachlichen Ausdruck in fernen Zeiten griechische und germanische Rhapsoden erprobten. Bestimmte Komponisten von heute streben diesen tapferen Ton an und bringen auf manchmal glückliche Weise Milongas von der Niederung von Batería und vom Barrio del Alto zustande, doch ihre in Text und Musik beflissen altmodischen Arbeiten sind Übungen in Nostalgie nach dem, was war, Klagen um das Verlorene, im wesentlichen traurig, obgleich die Weise fröhlich klingen mag. Sie sind für die wilden und unschuldigen Milongas, die Rossis Buch festhält, das, was *Don Segundo Sombra* für *Martín Fierro* oder für *Paulino Lucero* ist.

In einem Dialog von Oscar Wilde erfährt man, daß die Musik uns eine persönliche Vergangenheit offenbart, die uns bis zu diesem Augenblick unbekannt war und uns dazu bewegt, nicht erlebtes Unglück und nicht begangene Schuld zu beklagen. Von mir möchte ich bekennen, daß ich weder *El Marne* noch *Don Juan* hören kann, ohne mich sehr genau an eine apokryphe, gleichzeitig stoische und orgiastische Vergangenheit zu erinnern, in der ich herausgefordert und gekämpft habe, um schließlich stumm in einem düsteren Messerduell zu fallen. Vielleicht ist die Sendung des Tango folgende: den Argentiniern die Gewißheit zu geben, daß sie tapfer gewesen sind, daß sie die Forderungen des Muts und der Ehre schon erfüllt haben.

Ein Teilmysterium

Wenn wir also dem Tango eine kompensierende Funktion zubilligen, bleibt noch ein kleines Mysterium zu lösen. Amerikas Unabhängigkeitskampf war zu einem guten Teil ein argentinisches Unternehmen; argentinische Männer kämpften in entlegenen Schlachten des Kontinents, in Maipú, in Ayacucho, in Junín. Dann kamen die Bürgerkriege, der Krieg gegen Brasilien, die Feldzüge gegen Rosas und Urquiza, der Krieg mit Paraguay, die Grenzkriege gegen die Indios... Unsere militärische Vergangenheit ist reichhaltig; dabei ist unbestreitbar, daß der Argentinier bei all seiner Halluzination, sich für tapfer zu halten, sich nicht mit dieser Vergangenheit identifiziert (trotz des Vorrangs, den die Schulen dem Geschichtsunterricht geben), sondern mit den großen Gattungsgestalten der Gauchos und des *compadre*. Wenn ich mich nicht täusche, hat dieser instinktive, widersprüchliche Zug seine Erklärung. Der Argentinier findet vermutlich sein Sinnbild im Gaucho und nicht im Soldaten, denn der Wert, den die mündlichen Überlieferungen dem Gaucho beimessen, beruht nicht auf dem Dienst an einer Sache: Er ist ein Wert an sich. Der Gaucho und der *compadre* leben in unserer Einbildung als Rebellen; im Gegensatz zu den Nordamerikanern und zu fast allen Europäern identifiziert der Argentinier sich nicht mit dem Staat. Das mag auf die allgemeine Tatsache zurückzuführen sein, daß der Staat eine unvorstellbare Abstraktion ist*; sicher ist, daß der Argentinier ein Individuum ist und kein Staatsbürger. Aphorismen wie der von Hegel »Der Staat ist die Wirklichkeit der sittlichen Idee« muten ihn an wie finstere Scherze. Die in Hollywood hergestellten Filme empfehlen der Bewunderung des Publikums immer wieder den Fall eines Mannes (im allgemeinen eines Journalisten), der die Freundschaft eines Verbrechers sucht, um ihn hinterher der Polizei auszuliefern; der Argentinier, für den die Freundschaft eine Leidenschaft ist und die Polizei eine Mafia, empfindet diesen »Helden« als unbegreifliche Kanaille. Er fühlt mit Don Quijote, daß »dort drüben jeder wird für sein Vergehen büßen« und daß »es sich nicht ziemt, daß ehrliche Männer die Henker anderer Männer sind, die ihnen nichts zuleide taten« (*Don Quijote*, I, XXII). Mehr als ein Mal habe ich angesichts der eitlen Symmetrien des spanischen Stils vermutet, daß wir uns rettungslos von Spanien unterscheiden; diese zwei Zeilen des *Quijote* haben genügt, mich von meinem Irrtum zu überzeugen; sie sind wie das ruhige geheime Sinnbild einer Affinität. Zutiefst bestätigt dies eine Nacht der argentinischen Literatur: die verzweifelte Nacht, in der ein Sergeant der Landpolizei schrie, er werde das Verbrechen nicht zulassen, daß ein tapferer Mann getötet werde, und sich dann an der Seite des Deserteurs Martín Fierro in den Kampf gegen seine eigenen Soldaten stürzte.

---

* Der Staat ist unpersönlich: der Argentinier begreift nur eine persönliche Beziehung. Daher ist für ihn der Diebstahl öffentlicher Gelder kein Verbrechen. Ich stelle die Tatsache fest, weder rechtfertige noch entschuldige ich sie.

Die Texte

Von ungleichem Wert, da sie bekanntlich von Hunderten und Tausenden der verschiedenartigsten Federn stammen, bilden die Tangotexte, welche die Inspiration oder der Fleiß zusammengetragen haben, nach Abschluß eines halben Jahrhunderts ein fast unentwirrbares *corpus poeticum*, das die argentinischen Literaturhistoriker lesen oder jedenfalls rechtfertigen werden. Das Volkstümliche, vorausgesetzt, daß das Volk es schon nicht mehr versteht, vorausgesetzt, daß die Jahre es haben altern lassen, gewinnt die nostalgische Verehrung der Gelehrten und läßt Polemiken und Glossare zu; wahrscheinlich wird um 1990 die Vermutung oder die Gewißheit laut werden, daß die wahre Poesie unserer Zeit nicht in *La urna* von Banchs oder *Luz de provincia* von Mastronardi beschlossen liegt, sondern in den unvollkommeneren Stücken, die in ›El alma que canta‹ versammelt sind. Diese Vermutung stimmt melancholisch. Sträfliche Nachlässigkeit hat mir die Erwerbung und das Studium dieses chaotischen Repertoriums verwehrt, doch sind mir seine Vielfalt und das wachsende Umfeld seiner Themen nicht unbekannt. Anfangs kannte der Tango keine Texte, oder diese waren obszön und zufällig. Einige waren ländlich (»Ich bin die treue Gefährtin des edlen Gauchos der Stadt«), denn die Komponisten suchten das Volkstümliche, und das schlimme Leben und die Vorstädte boten damals keinen poetischen Stoff. Andere wie die artverwandte Milonga* waren fröhliche und prächtige Prahlereien (»Im Tango bin ich so stark / daß es, wenn ich einen doppelten *corte* mache, / im Norden widerhallt, / falls ich ge-

---

* *Yo soy del barrio del Alto,*	Ich bin aus dem Viertel Alto,
Soy del barrio del Retiro.	bin aus dem Retiro-Viertel.
Yo soy aquel que no miro	Ich frage nicht lange,
Con quién tengo que pelear,	mit wem ich kämpfen soll,
Y a quien en milonguear	und beim Milonga-Tanzen
Ninguno se puso a tiro.	konnte mir noch keiner das Wasser reichen.

rade im Süden bin«). Später hielten die Tangotexte wie gewisse Romane des französischen Naturalismus oder wie gewisse Stiche von Hogarth die örtlichen Schicksalsschläge des *harlot's progress* fest (»Dann warst du das Liebchen / eines alten Apothekers / und der Sohn eines Kommissars / nahm dir alle Moneten ab«); desgleichen später die beklagte Bekehrung der Krakeeler- oder Armenviertel zum Anstand (»Puente Alsina / wo sind die Schufte geblieben?« oder »Wo sind jene Männer und diese Dirnen: rote Stirnbänder und Schlapphüte, die man in Requena kannte?« – »Wo ist mein Villa Crespo aus anderen Zeiten?« – »Als die Juden kamen / war Triunvirato erledigt«). Schon sehr früh hatten heimliche oder sentimentale Liebeshändel den Dichterfedern Arbeit gegeben (»Weißt du nicht mehr, daß du bei mir / einen Hut getragen hast / und den Ledergürtel / den ich einer andren Mieze stibitzt hatte?«). Tangos der Anschuldigung, Tangos des Hasses, Tangos des Spotts und des Grolls, die sich gegen die schriftliche Übermittlung und gegen die Erinnerung sperrten. Der gesamte Stadtbetrieb zog in den Tango ein: Lotterleben und Vorstadt waren nicht die einzigen Themen. Im Vorwort zu seinen Satiren schrieb Juvenal denkwürdigerweise, alles, was die Menschen bewegt – Begehr, Furcht, Zorn, Fleischeslust, Ränke, Glück – werde der Rohstoff seines Buches sein; mit verzeihlicher Übertreibung könnten wir sein berühmtes *quidquid agunt homines* auf die Gesamtheit der Tangotexte anwenden. Wir könnten auch sagen, daß die Tangotexte eine unzusammenhängende, weitgespannte *comédie humaine* des Lebens von Buenos Aires bilden. Bekanntlich hat Wolf gegen Ende des achtzehnten Jahrhunderts geschrieben, die *Ilias*, bevor sie Epos wurde, sei eine Reihe von Gesängen und Rhapsodien gewesen; das gestattet uns vielleicht die Prophezeiung, daß die Tangotexte mit der Zeit ein langes bürgerliches Gedicht bilden oder einen ehrgeizigen Literaten zur Niederschrift eben dieses Gedichts anregen werden.

Bekannt ist Andrew Fletchers Ansicht: »Wenn man mich alle Balladen einer Nation schreiben läßt, ist es mir gleichgültig, wer die Gesetze schreibt«; der Ausspruch legt die Vermutung nahe, daß die alltägliche oder überlieferte Dichtung auf die Empfindungen einwirken und das Verhalten bestimmen kann. Bei der Anwendung dieser Annahme auf den argentinischen Tango würden wir darin einen Spiegel unserer Wirklichkeiten sehen und zugleich einen Mentor oder ein Modell von fraglos schädlichem Einfluß. Die Milonga und der Tango der Ursprünge mochten töricht oder zumindest leichtsinnig sein, dennoch waren sie tapfer und fröhlich; der spätere Tango ist chronisch verdrossen, er beklagt mit üppiger Sentimentalität das eigene Pech und feiert schamlos fremdes Unglück.

Ich erinnere mich, daß ich um 1926 dazu neigte, den Italienern (konkreter: den Genuesen vom Boca-Viertel) die Schuld am Verfall des Tango zuzuschreiben. In jenem Mythos oder in der Phantasie eines von den *gringos* verdorbenen *criollo*-Tango sehe ich heute ein deutliches Symptom für gewisse nationalistische Häresien, welche die Welt später verwüstet haben – auf Antrieb der *gringos*, wohlbemerkt. Nicht das Bandoneon, das ich irgendwann feige nannte, nicht die fleißigen Komponisten einer Flußvorstadt haben den Tango zu dem gemacht, was er ist, sondern die gesamte Republik. Überdies hießen die alten *criollos*, die den Tango gezeugt haben, Bevilacqua, Greco oder de Bassi…

Gegen meine Verleumdung des Tango der gegenwärtigen Epoche könnte jemand einwenden, daß der Übergang von Kühnheit oder Prahlerei zur Traurigkeit nicht zwangsläufig schuldhaft zu sein braucht und ein Anzeichen der Reife sein kann. Mein imaginärer Widersacher könnte auch gern hinzufügen, daß der harmlose und wackere Ascásubi für den wehleidigen Hernández das ist, was der erste Tango für den letzten ist und daß niemand – Jorge Luis Borges vielleicht ausgenommen – sich von dieser Glücksminderung zu der Folgerung verführen ließ, *Martín Fierro* sei weniger wertvoll als *Paulino Lucero*. Die Antwort fällt leicht: Der Unterschied ist nicht nur hedonistischer Tönung: Er ist moralischer Tönung. Im

alltäglichen Tango von Buenos Aires, im Tango der Familien-
abende und der sittsamen Konditoreien schwingt etwas von
trivialer Schurkerei, ein Hauch von Niedertracht mit, von
dem die Tangos des Messers und des Bordells nicht einmal
träumten.

Musikalisch dürfte der Tango unbedeutend sein; seine einzige Bedeutung ist die, welche wir ihm verleihen. Die Überlegung ist richtig, wenn sie auch vielleicht auf alle Dinge
anwendbar ist. Auf unseren persönlichen Tod, zum Beispiel,
oder auf die Frau, die uns verschmäht... Der Tango ist ein Gegenstand der Diskussion, und wir diskutieren ihn, aber er
birgt wie alles Wahre ein Geheimnis. Die Musiklexika halten
seine von allen gutgeheißene, kurze und ausreichende Definition fest; diese Definition ist elementar und verheißt keine
Schwierigkeiten, aber der französische oder spanische Komponist, der im Vertrauen auf sie ganz korrekt einen »Tango«
aussheckt, entdeckt nicht ohne Befremden, daß er etwas aus-
geheckt hat, was unsere Ohren nicht erkennen, unser Gedächtnis nicht aufnimmt und unser Körper ablehnt. Man
könnte sagen, daß man ohne Abende und Nächte von Buenos
Aires keinen Tango schreiben kann, und daß uns Argentinier
im Himmel die platonische Idee des Tango erwartet, seine
universale Form (diese Form, die *La tablada* und *El choclo*
kaum andeuten), und daß diese wiewohl bescheidene, aber
glückhafte Gattung ihren Platz im Universum hat.

Die Herausforderung

Es gibt einen legendären oder historischen oder zugleich aus
Geschichte und Legende bestehenden Bericht (was vielleicht
eine andere Art ist, »legendär« zu sagen), der den Kult des
Muts beweist. Seine besten schriftlichen Fassungen sind in
den heute zu Unrecht vergessenen Romanen von Eduardo

Gutiérrez zu suchen, in *Hormiga Negra* oder in *Juan Moreira*; von den mündlich überlieferten Versionen stammte die erste, die ich hörte, aus einem Stadtteil, den ein Gefängnis, ein Fluß und ein Friedhof begrenzten und der Feuerland hieß. Der Protagonist dieser Fassung war Juan Muraña, Fuhrmann und Messerstecher, in dem alle Mutgeschichten zusammenlaufen, die in den nördlichen Stadtrandgebieten umgehen. Ein Mann aus Corrales oder Barracas, der von Juan Murañas Ruhm gehört hat (ohne ihn je gesehen zu haben), verläßt seinen südlichen Stadtteil, um sich mit ihm zu messen; er fordert ihn in einer Ladenkneipe heraus, die beiden gehen auf die Straße, um dort zu kämpfen; sie verwunden einander, Muraña *markiert* ihn schließlich und sagt:

»Ich laß dich am Leben, damit du wiederkommst, um mich zu suchen.«

Das Selbstlose in diesem Duell prägte sich meinem Gedächtnis ein; in meinen Unterhaltungen (meine Freunde wissen es zur Genüge) kehrte es immer wieder; um 1927 schrieb ich es nieder und betitelte es mit nachdrücklichem Lakonismus ›Männer kämpften‹; Jahre später verhalf mir die Anekdote dazu, eine glückliche, wenn auch nicht gute Erzählung zu ersinnen: ›Mann von Esquina Rosada‹; 1950 nahmen Adolfo Bioy Casares und ich die Anekdote wieder auf, um ein Filmskript daraus zu machen, das die Filmgesellschaften begeistert ablehnten und das *Los orilleros* [Leute vom Stadtrand] heißen sollte. Nach solch ausgedehnten Mühen glaubte ich, mich von der Geschichte des großmütigen Duells verabschiedet zu haben; dieses Jahr, in Chivilcoy, stieß ich auf eine ihr weit überlegene Version, die vielleicht die wahre ist, obgleich dies sehr wohl beide sein können, da das Schicksal sich darin gefällt, die Formen zu wiederholen, und da das, was einmal geschehen ist, viele Male geschieht. Zwei mittelmäßige Erzählungen und ein Film, den ich für sehr gut halte, sind aus der mangelhaften Fassung entstanden; nichts kann aus der Fassung entstehen, die vollkommen und vollständig ist. Ich will sie erzählen, so wie sie mir erzählt wurde, ohne Beifügung von Metaphern oder Landschaftsschilderungen. Die Geschichte, so wurde mir berichtet, ereignete sich im Bezirk Chivilcoy zwischen 1870 und 1880. Wenceslao Suárez ist der Name des Helden, er ist Lederflechter und wohnt in einer Kate. Er ist vierzig oder fünfzig Jahre alt; er gilt als tapfer, und es ist ziemlich unwahrscheinlich, daß er (angesichts der Tatsachen der Geschichte, die ich erzähle) nicht einen oder zwei Tode zu verantworten hat, aber diese, rechtmäßig verursacht, belasten weder sein Gewissen noch beflecken sie seinen Ruf. Eines Abends ereignet sich im gleichbleibenden Leben dieses Mannes etwas Ungewöhnliches: In der Ladenschänke teilt man ihm mit, ein Brief sei für ihn angekommen. Don Wenceslao kann nicht lesen; der Schankwirt entziffert langsam eine umständliche Botschaft, die ebensowenig vom Absender eigenhändig abgefaßt sein wird. In Vertretung einiger Freunde, die Geschicklichkeit und echte Gemütsruhe zu schätzen wissen, entsendet ein Unbekannter seine Grüße an Don Wenceslao, dessen Ruhm den Arroyo del Medio überschritten hat, und bietet ihm die Gastfreundschaft seines bescheidenen Hauses in einem Dorf von Santa Fe an. Wenceslao Suárez diktiert dem Schankwirt eine Antwort; er dankt für die Liebenswürdigkeit, erklärt, daß er sich nicht dazu aufschwingen mag, seine in Jahren fortgeschrittene Mutter allein zu lassen, und lädt den anderen nach Chivilcoy in seine Hütte ein, wo es an einem Spießbraten und ein paar Gläsern Wein nicht fehlen soll. Die Monate vergehen, und ein Mann auf ortsfremd gezäumtem Pferd fragt in der Ladenschänke nach dem Weg zum Haus des Suárez. Dieser, der gerade Fleisch im Laden kauft, hört die Frage und sagt ihm, wer er ist; der Fremde erinnert ihn an die vor einiger Zeit getauschten Briefe. Suárez freut sich, daß der andere sich zum Kommen entschlossen hat; die beiden machen sich zu einem kleinen Feldstück auf, und Suárez bereitet den Spießbraten. Sie essen und trinken und reden. Worüber? Ich vermute, über blutige und barbarische Dinge, jedoch freundlich und bedächtig. Das Mittagessen ist beendet, und die drückende Mittagshitze lastet auf der Erde, als der Fremde Don Wenceslao auffordert, ein kleines Geplänkel zu inszenieren. Sich zu weigern wäre ehrlos. Zuerst spielen sie herum und führen einen Scheinkampf aus, doch Wenceslao fühlt ziemlich rasch, daß der Fremde ihn töten will. Schließlich geht ihm der Sinn des umständlichen Briefes auf und er bedauert, so viel gegessen und getrunken zu haben. Er weiß, daß er früher als der andere, der noch ein junger Mann ist, müde werden wird. Aus Häme oder Höflichkeit schlägt der Fremde eine Ruhepause vor. Don Wenceslao ist einverstanden und läßt gleich nach der Wiederaufnahme des Duells zu, daß der andere ihn an der linken Hand verletzt, welche den aufgewickelten Poncho hält.* Das Messer dringt ins Handgelenk, die Hand hängt wie tot herab. Suárez weicht mit einem mächtigen Satz zurück, legt die blutüberströmte Hand auf den Erdboden, tritt mit dem Stiefel darauf, reißt sie ab, täuscht einen Stoß gegen die Brust des Fremden vor und reißt ihm den Bauch mit einem Messerstich auf. So endet die Geschichte, abgesehen davon, daß einem Berichterstatter zufolge der aus Santa Fe auf dem Feld liegenbleibt, während er nach dem anderen Bericht (der ihm die Würde des Sterbens nicht gönnt) in seine Provinz zurückkehrt. In dieser zweiten Fassung leistet Suárez ihm mit dem vom Mittagessen übriggebliebenen Zuckerrohrschnaps Erste Hilfe...

In der Heldengeschichte von Wenceslao dem Einhänder – so nennt sich nun Suárez zu seinem Ruhm – mildern oder betonen die Sanftmut oder die Höflichkeit bestimmter Züge (die Arbeit des Lederflechters, die Bedenken, seine Mutter nicht allein zu lassen, die beiden gewundenen Briefe, die Unterhaltung, das Mittagessen) auf glückliche Weise die schreckliche Fabel; derartige Züge verleihen ihr epische, ja ritterliche

---

* Von dieser alten Art des Kampfes mit Mantel und Degen spricht Montaigne in seinen *Essays* (I, 49) und zitiert eine Stelle aus Cäsar: »*Sinistras sagis involvunt, gladiosque distringunt.*« Lugones bringt auf p. 54 von *El Payador* eine entsprechende Stelle aus der *Romanze von Bernardo del Carpio*: »Den Umhang um den Arm gewickelt, zückte er den Degen.«

Merkmale, die wir zum Beispiel nicht in den rauschhaften Kämpfen des *Martín Fierro* oder in der artverwandten, ärmeren Fassung von Juan Muraña und seinem Gegner aus dem Süden finden, es sei denn, wir seien entschlossen, sie darin aufzuspüren. Ein beiden gemeinsamer Zug ist vielleicht bedeutsam. In beiden wird der Herausforderer schließlich besiegt. Das mag auf die bloße erbärmliche Notwendigkeit zurückzuführen sein, daß der örtliche Meisterkämpfer triumphiere, aber auch, und so sähen wir es lieber, auf eine stillschweigende Verurteilung der Herausforderung in diesen heroischen Fiktionen oder, und das wäre das beste, auf die dunkle tragische Überzeugung, daß der Mensch immer Urheber seines eigenen Unglücks ist, wie der Odysseus im 26. Gesang des *Inferno*. Emerson, der in Plutarchs Biographien »einen Stoizismus, der kein Ergebnis der Schulen, sondern des Bluts ist«, rühmte, hätte diese Geschichte nicht verachtet.

Wir hätten somit Männer mit armseligstem Leben vor uns, Gauchos und Randbewohner der Flußgebiete des Plata und des Paraná, die, ohne es zu wissen, eine Religion mit ihrer Mythologie und ihren Märtyrern begründen, die harte und blinde Religion des Muts, des Bereitseins zum Töten und Sterben. Diese Religion ist alt wie die Welt, sie wäre jedoch in diesen Republiken wiederentdeckt und gelebt worden von Hirten, Schlachtern, Viehtreibern, Überläufern und Gaunern. Ihre Musik wäre in den rezitativen Estilos, Milongas und ersten Tangos. Ich habe gesagt, daß diese Religion alt ist; in einer Saga des 12. Jahrhunderts steht zu lesen:

»Sag mir, was dein Glaube ist«, sagte der Graf.

»Ich glaube an meine Kraft«, sagte Sigmund.

Wenceslao Suárez und sein namenloser Widersacher sowie andere, welche die Mythologie vergessen oder in diesen beiden hat aufgehen lassen, bekannten sich fraglos zu diesem männlichen Glauben, der sehr wohl nicht bloß Eitelkeit sein mag, sondern das Bewußtsein, daß in jedem Menschen Gott ist.

XII
Zwei Briefe

(Der Abdruck eines der Kapitel, aus denen die ›Geschichte des Tango‹ besteht, trug seinem Verfasser diese beiden Briefe ein, die heute dieses Buch bereichern.)

Concepción del Uruguay
Entre Ríos
27. Januar 1953

Señor
Jorge Luis Borges
In ›La Nación‹ vom 28. Dezember habe ich ›Die Herausforderung‹ gelesen.

Angesichts des Interesses, das Sie für Vorgänge der dort erzählten Art bekunden, glaube ich, es könnte Ihnen Vergnügen bereiten, eine derartige Geschichte zu erfahren, die mein vor vielen Jahren verstorbener Vater erzählte, der sich als ihr Augenzeuge bezeichnete.

Ort: die Fleischkonservenfabrik »San José« in Puerto Ruiz, nahe Gualeguay, unter der Leitung der Firma Laurencena, Parachú und Marcó.

Zeit: Um die 1860.

Zum Personal der Fabrik, das fast ausschließlich aus Basken bestand, gehörte auch ein Neger namens Fustel, dessen Ruf als geschickter Messerkämpfer über die Grenzen der Provinz hinaus verbreitet war, wie Sie sehen werden.

Eines schönen Tages erschien in Puerto Ruiz ein Mann aus dem Hinterland, reich gekleidet nach der damaligen Mode: Hose aus schwarzer Merinowolle, weite Beinkleider, um den Hals ein Seidentuch, mit Silbermünzen besetzter Gürtel, auf einem guten, prächtig aufgezäumten Pferd: Kandare, Brustriemen, Steigbügel und Kappzaum silbern, mit Goldschmuck, dazu passendes Messer.

Er stellte sich vor und sagte, er komme von der Konservenfabrik »Fray Bentos«, wo er von Fustels Ruf gehört habe, und da er sich selbst für einen sehr guten Mann halte, wolle er sich mit ihm messen.

Es war ganz leicht, sie miteinander bekannt zu machen, und da keinerlei Feindseligkeit bestand, vereinbarte man für das Treffen einen Tag und eine Stunde am selben Ort.

In der Mitte eines großen Kreises, den das gesamte Personal der Fabrik und andere Anwohner bildeten, begann der Kampf, in dem beide Männer vortreffliche Fertigkeit zeigten.

Nach einiger Zeit des Kämpfens gelang es dem Neger Fustel, seinen Rivalen mit der Spitze des Messers an der Stirn zu treffen und ihm eine Wunde beizubringen, die zwar klein war, aber doch stark zu bluten begann.

Als er die Wunde bemerkte, ließ der Fremde sein Messer fallen, reichte seinem Gegner die Hand und sagte: »Sie sind der bessere Mann, Amigo.«

Sie wurden sehr gute Freunde, und zum Zeichen der Freundschaft tauschten sie beim Abschied ihre Messer.

Ich könnte mir denken, daß von Ihrer trefflichen Feder beschrieben dieser Vorgang, den ich für historisch halte (mein Vater pflegte nie zu lügen), zu einer Umarbeitung Ihres Filmdrehbuchs dienen könnte, wobei Sie den Titel von »Leute vom Stadtrand« zu »Gaucho-Noblesse« oder etwas Ähnlichem ändern könnten.

Mit vorzüglicher Hochachtung   Ernesto T. Marcó

Chivilcoy, 28. Dezember 1952

Señor Jorge Luis Borges,
c/o ›La Nación‹
Zu Ihrer geschätzten Kenntnisnahme
betr. Kommentar zu »Die Herausforderung« (28-12-52)

Ich schreibe Ihnen dies in der Absicht, Sie weitergehend zu informieren, keineswegs zu korrigieren, da sich der Kern der Geschichte nicht ändert, sondern lediglich einige Formen des Ereignisses variieren.

Von meinem Vater habe ich oft Einzelheiten über das Duell gehört, das den Kern von ›Die Herausforderung‹ darstellt, erschienen in ›La Nación‹ von heute. Damals lebte mein Vater auf seinem Hof nahe der »Pulpería von Doña Hipólita«, deren angrenzender Hof der Schauplatz war, auf dem sich das furchtbare Duell zwischen Wenceslao und dem Mann aus Azul ereignete – der Fremde selbst sagte zu Wenceslao, er komme aus Azul, und der Ruf von Wenceslaos Fertigkeiten sei bis dorthin gedrungen –, der gekommen war, um die Frage des Rangs zu klären.

In der Nähe einer Tenne mit Heuschober aßen die Rivalen, wobei sie einander zweifellos studierten, und als die Gemüter sich möglicherweise ein wenig erhitzten, erging die Einladung zum Kampf vom Mann aus dem Süden und wurde von dem Unsrigen sogleich angenommen.

Leichtfüßig wie der Mann aus Azul war, konnte der Dolch seines Rivalen ihn nicht erreichen, so daß sich zu Wenceslaos Nachteil der Kampf hinzog. Oben in der Scheune wohnte ein Peon von Doña Hipólita, die angesichts der Wendung, die die Angelegenheit nahm, die Tür ihrer Pulperia geschlossen hatte, erschrocken den Wechselfällen des Kampfes bei. Wenceslao wollte unbedingt eine Entscheidung herbeiführen und öffnete seine Deckung, indem er seinen linken Arm darbot, geschützt durch den darumgewickelten Poncho. Wie der Blitz führte der Mann aus Azul einen furchtbaren Hieb gegen das Handgelenk seines Widersachers, während gleichzeitig die scharfe Spitze von Wenceslaos Messer ihn am Auge traf. Ein wilder Schrei zerriß die Stille der Pampa, und der zum Rückzug entschlossene Mann aus Azul floh hinter die solide Tür der Pulperia, während Wenceslao auf seine linke Hand trat, die nur noch an einem Hautfetzen hing, und sie mit einem Schnitt vom Arm trennte, den Stumpf in den Brustausschnitt seines Hemdes steckte und hinter dem Flüchtigen herrannte, wobei er wie ein Löwe brüllte und ihn aufforderte, sich zur Fortsetzung des Kampfes zu stellen.

Seit damals kannte man Wenceslao als Wenceslao den Einhänder. Er lebte von seiner Arbeit als Lederflechter. Er provozierte niemals. Seine Anwesenheit in den Pulperías war eine Friedensgarantie, denn seine mit mannhafter Stimme ruhig vorgebrachte energische Mahnung genügte, die Krakeeler zu beruhigen. In seiner Armseligkeit war er ein Herr. Sein schlichtes Leben barg eine gewisse Transzendenz, denn seine hochmütige Persönlichkeit duldete weder Beleidigungen noch auch nur Geringschätzung, und seine profunde Kenntnis der menschlichen Schwächen ließ ihn an der Unparteilichkeit der damaligen Justiz zweifeln, so daß er sich daran gewöhnte, die Gerechtigkeit selbst in die Hand zu nehmen. Darin lag sein Irrtum, was sein eigenes Überleben betrifft.

Der üble Streich eines *gringo* brachte ihn dazu, etwas zu unternehmen, und damit nahm das Unheil seinen Lauf. Eine vielköpfige Polizeikommission, verstärkt durch Zivilbeamte, kreiste ihn in einer Pulpería ein, wo er dem Laster oblag. Der Kampf mit blanker Waffe, fünf gegen einen, wandte sich zu Wenceslaos Gunsten, als der gutgezielte Schuß eines Zivilbeamten den Helden des dreizehnten Bezirks für immer niederstreckte.

Alles übrige stimmt genau. Er lebte in einer Hütte, mit seiner Mutter. Die Nachbarn, unter ihnen mein Vater, hatten ihm beim Bau geholfen. Er hat niemals gestohlen.

Ich nehme die Gelegenheit wahr, dem talentierten Schriftsteller meine Bewunderung und Sympathie zum Ausdruck zu bringen.   Juan B. Lauhirat

Diskussionen
(1932/1955)

Das ist das Schlimme, wenn man Werke nicht
in Druck gibt: das Leben geht dahin, während
man sie umarbeitet.

   Alfonso Reyes, *Cuestiones gongorinas*, 60.

Vorwort

Die in diesem Buch zusammengestellten Seiten bedürfen keiner besonderen Erläuterung. ›Die Erzählkunst und die Magie‹, ›Filme‹ und ›Die Realitätsforderung‹ entspringen dem gleichen Anliegen und ich glaube, daß sie letztlich übereinstimmen. [...] ›Eine Rechtfertigung des falschen Basilides‹ und ›Eine Rechtfertigung der Kabbala‹ sind resignierte Übungen in Anachronismus: Sie stellen die schwierige Vergangenheit nicht wieder her – sie spekulieren und schweifen in ihr herum. ›Die Dauer der Hölle‹ bekundet meine ungläubige und beständige Zuneigung zu theologischen Problemen. Das gleiche gilt für ›Die vorletzte Fassung der Wirklichkeit‹. ›Paul Groussac‹ ist die entbehrlichste Seite des Bandes. Die ›Der andere Whitman‹ betitelte Arbeit verzichtet freiwillig auf die Inbrunst, die mir dieses Thema immer diktiert hat; ich bedaure, die zahlreichen rhetorischen Erfindungen dieses Dichters – sicherlich häufiger nachgeahmt und schöner als die von Mallarmé und Swinburne – nicht stärker hervorgehoben zu haben. ›Der ewige Wettlauf zwischen Achilles und der Schildkröte‹ beansprucht keinen Vorzug als den einer Anhäufung von Hinweisen. ›Die Homerübersetzungen‹ ist mein erster Versuch als rätselnder Hellenist und wohl kaum für Höheres qualifiziert.

Leben und Tod haben meinem Leben gefehlt. Dieser Armut ist meine beflissene Liebe zu diesen Spitzfindigkeiten entsprungen. Ich weiß nicht, ob die im Motto zitierte Ausrede mich retten wird.

Buenos Aires, 1932

Die Gaucho-Dichtung

Es heißt, Whistler hätte auf die Frage, wie lange er zum Malen eines seiner *Nocturnos* gebraucht habe, geantwortet: »Mein ganzes Leben.« Strenggenommen hätte er sagen können, er habe alle Jahrhunderte gebraucht, die dem Moment des Malens vorausgingen. Aus dieser richtigen Anwendung des Kau-, salgesetzes folgt, daß das geringste der Ereignisse das unbegreifliche Weltall voraussetzt, und daß umgekehrt das Weltall das geringste der Ereignisse benötigt. Die Ursachen eines Phänomens, sogar eines so einfachen Phänomens wie der Gaucho-Literatur untersuchen, heißt ins Unendliche vorgehen; es soll mir genügen, *zwei* Ursachen zu erwähnen, die ich für wesentlich erachte.

Die mir in dieser Arbeit vorausgegangen sind, haben sich auf eine beschränkt: auf das Hirtenleben, das für Messerstechereien und für die Pampa typisch war. Diese Ursache, fraglos geeignet für rhetorische Aus- und pittoreske Abschweifungen, ist ungenügend; das Hirtenleben ist für viele Landstriche Amerikas von Montana und Oregon bis nach Chile typisch gewesen, doch diese Gebiete haben sich bisher energisch der Abfassung von *El Gaucho Martín Fierro* enthalten. Der rauhe Hirte und die Wüstenlandschaft genügen daher nicht. Trotz der Dokumentationen von Will James und des beharrlichen Films hat der Cowboy in der Literatur seines Landes weniger Gewicht als die Farmer des Mittleren Westens oder die Schwarzen des Südens... Die Gaucho-Literatur von ihrem Stoff, dem Gaucho, herzuleiten, ist ein Irrtum, der die altbekannte Wahrheit entstellt. Nicht weniger notwendig als die Pampa und die Messerstechereien war für die Bildung dieser Gattung der Stadtcharakter von Buenos Aires und Montevideo. Die Unabhängigkeitskriege, der Krieg gegen Brasilien und die anarchischen Kriege bewirkten, daß Menschen bürgerlicher Kultur sich eingehend mit dem Wesen des

Gaucho beschäftigten; aus der waghalsigen Verflechtung dieser beiden Lebensstile, aus dem Staunen, welches der eine im anderen erzeugte, entstand die Gaucho-Literatur. Es ist albern, Juan Cruz Varela oder Francisco Acuña de Figueroa zu schmähen (einige haben es getan), weil sie diese Literatur nicht gepflegt oder erfunden haben; ohne die humanistische Bildung, die deren Oden und Paraphrasen bekunden, hätte Martín Fierro nicht fünfzig Jahre später den Dunkelhäutigen in einer Ladenschänke des Grenzlandes ermordet. So weitverzweigt und so unberechenbar ist die Kunst, so geheimnisvoll ist ihr Spiel. Der Gaucho-Literatur Künstlichkeit oder Unwahrhaftigkeit anzukreiden, weil sie nicht das Werk von Gauchos ist, wäre pedantisch und lächerlich; übrigens gibt es keinen Ausübenden dieser Gattung, der nicht irgendwann einmal von der eigenen oder folgenden Generation der Unechtheit gezogen worden wäre. So ist für Lugones der *Aniceto* von Ascásubi »ein armer Teufel, Gemisch aus Pseudophilosoph und Spaßvogel«; für Vicente Rossi sind die Protagonisten des *Fausto* »zwei bäurische Säufer und Schwätzer«; Vizcacha »ein kauziger alter Hilfsarbeiter«, Fierro »ein mönchischer Föderalist und Oribe-Anhänger mit Bart und Pumphosen«. Derartige Beschreibungen sind natürlich bloße Kuriositäten der Schmähsucht; ihre schwächliche, weit hergeholte Rechtfertigung ist die, daß jeder Gaucho der Literatur (jede Figur der Literatur) irgendwie der Literat ist, der ihn ersonnen hat. Es ist immer wieder behauptet worden, Shakespeares Helden seien unabhängig von Shakespeare; für Bernard Shaw indessen ist »*Macbeth* die Tragödie des modernen *homme de lettre* als Mörder und Hexenklient«… Zur größeren oder geringeren Echtheit der beschriebenen Gauchos wäre vielleicht anzumerken, daß für die meisten von uns der Gaucho ein prototypisches Idealobjekt ist. Daher ein Dilemma: Wenn die Figur, die ihr Schöpfer uns präsentiert, sich eng an diesen Prototyp hält, finden wir sie abgedroschen und konventionell; wenn sie von ihm abweicht, fühlen wir uns genarrt und betrogen. Wir werden gleich sehen, daß von allen Helden dieser Dichtung Fierro der individuellste ist, der am wenigsten einer Tradition entsprechende. Die Kunst optiert immer für das Individuelle, das Konkrete; die Kunst ist nicht platonisch.

Ich unternehme nun die Untersuchung der einzelnen Dichter.

Der Initiator, der Adam, ist Bartolomé Hidalgo aus Montevideo. Der Umstand, daß er um 1810 Barbier war, scheint die Kritik fasziniert zu haben; Lugones, der ihn tadelt, prägt das Wort »Bartschaber«; Rojas, der ihn schätzt, ist nicht bereit, auf den »Schaber« zu verzichten. Er macht ihn mit einem Federstrich zum *payador* und beschreibt ihn von unten nach oben mit einer Fülle von minutiösen und imaginären Zügen: »bekleidet mit *chiripá* über Fransenfetzen; Sporen an den gewalkten Stiefeln des Gauchoreiters; das vom Pampawind geblähte, auf der Brust geöffnete, schwarze Hemd, die Krempe des Schlapphutes über der Stirn hochgeschlagen, als galoppiere er unablässig über seine Heimaterde; das bärtige Gesicht geadelt durch sein Auge, das sich auskennt auf den Pfaden der unendlichen Weite und des Ruhms«. Weit denkwürdiger als dieser eigenmächtige Umgang mit der Ikonographie und dem Schneiderhandwerk scheinen mir zwei gleichfalls von Rojas erwähnte Umstände zu sein: die Tatsache, daß Hidalgo Soldat war, die Tatsache, daß er, bevor er den *capataz* Jacinto Chano und den Gaucho Ramón Contreras erfand, von Sonetten und Blankvers-Oden überfloß – eine für einen *payador* eigenartige Disziplin. Carlos Roxlo meint, die ländlichen Kompositionen Hidalgos »seien bislang von keinem, der in seiner Nachahmung geglänzt hat, übertroffen worden«. Ich glaube das Gegenteil; ich glaube, daß er von vielen übertroffen worden ist, und daß seine Dialoge heute nahezu vergessen sind. Ich glaube auch, daß sein paradoxer Ruhm in diesem breiten und verschiedenartigen Übertroffenwerden durch seine Nachfahren wurzelt. Hidalgo überlebt in den anderen. Hidalgo ist in gewisser Weise die anderen. In meiner kurzen Erfahrung als Erzähler habe ich festgestellt, daß zu wissen, wie eine Person redet, wissen heißt, wer sie ist, daß einen Tonfall, eine Stimme, einen besonderen Satzbau zu entdecken, heißt, ein Schicksal entdeckt zu haben. Bartolomé Hidalgo entdeckt den Tonfall des Gaucho; das ist viel. Ich werde keine seiner Zeilen wiederholen; wir würden unfehlbar in den Anachronismus verfallen, sie zu verdammen, indem wir als Kanon die Zeilen seiner berühmten Nachfolger verwenden. Es mag genügen, daran zu erinnern, daß in den fremden Melodien, die wir hören werden, Hidalgos Stimme ist, unsterblich, geheim und bescheiden.

Hidalgo starb vergessen an einer Lungenkrankheit im Dorf Morón, um das Jahr 1823. Um 1841 hob in Montevideo der Cordobese Hilario Ascásubi, vervielfacht in dreisten Pseudonymen, zu singen an. Die Nachwelt ist nicht barmherzig, nicht einmal gerecht mit ihm verfahren.

Zu Lebzeiten war Ascásubi der »Béranger vom Rio de la Plata«; tot, ist er ein trüber Vorläufer von Hernández. Beide Definitionen machen ihn natürlich zum bloßen Entwurf – irrig nicht nur in der Zeit, sondern auch im Raum – für ein anderes menschliches Schicksal. Die erste, die zeitgenössische, hat ihm nicht geschadet: Die hierfür die Patenschaft übernahmen, hatten unmittelbare Kenntnis von Ascásubi und eine ausreichende Vorstellung von dem Franzosen; heute ist beides rar geworden. Bérangers redlicher Ruhm ist gesunken, auch wenn er noch über drei Spalten in der *Encyclopaedia Britannica* verfügt, von niemand Geringerem unterzeichnet als von Stevenson; und der Ascásubis... Die zweite, die der Vorahnung oder der Ankündigung des *Martín Fierro*, ist unsinnig: Die Ähnlichkeit der beiden Werke ist zufällig, eine Ähnlichkeit der Absichten nicht vorhanden. Der Anlaß für diese irrtümliche Zuweisung ist merkwürdig. Nachdem Ascásubis Erstausgabe von 1872 vergriffen und die von 1900 im Buchhandel sehr selten aufzufinden war, beschloß das Unternehmen *La cultura argentina*, dem Publikum einige seiner

Werke zugänglich zu machen. Aus Gründen des Umfangs und der Seriosität wählte man den *Santos Vega*, eine undurchschaubare Folge von dreizehntausend Versen, eine immer wieder begonnene und immer wieder aufgeschobene Lektüre. Die gelangweilten und verscheuchten Leser mußten ihre Zuflucht zu dem ehrerbietigen Synonym für verdienstvolle Unfähigkeit nehmen: dem Begriff des Vorläufers. Ihn als Vorläufer seines erklärten Schülers Estanislao del Campo zu sehen, war allzu naheliegend; daher beschlossen sie, ihn mit José Hernández zu verschwägern. Der Plan litt an einem lästigen Umstand, den wir später erörtern werden: der Überlegenheit des Vorläufers auf diesen wenigen zufälligen Seiten – die Schilderungen des Morgens, des Indianereinfalls –, deren Thema das gleiche ist. Niemand hat sich bei diesem Widerspruch aufgehalten, niemand ist über diese offensichtliche Feststellung hinausgekommen: die allgemeine Unterlegenheit von Ascásubi. (Ich schreibe das mit gewisser Reue; einer der verwirrten Geister war ich selbst, als ich eine gewisse unnütze Betrachtung über Ascásubi schrieb.) Schon oberflächliches Nachsinnen hätte jedoch bewiesen, daß eine häufige partielle Überlegenheit von Aniceto vorauszusehen war, wenn man die Absichten der beiden Schriftsteller richtig herausgearbeitet hätte. Welches Ziel hatte Hernández im Sinn? Eines, ein äußerst beschränktes: die Schicksalsgeschichte Martín Fierros, berichtet von ihm selbst. Wir erfassen nicht die Vorgänge, sondern den Landmann Martín Fierro, der sie erzählt. Daher ist das Weglassen oder die Abmilderung des Lokalkolorits typisch für Hernández. Er bezeichnet weder genau Tag und Nacht, noch die Farbe der Pferde: eine Ziererei, die in unserer Viehzüchter-Literatur der britischen Manie entspricht, in ihrer Meeres-Literatur – das Meer ist die Pampa der Engländer – Schiffsgeräte, Fahrtrichtungen und Seemanöver genau anzugeben. Er verschweigt die Wirklichkeit nicht, erwähnt sie jedoch nur in bezug auf den Charakter seines Helden. (Das gleiche tut Joseph Conrad in bezug auf seine Meeresumwelt.) So sind die zahlreichen Tanzvergnügen, die in seinem Bericht zwangsläufig vorkommen, nie beschrieben. Ascásubi hingegen will die unmittelbare Anschauung des Tanzes, des unsteten Spiels der Körper, die sich verstehen (*Paulino Lucero*, p. 204):

Sacó luego a su aparcera
la Juana Rosa a bailar
y entraron a menudiar
media caña y caña entera.
¡Ah, china! si la cadera
del cuerpo se le cortaba,
pues tanto lo mezquinaba
en cada dengue que hacía,
que medio se le perdía
cuando Lucero le entraba.

Dann holte er als seine Partnerin
die Juana Rosa zum Tanz,
sie drehten Runde um Runde
eine halbe Caña und eine ganze Caña.
Ach, Mädchen, wenn ihr Körper
ihn schnitt mit ihrer Hüfte!
Denn so spärlich bemaß sie
ihr Zieren und ihr Locken,
daß sie sich ihm halb entzog,
wenn Lucero ranging.

Und diese hübsche Dezime, wie eine neue Spielkarte (*Aniceto el Gallo* [Aniceto der Hahn], p. 176):

Velay Pilar, la Porteña
linda de nuestra campaña,
bailando la media caña:
vean si se desempeña
y el garbo con que desdeña
los entros de ese gauchito,
que sin soltar el ponchito

con la mano en la cintura
le dice en esa postura:
¡mi alma! yo soy compadrito.

Seht, wie Pilar, die schöne
Porteña aus unsrem Flachland,
die halbe Caña tanzt:
Schaut, wie sie sich entzieht,
und die Eleganz, mit der sie verschmäht
das Ranschmeißen des kleinen Gaucho,
der ohne den Poncho zu lassen,
mit der Hand in der Hüfte
in dieser Stellung sagt:
Herzchen, ich bin ein *compadrito*!

Es ist auch aufschlußreich, die Nachricht von den India-
nereinfällen im *Martín Fierro* mit deren unmittelbarer Darstellung bei Ascásubi zu vergleichen. Hernández (*Die Rückkehr*, vierter Gesang) will Fierros verständliches Entsetzen
angesichts der kopflosen Plünderung hervorheben, Ascásubi
(*Santos Vega*, XIII) die Meilen anstürmender Indios:

Pero al invadir la Indiada
se siente, porque a la fija
del campo la sabandija
juye delante asustada
y envuelto en la manguiada
vienen perros cimarrones,
zorros, avestruces, liones,
gamas, liebres y venaos
y cruzan atribulaos
por entre las poblaciones.

Entonces los ovejeros
coliando bravos torean
y también revolotean

gritando los teruteros;
pero, eso sí, los primeros
que anuncian la novedá
con toda seguridá
cuando los pampas avanzan
son los chajases que lanzan
volando: ¡chajá! ¡chajá!

Y atrás de esas madrigueras
que los salvajes espantan,
campo ajuera se levantan
como nubes, polvaderas
preñadas todas enteras
de pampas desmelenaos
que al trote largo apuraos,
sobre los potros tendidos
cargan pegando alaridos
y en media luna formaos.

Aber wenn die Indiohorde ankommt,
merkt man's, denn wo das Feld beginnt,
flieht plötzlich alles
aufgeregt auseinander,
und mit der Viehherde vermischt,
kommen wilde Hunde,
Füchse, Strauße, Pumas,
Damtiere, Hasen und Hirsche,
und stieben verängstigt
durch die Dörfer.

Dann die Hütehunde,
hinter durchgehenden Stieren,
und kreischend flattern
auch Schreivögel herum;
aber die ersten, die
die Neuigkeit verkünden,

und zwar verläßlich,
wenn die Pampaindios kommen,
sind die Wildpfauen, die fliegend
schreien: Tschachá! Tschachá!

Und hinter den Kaninchenbauten,
die die Wilden aufscheuchen,
steigen wie Gewölk weithin
übers Feld Staubwolken,
sie alle berstend voll
von zerzausten Pampaindios,
die mit dem Schwung des langen Trabs,
auf ihren Pferden hängend,
stürmen unter Kriegsgeschrei
in Halbmondformation.

Wiederum das Szenische, wiederum die Freude am Betrachten. In dieser Neigung liegt für mich Ascásubis Eigenart, nicht in den Tugenden seines von Oyuela und Rojas herausgestellten Unitarier-Zorns. Rojas (*Werke*, IX, p. 671) stellt sich den Verdruß vor, den seine barbarischen Gauchogesänge fraglos bei Don Juan Manuel auslösten und erinnert an Florencio Varelas Ermordung in der belagerten Garnison von Montevideo. Der Fall ist ohne Vergleich: Varela, Gründer und Redakteur der Zeitung ›El Comercio del Plata‹, stand im internationalen Rampenlicht; Ascásubi, unermüdlicher *payador*, beschränkte sich darauf, die hausbackenen Verse über das gemächliche und lebhafte Kartenspiel bei der Belagerung zu improvisieren.

Ascásubi besang im kriegerischen Montevideo einen glückhaften Haß. Das *facit indignatio versum* Juvenals verrät uns nicht den Grund für seinen Stil; einerseits ein unüberbietbarer Säufer, verteilt er Beleidigungen ebenso rabiat wie gemütlich, so daß das Ganze wie eine Belustigung wirkt oder ein Fest, eine Lust an Scheinkämpfen. Eine Dezime von 1849 (*Paulino Lucero*, p. 336) läßt das hinreichend ahnen:

Señor patrón, allá va
esa carta ¡de mi flor!
con la que al Restaurador
le retruco desde acá.
Si usté la lé, encontrará
a lo último del papel
cosas de que nuestro aquel
allá también se reirá;
porque a decir la verdá
es gaucho don Juan Manuel.

Señor Patron, hier kommt
dieser Brief – meine Reverenz! –
Mit dem gebe ich
dem Restaurator reichlich kontra.
Wenn Sie ihn lesen, werden Sie am Schluß
des Schreibens Dinge finden,
über die unser Jener
dort auch lachen wird;
denn um die Wahrheit zu sagen:
Don Juan Manuel ist ein Gaucho.

Doch gegen eben diesen Rosas, den Gaucho, mobilisiert er
Tänze, die sich wie Heere entfalten. Möge wieder dieser erste
Kehrreim seiner *Halben Caña des Felds für die Freien* schwin-
gend widerhallen:

Al potro que en diez años
naides lo ensilló,
don Frutos en Cagancha
    se le acomodó,
    y en el repaso
    le ha pegado un rigor
    superiorazo.
Querelos mi vida – a los Orientales
que son domadores – sin dificultades.

¡Que viva Rivera! ¡que viva Lavalle!
Tenémelo a Rosas ... que no se desmaye.
Media caña,
a campaña,
Caña entera,
como quiera.
Vamos a Entre Ríos, que allá está Badana,
a ver si bailamos esta Media Caña:
que allá está Lavalle tocando el violín,
y don Frutos quiere seguirla hasta el fin.
Los de Cagancha
se le afirman al diablo
en cualquier cancha.

Das Pferd, das in zehn Jahren
keiner sattelte,
hat Don Frutos in Cagancha
sich fügsam gemacht,
und hat ihm beim Zähmen
höchste Strenge
auferlegt.
Liebe sie, mein Leben – die Uruguayer,
die Zureiter sind – ohne Schwierigkeiten.
Es lebe Rivera! Es lebe Lavalle!
Zügelt Rosas ... dem nicht der Spaß vergehen soll.
Halbe Caña
zur Kampagne,
Ganze Caña,
wie's beliebt.
Auf nach Entre Ríos, denn dort ist Badana,
und sehen wir zu, daß wir diese Halbe Caña tanzen:
denn dort ist Lavalle und spielt die Geige,
und Don Frutos will bis zum Ende tanzen.
Die von Cagancha
trotzen dem Teufel
auf jedem Spielfeld.

Auch folgendes Kämpferglück (*Paulino Lucero*, p. 58) möchte ich wiedergeben:

> *Vaya un cielito rabioso*
> *cosa linda en ciertos casos*
> *en que anda el hombre ganoso*
> *de divertirse a balazos.*

> So ein rabiater *cielito*-Tanz
> ist manchmal was sehr Schönes,
> wenn einer gerade Lust hat,
> sich mit Schießen zu vergnügen.

Blumiger Mut, die Lust an reinen Farben und genau gesehenen Gegenständen, damit könnte man Ascásubi umschreiben. So etwa zu Beginn von *Santos Vega:*

> *El cual iba pelo a pelo*
> *en un potrillo bragao,*
> *flete lindo como un dao*
> *que apenas pisaba el suelo*
> *de livianito y delgao.*

> Der legte sich mächtig ins Zeug
> mit einem verwegenen Pferd,
> einem Renner fein wie ein Speer,
> der kaum den Boden berührte,
> so federleicht war er und schlank.

Und diese Erwähnung einer Figur (*Aniceto el Gallo*, p. 147):

> *Velay la estampa del Gallo*
> *que sostiene la bandera*
> *de la Patria verdadera*
> *del Veinticinco de Mayo.*

Seht doch den stattlichen Hahn,
der das Banner hochhält
des wahren Vaterlandes
vom Fünfundzwanzigsten Mai.

In *La refalosa* stellt Ascásubi die normale Panik der Männer im
Todesrausch des Gemetzels dar; offensichtliche Gründe des
Datums jedoch verwehrten ihm den Anachronismus, die einzige Erfindung des Krieges von 1914 hervorzubringen: die
pathetische Darstellung der Angst. Diese Erfindung – paradoxerweise von Rudyard Kipling eingeleitet, dann von She-
riff zartfühlend und von dem beliebten Remarque mit jour-
nalistisch-fachmännischem Nachdruck behandelt – lag für
die Männer von 1850 noch außer Reichweite.

Ascásubi kämpfte in Ituzaingó, verteidigte die Schützen-
gräben von Montevideo, kämpfte in Cepeda und hinterließ
uns seine Lebenstage in glänzenden Versen. In seinen Zeilen
ist nicht der Sog des Schicksals wie in *Martín Fierro*; dafür
spürt man aber die achtlose, harte Unschuld der Männer
der Tat, beständige Gäste des Abenteuers und nie des Er-
schreckens. Da ist auch ein gutes Stück Frechheit, denn sein
Schicksal waren die dreiste Gitarre des *compadrito* und die
Lagerfeuer der Truppe. Da ist auch (als eine diesem Laster zu-
gehörige, zugleich volkstümliche Tugend) das Glück des Rei-
mers: der billige Vers, der schon dank seines Tonfalls gut ist.

Von den zahlreichen Pseudonymen Ascásubis war *Aniceto
der Hahn* das berühmteste: vielleicht auch das am wenigsten
gefällige. Estanislao del Campo, der ihn nachahmte, wählte
den Beinamen *Anastacio das Hähnchen*. Dieser Name ist mit einem hochberühmten Werk verknüpft geblieben: dem *Fausto*.
Der Ursprung dieses glücklichen Exerzitiums ist bekannt;
Groussac, nicht ohne ein Gran unvermeidlicher Perfidie, hat
so darüber berichtet: »Estanislao del Campo, leitender Beamter der Provinzregierung, hatte bereits zahlreiche Aktenvor-
gänge in Form von Versen jedweden Metrums und Schlags
ohne sonderliches Aufsehen abgefertigt, als ihm anläßlich

einer Vorstellung von Gounods *Faust* im Teatro Colón die Idee kam, unter die Zuschauer auf der Galerie den Gaucho Anastasio einzuschmuggeln, der gleich darauf einem Kumpan seine Eindrücke weitergibt und die phantastischen Szenen auf seine Weise deutet. Wenn man sich den Text nicht genau ansah, erwies die Parodie sich als höchst amüsant, und ich erinnere mich, daß ich selbst in der *Revista Argentina* die Bearbeitung der vielbeklatschten Partitur für Gitarre rühmte… Alles verbündete sich, um einen Erfolg zu gewährleisten; die außerordentliche Beliebtheit der kurz zuvor in Buenos Aires uraufgeführten Oper; die komische Wende des Paktes zwischen Teufel und Doktor, die, dergestalt parodiert, das Drama über den Kopf von Goethes Dichtung hinweg zu seinem volkstümlichen mittelalterlichen Ursprung zurückführte; der leichtfertige Singsang der Strophen, in dem das gefühlige Tremolo geschickt abwechselte mit deftiger Handfestigkeit; endlich, in jenen Jahren des triumphierenden *criollismo*, der bittere Mategeschmack des Gaucho-Dialogs, in dem sich der Sohn der Pampa nach Lust und Liebe austobte, wenn auch nicht so, wie es jemals in der Wirklichkeit gewesen war, dann doch wenigstens so, wie es fünfzig Jahre schlechter Literatur verfaßt und ›konventionalisiert‹ hatten.«

Soweit Groussac. Es ist niemandem unbekannt, daß dieser gelehrte Schriftsteller Verachtung im Umgang mit bloßen Südamerikanern für obligatorisch hielt; im Falle von Estanislao del Campo (den er gleich darauf »Kanzlei-*payador*« nennt) fügt er dieser Verachtung noch ein Stück Betrug oder zumindest die Unterdrückung der Wahrheit hinzu. Niederträchtigerweise beschreibt er ihn als Staatsbeamten; er vergißt aufs genaueste, daß er sich bei der Belagerung von Buenos Aires, in der Schlacht von Cepeda, in Pavón und bei der Revolution von 74 geschlagen hat. Einer meiner Großväter, Unitarier, der mit ihm im Feld stand, erinnerte oft daran, daß del Campo Galauniform anlegte, wenn er in die Schlacht zog, und daß er, die Rechte ans Käppi erhoben, vor den ersten Kugeln von Pavón salutierte.

Sein *Fausto* ist sehr unterschiedlich beurteilt worden. Calixto Oyuela, den Gaucho-Schriftstellern keineswegs wohlge-
sonnen, hat ihn als Juwel bezeichnet. Es ist ein Gedicht, das,
wie diejenigen der Frühzeit, auf den Druck hätte verzichten
können, weil er im Gedächtnis vieler lebt. Besonders im Gedächtnis von Frauen. Das soll kein Tadel sein; es gibt Schriftsteller von unbestreitbarem Wert – Marcel Proust, D. H. Lawrence, Virginia Woolf –, die gewöhnlich Frauen mehr gefallen
als Männern... Die Verleumder des *Fausto* zeihen ihn der
Ignoranz und der Verfälschung. Sogar das Fell des Pferdes
des Helden ist geprüft und verworfen worden. Im Jahre 1896
bemerkt Rafael Hernández – Bruder von José Hernández –:
»Dieses Pferd hat die Farbe eines *rötlichen Falben*, und gerade
diese Farbe hat bisher nie ein Renner gehabt, es wäre genau so
selten wie ein Kater mit drei Farben«; im Jahre 1916 bekräftigt Lugones: »Kein *criollo*, der ein schneidiger Reiter ist wie
der Protagonist, besteigt einen rötlichen Falben: ein gering
geschätztes Tier, dessen Schicksal es ist, auf den Estancias die
Wassertonne zu ziehen oder den Botenburschen als Reittier
zu dienen.« Auch sind die letzten Verse der berühmten Auf-
takt-Dezime verdammt worden:

> *Capaz de llevar un potro*
> *A sofrenarlo en la luna.*

> Imstande ein Pferd zu besteigen,
> im Mond ihm die Kandare zu geben.

Rafael Hernández merkt an, daß man dem Pferd nicht die
Kandare, sondern die Trense anlegt, und daß ein Pferd an die
Kandare zu nehmen »keine Eigentümlichkeit des *criollo*-Rei-
ters, sondern des wüsten *gringo* ist«. Lugones bestätigt oder
schreibt ab: »Kein Gaucho reitet ein Pferd mit der Kandare
zu. Das ist die falsche *criollo*-Manier eines großmäuligen
gringo, der die Stute seines Korbwagens zureitet.«
Ich erkläre mich für unwürdig, in diese ländlichen Streite-

reien einzugreifen; ich bin unwissender als der gerügte Estanislao del Campo. Ich wage kaum zu bekennen, daß, auch wenn Gauchos von festerer Orthodoxie den rötlichen Falben geringschätzen, der Vers

En un overo rosao

Auf einem rötlichen Falben

mir – auf geheimnisvolle Weise – nach wie vor gefällt. Man hat auch kritisiert, daß da einer vom Land einen Operntext verstehen und nacherzählen soll. Wer so spricht, vergißt, daß alle Kunst konventionell ist; auch Martín Fierros biographischer Gauchogesang ist es.

Die Umstände vergehen, die Ereignisse vergehen, die Gelehrsamkeit der in Pferdefellen beschlagenen Männer vergeht; was nicht vergeht, was vielleicht unerschöpflich ist, ist das Vergnügen, welches die Betrachtung des Glücks und der Freundschaft gewährt. Dieses Vergnügen, das in der Literatur vielleicht nicht weniger selten ist als in der physischen Welt unseres Geschicks, ist meiner Ansicht nach die zentrale Tugend des Gedichts. Viele haben die Schilderungen des Tagesanbruchs, der Pampa, des Einbruchs der Nacht gerühmt, die der *Fausto* bringt; ich bin der Auffassung, daß die einleitende Erwähnung der Theaterkulissen sie mit Unechtheit kontaminiert hat. Das Wesentliche ist der Dialog, ist die lichte Freundschaft, die den Dialog durchstrahlt. Der *Fausto* gehört nicht der argentinischen Wirklichkeit an, er gehört – wie der Tango, wie der Truco, wie Irigoyen – zur argentinischen Mythologie.

Ascásubi viel näher als Estanislao del Campo, Hernández viel näher als Ascásubi steht der Autor, zu dem ich jetzt komme: Antonio Lussich. Soviel ich weiß, sind nur zwei Berichte über sein Werk im Umlauf, und beide sind unzureichend. Ich zitiere den ersten, der genügt hat, um meine Neugierde zu entfachen, ungekürzt. Er stammt von Lugones und steht auf Seite 189 von *El Payador*.

»Don Antonio Lussich, der soeben ein von Hernández stürmisch begrüßtes Buch, *Los Tres Gauchos Orientales*, geschrieben und darin Gaucho-Typen der *campaña de Aparicio* genannten uruguayischen Revolution auf die Bühne gebracht hatte, hat Hernández allem Anschein nach willkommene Anregungen gegeben. Das übersandte Buch hat bei Hernández fraglos als Auslöser gewirkt. Das Werk des Herrn Lussich wurde am 14. Juni 1872 von der Druckerei der *Tribuna* von Buenos Aires veröffentlicht. Der Brief, in dem Hernández Lussich gratulierte und ihm für die Zusendung des Buches dankte, stammt vom 20. desselben Monats und Jahres. *Martín Fierro* erschien im Dezember. Die der Sprache und den Eigenarten des Landmanns angepaßten schneidigen Verse des Herrn Lussich bestanden aus Vierzeilern mit elf Silben, Vierzeilern mit acht Silben, Dezimen und auch jenen *payador*-Sestinen, die Hernández als die typischsten übernehmen sollte.«

Das Lob ist beträchtlich, ja überragend, wenn wir Lugones' nationalistische Absicht berücksichtigen: *Martín Fierro* in den Himmel zu heben, und Bartolomé Hidalgo, Ascásubi, Estanislao del Campo, Ricardo Gutiérrez, Echeverría bedingungslos zu verwerfen. Die andere, in Zurückhaltung und Länge nicht zu vergleichende Information steht in der *Historia crítica de la literatura uruguaya* von Carlos Roxlo. »Lussichs Muse«, lesen wir auf Seite 242 des zweiten Bandes, »ist äußerst schlampig und haust in einem Slum von Prosaismen; seine Schilderungen ermangeln leuchtender bildhafter Vielfarbigkeit.«

Das Interessanteste an Lussichs Werk ist seine offenkundige Vorwegnahme des direkten, späteren *Martín Fierro*. Lussichs Werk kündigt, wenngleich nur auf sporadische Weise, die differenzierenden Züge des *Martín Fierro* an; allerdings erhalten sie durch den *Martín Fierro* eine außerordentliche Bedeutung, die sie bei Lussich vielleicht gar nicht haben.

Lussichs Buch ist anfangs weniger eine Ankündigung des *Martín Fierro* als eine Wiederholung der Gespräche von Ramón Contreras mit Chano. Zwischen *amargo* und *amargo* erzählen drei Veteranen von den Erhebungen, an denen sie beteilgt waren. Das Vorgehen ist das übliche, aber die Männer von Lussich halten sich nicht ausschließlich an die geschichtlichen Berichte und ergehen sich in autobiographischen Exkursen. Diese häufigen Abschweifungen persönlich-pathetischer Art, die weder Hidalgo noch Ascásubi kennen, kündigen *Martín Fierro* bereits an, sei es im Tonfall, sei es in den Ereignissen, ja sogar im Wortlaut.

Ich werde großzügig mit Zitaten umgehen, denn ich habe feststellen können, daß das Werk von Lussich praktisch unveröffentlicht ist.

Als erstes will ich die Herausforderung dieser Dezimen wiedergeben:

> *Pero me llaman matrero*
> *Pues le juyo a la catana,*
> *Porque ese toque de diana*
> *En mi oreja suena fiero;*
> *Libre soy como el pampero*
> *Y siempre libre viví,*
> *Libre fui cuando salí*
> *Dende el vientre de mi madre*
> *Sin más perro que me ladre*
> *Que el destino que corrí...*

> *Mi envenao tiene una hoja*
> *Con un letrero en el lomo*
> *Que dice: cuando yo asomo*
> *Es pa que alguno se encoja.*
> *Sólo esta cintura afloja*
> *Al disponer de mi suerte,*
> *Con él yo siempre fui juerte*
> *Y altivo como el lión;*
> *No me salta el corazón*
> *Ni le recelo a la muerte.*

Soy amacho tirador,
Enlazo lindo y con gusto;
Tiro las bolas tan justo
Que más que acierto es primor.
No se encuentra otro mejor
Pa reboliar una lanza,
Soy mentao por mi pujanza;
Como valor, juerte y crudo
El sable a mi empuje rudo
¡Jué pucha! que hace matanza.

Aber man nennt mich Räuber,
weil ich mit dem Säbel spiele,
weil dieses Wecksignal
mir wild in den Ohren klingt;
ich bin frei wie der Pampawind
und habe immer frei gelebt;
frei war ich, als ich den Leib
meiner Mutter verließ,
und der einzige Köter, von dem ich mich je
hab verbellen lassen, war mein Schicksal…

Mein Messer hat eine Klinge
mit einem Spruch auf dem Rücken,
der lautet: Ich laß mich nur blicken,
damit einer sich verkriecht.
Dieser Gürtel wird nur locker,
wenn es um mein Leben geht,
mit ihm war ich immer stark
und stolz wie der Löwe;
weder bibbert mir das Herz,
noch fürchte ich mich vor dem Tod.

Ich bin ein toller Fechter,
geh gut und gern mit dem Lasso um;
mit der Bola treff ich so genau,

daß es die reine Freude ist.
Es findet sich kein Besserer,
um eine Lanze zu werfen,
ich bin berühmt für meine Wucht;
wie der Mut, stark und derb,
ist der Säbel bei meinem harten Hieb –
holla! macht der ein Gemetzel!

Andere Beispiele, diesmal mit ihren direkten oder mutmaß-
lichen Entsprechungen.

So sagt Lussich:

Yo tuve ovejas y hacienda;
Caballos, casa y manguera;
Mi dicha era verdadera
¡Hoy se me ha cortao la rienda!

Carchas, majada y querencia
Volaron con la patriada,
Y hasta una vieja enramada
¡Que cayó... supe en mi ausencia!

La guerra se lo comió
Y el rastro de lo que jué
Será lo que encontraré
Cuando al pago caiga yo.

Ich hatte Schafe und Rinder,
Pferde, Haus und Corral;
mein Glück war echt,
jetzt ist mir der Zügel gerissen!

Herden, Schafe und Stallvieh
vergingen mit der Erhebung,
sogar eine alte Laubhütte
brach ein... ich erfuhr's in der Fremde!

Der Krieg hat alles gefressen,
und die Spur dessen, was war,
ist das, was ich finden werde,
wenn ich heimkomme.

Hernández wird sagen:

> *Tuve en mi pago en un tiempo*
> *Hijos, hacienda y mujer*
> *Pero empecé a padecer,*
> *Me echaron a la frontera*
> *¡Y qué iba a hallar al volver!*
> *Tan sólo hallé la Tapera.*

In der Heimat hatte ich mal
Kinder, Rindvieh und Frau,
aber dann begann mein Leiden,
man jagte mich über die Grenze.
Und was sollte ich bei der Heimkehr finden!
Als einziges fand ich Trümmer.

Lussich sagt:

> *Me alcé con tuito el apero,*
> *Freno rico y de coscoja*
> *Riendas nuevitas en hoja*
> *Y trensadas con esmero;*
> *Una carona de cuero*
> *de vaca, muy bien curtida;*
> *Hasta una manta fornida*
> *Me truje de entre las carchas,*
> *Y aunque el chapiao no es pa marchas*
> *Lo chanté al pingo en seguida.*

> *Hice sudar al bolsillo*
> *Porque nunca fui tacaño:*

Traiba un gran poncho de paño
Que me alcanzaba al tobillo
Y un machazo cojinillo
Pa descansar mi osamenta;
Quise pasar la tormenta
Guarecido de hambre y frio
Sin dejar del pilcherio
Ni una argolla ferrugienta.

Mis espuelas macumbé,
Mi rebenque con virolas,
Rico facón, güenas bolas,
Manea y bosal saqué.
Dentro el tirador dejé
Diez pesos en plata blanca
Pa allegarme a cualquier banca
Pues al naipe tengo apego,
Y a más presumo en el juego
No tener la mano manca.

Copas, fiador y pretal,
Estribos y cabezadas
Con nuestras armas bordadas,
De la gran Banda Oriental.
No he güelto a ver otro igual
Recao tan cumpa y paquete
¡Ahijuna! encima del flete
Como un sol aquello era
¡Ni recordarlo quisiera!
Pa qué, si es al santo cuete.

Monté un pingo barbiador
Como una luz de ligero
¡Pucha, si pa un entrevero
Era cosa superior!
Su cuerpo daba calor

Y el herraje que llevaba
Como la luna brillaba
Al salir tras de una loma.
Yo con orgullo y no es broma
En su lomo me sentaba.

Ich stieg mit allem in den Sattel,
prächtige Kandare mit Ringen,
Zügel, piekfein und neu
und tadellos geflochten;
rindslederne Satteldecke,
bestens gegerbt;
dazu einen kräftigen Umhang
lud ich zwischen die Kleider,
und obwohl Silberzeug nichts ist für Strapazen,
befestigte ich es an meinem Renner.

Ich ließ meinen Beutel schwitzen,
denn knauserig war ich nie:
Ich trug einen Poncho aus Tuch,
der mir bis zum Knöchel reichte,
und eine mächtige Satteldecke,
um meine Knochen auszuruhen;
ich wollte den Sturm überstehen,
gefeit gegen Hunger und Kälte,
ohne vom Reitzeug auch nur
einen rostigen Ring zu verlieren.

Meine Viehtreibersporen,
meine Peitsche mit Metallringen,
prachtvolles Messer, gute Wurfkugeln,
Fußfessel und Halfter nahm ich mit.
Im Schmuckgürtel ließ ich
zehn Pesos in blankem Silber,
um bei jedem Spiel mitmachen zu können,
denn ich mag die Karten,

und außerdem glaub ich, im Spiel
keine lahme Hand zu haben.

Trensenschmuck, Faustriemen und Vorderzeug,
Steigbügel und Kappzaum
bestickt mit unserem Wappen
von Uruguay.
Ich habe nie wieder solches
Reitzeug gesehen, zuverlässig und fein.
Donnerwetter! Auf dem Renner
glänzte das wie die Sonne.
Ich möchte nie mehr dran denken!
Wozu, wenn alles für die Katz ist.

Ich bestieg ein feuriges Roß,
leichtfüßig und schnell wie der Blitz.
Teufel, wenn das für einen Krawall
nicht große Klasse war!
Sein Leib versprühte Hitze,
und der Beschlag, den es trug,
glänzte wie der Mond,
wenn er über dem Hügel aufgeht.
Stolz, und das ist kein Scherz,
saß ich auf seinem Rücken.

Hernández wird sagen:

Yo llevé un moro de número
¡Sobresaliente el matucho!
Con él gané en Ayacucho
Más plata que agua bendita.
Siempre el gaucho necesita
Un pingo pa fiarle un pucho.

Y cargué sin dar más güeltas
Con las prendas que tenía;

Jergas, poncho, cuanto había
En casa, tuito lo alcé
A mi china la dejé
Media desnuda ese día.

No me faltaba una guasca;
Esa ocasión eché el resto:
Bozal, maniador, cabresto,
Lazo, bolas y manea.
¡El que hoy tan pobre me vea
Tal vez no creerá todo esto!

Ich nahm mir einen guten Braunen,
hervorragend war der Kerl!
Mit ihm gewann ich in Ayacucho
mehr Geld als geweihtes Wasser.
Immer benötigt ein Gaucho
ein Roß, dem er trauen kann.

Ohne zu überlegen nahm ich
die Kleider, die ich besaß;
Wollzeug, Poncho und was sonst
im Haus war, lud ich auf.
An jenem Tage ließ ich
mein Mädchen halbnackt zurück.

Eine Peitsche fehlte nicht,
ich tat auch den Rest dazu:
Glöckchenhalfter, Fußfessel,
Lasso, Wurfkugeln und Riemen.
Wer heut mich so armselig sieht,
wird das vielleicht nicht glauben!

Lussich sagt:

Y ha de sobrar monte o sierra
Que me abrigue en su guarida,

Que ande la fiera se anida
También el hombre se encierra.

Es gibt genug Wald und Berge,
die Unterschlupf mir gewähren,
denn wo das Raubtier haust,
hat auch der Mensch Platz.

Hernández wird sagen:

Ansí que al venir la noche
Iba a buscar mi guarida.
Pues ande el tigre se anida
También el hombre lo pasa,
Y no quería que en las casas
Me rodiara la partida.

Und so, beim Einbruch der Nacht,
suchte ich einen Unterschlupf.
Denn was den Tiger beherbergt,
ist auch für den Menschen gut.
Ich wollte nicht in Häusern
von der Horde umzingelt werden.

Man merkt, daß Hernández im Oktober oder November des
Jahres 1872 *tout sonore encore* war von den Versen, die im Juni
desselben Jahres Freund Lussich ihm zugeeignet hatte. Man
wird auch die Knappheit von Hernández' Stil und seine beab-
sichtigte Naivität bemerken. Wenn Fierro »Kinder, Vieh und
Frau« aufzählt oder nach ein paar einleitenden Ansätzen aus-
ruft:

¡El que hoy tan pobre me vea
Tal vez no creerá todo esto!

Wer heut mich so armselig sieht,
wird das vielleicht nicht glauben!

weiß er, daß städtische Leser diesen Schlichtheiten ihren Dank nicht versagen werden. Lussich, spontaner oder leichtsinniger, geht nie so vor. Seine literarischen Sehnsüchte waren anderer Art und blieben oft bei der Imitation der hinterhältigsten Zärtlichkeiten des *Fausto* stehen:

> *Yo tuve un nardo una vez*
> *Y lo acariciaba tanto*
> *Que su purísimo encanto*
> *Duró lo menos un mes.*
>
> *Pero ¡ay! una hora de olvido*
> *Secó hasta su última hoja.*
> *Así también se deshoja*
> *La ilusión de un bien perdido.*

> Ich hatte einmal eine Narde
> und hegte sie so sehr,
> daß ihr so reiner Zauber
> zumindest einen Monat lang hielt.
>
> Doch ach! eine Stunde des Vergessens
> ließ ihr letztes Blatt verdorren.
> So entblättert sich endlich auch
> die Illusion eines verlorenen Guts.

Im zweiten Teil, der vom Jahre 1873 stammt, wechseln diese Nachahmungen ab mit anderen Faksimiles des *Martín Fierro*, als fordere Don Antonio Lussich das Seine zurück.

Weitere Gegenüberstellungen erübrigen sich. Die bisherigen genügen wohl, um diesen Schluß zu rechtfertigen: Lussichs Dialoge sind ein Vorentwurf für Hernández' endgültiges Buch. Ein hemmungsloser, schmachtender, zufälliger, jedoch ausgewerteter und prophetischer Entwurf.

Ich komme nun zum Hauptwerk: dem *Martín Fierro*.

Vermutlich gibt es kein zweites argentinisches Buch, das bei der Kritik einen gleich großen Aufwand an Überflüssigkeiten ausgelöst hat. Zu drei Arten von Ergüssen haben die Irrungen um unseren *Martín Fierro* geführt: die eine, herablassende Bewunderung; die zweite, grobschlächtige grenzenlose Lobeshymnen; die dritte, historische oder philologische Abschweifungen. Die erste ist die traditionelle: Ihr Prototyp ist die wohlwollende Inkompetenz der Zeitungsartikel und Briefe, die sich in der gehefteten Volksausgabe breit gemacht haben, ihre Fortsetzer sind berühmt und gehören zu den anderen. Unbewußte Schmäher dessen, was sie loben, unterlassen es nie, im *Martín Fierro* den Mangel an Rhetorik zu rühmen: was ihnen dazu dient, die mangelhafte Rhetorik zu kennzeichnen – es ist das gleiche, als wenn sie *Architektur* verwendeten, um Unbilden der Witterung, Einstürze und Zertrümmerungen zu bezeichnen. Sie bilden sich ein, daß ein Buch nicht zur Literatur gehören könnte: Der *Martín Fierro* gefällt ihnen wider die Kunst und wider die Intelligenz. Das Gesamtergebnis ihrer Mühen findet in den Worten von Rojas Platz: »Man könnte genauso das Gurren der Taube verschmähen, weil es kein Madrigal ist oder das Lied des Windes, weil es keine Ode ist. So muß dieses pittoreske Gaucholied in der Rustikalität seiner Form und der Naivität seines Hintergrunds als elementare Stimme der Natur betrachtet werden.«

Die zweite – die des hyperbolischen Lobs – hat bis heute nur die nutzlose Opferung seiner »Vorläufer« bewirkt und eine erzwungene Gleichsetzung mit dem *Cid* und der *Commedia* Dantes. Als ich vom Obersten Ascásubi sprach, habe ich die erste dieser Machenschaften erörtert; von der zweiten genügt es mitzuteilen, daß ihre beharrliche Methode darin besteht, nachgemachte oder unzulängliche Verse in den alten Epen aufzustöbern – als seien ähnliche Neigungen zum Irrtum beweiskräftig. Im übrigen entspringt diese mühsame Methode einem Aberglauben: anzunehmen, daß bestimmte literarische Gattungen (in diesem Fall das Epos) ernstlich mehr wert sind als andere. Der verschroben-treuherzige Anspruch, *Martín Fierro* müsse episch sein, hat, zumindest auf symbolische Weise, versucht, die jahrhundertealte Geschichte des Vaterlandes mit ihren Generationen, ihren Verbannungen, Todesqualen, ihren Schlachten von Tucumán und Ituzaingó in die Schicksalswege eines Messerstechers um Achtzehnhundertundsiebzig zu zwängen. Oyuela (*Antologia poética hispano-americana*, dritter Band, Anmerkungen) hat dieses Komplott bereits vereitelt. »Der Fall *Martín Fierro* ist nicht eigentlich eine Angelegenheit der *Nation*, noch weniger der Rasse, er steht in keiner Beziehung zu unseren Ursprüngen als Volk, auch nicht als politisch gegründete Nation. Es handelt sich in diesem Buch um die schmerzlichen Wechselfälle des Lebens eines Gaucho *im letzten Drittel des vorigen Jahrhunderts*, in der Epoche des Verfalls und des bevorstehenden Verschwindens dieses ortsbedingten und, angesichts einer Gesellschaftsstruktur, die ihn auslöscht, vorübergehenden Menschentypus – erzählt oder besungen vom Protagonisten selbst.«

Die dritte amüsiert uns mit besseren Versuchungen. Mit feinem Irrtum behauptet sie zum Beispiel, *Martín Fierro* sei eine Darstellung der Pampa. Tatsache ist, daß den Stadtmenschen das flache Land nur als stufenweise Entdeckung, als eine Reihe möglicher Erfahrungen vorgestellt werden kann. So verfahren die Romane über die Lehrzeit in der Pampa, *The Purple Land* (1885) von Hudson und *Don Segundo Sombra* (1926) von Güiraldes, deren Protagonisten sich allmählich mit dem offenen Land identifizieren. Es ist nicht das Verfahren von Hernández, der wohlüberlegt die Pampa und die Alltagsgewohnheiten der Pampa voraussetzt, ohne sie je im einzelnen darzustellen – eine für einen Gaucho, der für andere Gauchos spricht, glaubhafte Unterlassung. Man mag mir diese Verse und die, denen sie vorausgehen, entgegenhalten:

> *Yo he conocido esta tierra*
> *En que el paisano vivía*
> *Y su ranchito tenía,*

Y sus hijos y mujer.
Era una delicia el ver
Cómo pasaba sus días.

Ich hab dieses Land gekannt,
auf dem der Bauer lebte
und sein Häuschen besaß
und seine Kinder und Frau.
Es war eine Lust zu sehen,
wie er seine Tage verbrachte.

Das Thema, wie ich es verstehe, ist nicht das erbärmliche goldene Zeitalter, das wir darin sähen, sondern die Verarmung des Erzählers, dem nur noch Nostalgie bleibt.

Nur Rojas läßt Raum für das zukünftige philologische Studium des Gedichts – das heißt, für eine melancholische Diskussion über das Wort *cantra* oder *cantramilla* [Ochsenstachel], die der unendlichen Dauer der Hölle angemessener ist als der verhältnismäßig flüchtigen Zeit unseres Lebens. In dieser wie in allen Einzelheiten ist eine bewußte Unterordnung des Lokalkolorits typisch für *Martín Fierro*; verglichen mit dem Wortschatz der »Vorläufer« scheint seiner die differenzierenden Charakteristika der Sprache des Landlebens zu vermeiden und den gemeingültigen *sermo plebeius* zu pflegen. Ich erinnere mich, daß seine Einfachheit mich als Kind überraschte und daß er mir nach einem *criollo*-Strolch klang und nicht nach einem Bauern. Der *Fausto* war für mich die Norm der ländlichen Sprache. Heute – mit einiger Kenntnis des flachen Lands – scheint mir die Überlegenheit des hochfahrenden Messerstechers aus der Schänke vor dem zurückhaltenden und emsigen Bauern offenkundig, weniger wegen des geschickt gehandhabten Wortschatzes als wegen des häufigen Prahlens und des aggressiven Tonfalls.

Ein weiteres Hilfsmittel, um das Gedicht herabzusetzen, bieten die Sprichwörter. Diese Jammereien – wie Lugones sie ein für alle Mal bezeichnet – sind mehr als einmal als wesentlicher Teil des Buchs betrachtet worden. Die Ethik des *Martín Fierro* nicht von den geschilderten Schicksalen, sondern von den überkommenen automatischen, den Ablauf hemmenden Zoten oder von den angehängten moralischen Schlußfolgerungen abzuleiten, ist ein Zeitvertreib, den nur die Verehrung des Überlieferten nahelegen konnte. Ich ziehe es vor, in diesen Predigten lediglich Andeutungen oder Zeichen des direkten Stils zu sehen. An ihren Nennwert zu glauben, heißt sich auf endlose Widersprüche einzulassen. So kommt im siebten Gesang von *La ida* [Der Hinweg] folgende volksliedhafte Strophe vor, die ihn ganz dem Bauern zuweist:

> *Limpié el facón en los pastos,*
> *Desaté mi redomón,*
> *Monté despacio, y salí*
> *Al tranco pa el cañadón.*

> Ich reinigte das Messer im Gras,
> band mein halbwildes Pferd los,
> saß langsam auf und ritt
> geschwind dem Hohlweg zu.

Ich brauche die Szene nicht von neuem zu schildern: Der Mann zieht aus, um zu töten, entsagungsvoll. Derselbe Mann, der später diese Moral von der Geschichte auftischen will:

> *La sangre que se redama*
> *No se olvida hasta la muerte.*
> *La impresión es de tal suerte*
> *Que a mi pesar, no lo niego,*
> *Cai como gotas de juego*
> *En la alma del que la vierte.*

> Das Blut, das man verschuldet,
> vergißt man nicht bis zum Tod.
> Der Eindruck ist so stark,

daß es zu meinem Kummer
fällt wie Feuertropfen
in die Seele dessen, der es vergießt.

Die wahre Ethik des *criollo* liegt im Bericht: die Ethik, die vermutet, daß vergossenes Blut nicht allzu denkwürdig ist und daß Männer eben manchmal töten. (Im Englischen gibt es die Redewendung »*kill his man*«, dessen wörtliche Übersetzung lautet: »*matar a su hombre*« [den Mann töten, den jeder Mann töten muß].) »Wer war zu meiner Zeit nicht einen Tod schuldig«, hörte ich eines Abends einen älteren Herrn sanftmütig klagen. Ich werde auch nicht jenen Mann aus der Vorstadt vergessen, der mir würdevoll versicherte:»Ich habe in meinem Leben viele Male im Gefängnis gesessen, Señor Borges, aber immer nur wegen Totschlag.«

So gelange ich durch Eliminierung der traditionellen Marotten zu einer unmittelbaren Betrachtung des Poems. Vom ersten entscheidenden Vers an, der es einleitet, ist es fast durchweg in der ersten Person geschrieben: eine Tatsache, der ich grundlegende Bedeutung zumesse. Fierro erzählt seine Geschichte vom reifen Mannesalter an, der Zeit, in der der Mann *ist*, nicht der Lehrzeit, in der er das Leben sucht. Das enttäuscht uns ein wenig. Nicht umsonst sind wir Leser von Dickens, dem Erfinder der Kindheit, und ziehen die Morphologie der Charaktere ihrem Erwachsensein vor. Wir würden gerne wissen, wie man zu Martín Fierro wird...

Was beabsichtigt Hernández? Die Geschichte von Martín Fierro zu erzählen und in dieser Geschichte seinen Charakter. Diesen Nachweis erbringen alle Episoden des Buchs. Die normalerweise »bessere, beliebige vergangene Zeit« des zweiten Gesangs ist die Wahrheit des Gefühls des Helden, nicht die Wahrheit des trostlosen Lebens auf den Estancias zur Zeit von Rosas. Der mannhafte Kampf mit dem Neger im siebten Gesang beruht weder auf den Wahrnehmungen beim Kampf noch auf den flüchtigen Lichtern und Schatten, aus denen die Erinnerung an ein Ereignis besteht, sondern auf dem Bericht des Landmanns Martín Fierro. (So wie Ricardo Güiraldes den Kampf halblaut zu besingen pflegte und mit dem herben Gezupf seiner Gitarrenbegleitung den Ausdruck des traurigen Muts betonte.) Alles bestätigt ihn; es mag genügen, einige Strophen hervorzuheben. Ich beginne mit dieser umfassenden Mitteilung eines Schicksals:

> *Había un gringuito cautivo*
> *Que siempre hablaba del barco*
> *Y lo ahugaron en un charco*
> *Por causante de la peste.*
> *Tenía los ojos celestes*
> *Como potrillito zarco.*

> Es war ein gefangener Gringo,
> der redete immer vom Schiff
> und wurde in einem Tümpel ertränkt
> als Urheber der Pest.
> Er hatte himmelblaue Augen
> wie ein blauäugiges Fohlen.

Neben den vielen beklagenswerten Umständen – Grausamkeit und Nutzlosigkeit dieses Todes, wahrscheinliche Erinnerung an das Schiff, der seltene Umstand, daß einer, der das Meer unbeschadet überquert hat, in der Pampa ertränkt wird – beruht die Hauptwirkung der Strophe auf der Nachschrift oder dem pathetischen Erinnerungssatz: »Er hatte himmelblaue Augen wie ein blauäugiges Fohlen«, so bezeichnend für jemanden, der annimmt, daß eine Sache bereits berichtet ist, und dem die Erinnerung ein weiteres Bild zurückgibt.

Nicht weniger grundlos übernehmen folgende Zeilen die erste Person:

De rodillas a su lao
Yo lo encomendé a Jesús.
Faltó a mis ojos la luz,
Tuve un terrible desmayo.
Caí como herido del rayo
Cuando lo vi muerto a Cruz.

An seiner Seite kniend
empfahl ich ihn Jesus.
Meinen Augen gebrach das Licht,
schreckliche Ohnmacht befiel mich.
Ich fiel wie verwundet vom Blitz,
als ich Cruz tot liegen sah.

Als er Cruz tot liegen sah. Fierro unterstellt, aus Scham über den Kummer, das Sterben des Gefährten als wahr und gibt vor, es gezeigt zu haben.

Diese Postulierung einer Wirklichkeit scheint mir für das ganze Buch bedeutsam. Sein Thema – ich wiederhole es – ist nicht die nicht mögliche Darstellung aller Ereignisse, die das Bewußtsein eines Mannes durchzogen haben, auch nicht der entstellte winzige Teil von ihnen, den die Erinnerung wiederzugewinnen vermag, sondern die Erzählung des Landmanns selbst, des Menschen, der sich beim Erzählen zeigt. Das Vorhaben umfaßt somit eine doppelte Erfindung: die der Episoden und die der rückblickenden oder unmittelbaren Empfindungen des Helden. Dieses Hin und Her verbietet die Erklärung einiger Einzelheiten: Wir wissen zum Beispiel nicht, ob die Versuchung, die Frau des ermordeten Negers auszupeitschen, Brutalität des Betrunkenen ist oder – was wir vorziehen würden – die Verzweiflungstat eines Kopflosen, und diese Ratlosigkeit über die Beweggründe macht alles wirklicher. Bei dieser Diskussion der Episoden interessiert mich weniger der Zwang zu einer bestimmten These als folgende zentrale Überzeugung: Der *Martín Fierro* ist romanhaft angelegt, was bis in die Einzelheiten geht. *Martín Fierro* ist ein

Roman, ein Roman instinktiven oder vorbedachten Aufbaus: Das ist die einzige Definition, welche genau die Art des Vergnügens zu erklären vermag, das er uns gewährt und das zu seiner Zeit paßt, ohne Ärgernis zu erregen. Diese ist, wer weiß es nicht, das Jahrhundert des Romans schlechthin: das von Dostojewski, Zola, Butler, Flaubert, Dickens. Ich zitiere diese bekannten Namen, ziehe es jedoch vor, den Namen unseres *criollo* mit dem jenes anderen Amerikaners zu verbinden, der gleichfalls ein Leben hatte, in dem Zufall und Erinnerung reichlich vorhanden waren: der vertraute, hier unerwartete Mark Twain des *Huckleberry Finn*.

Ich sagte, ein Roman. Man wird mich daran erinnern, daß die antiken Epen eine Vorform des Romans darstellen. Einverstanden, aber das Buch von Hernández dieser frühen Kategorie zuzuordnen, heißt sich in einem Spiel nutzlos erschöpfen: Übereinstimmungen heucheln, jede Möglichkeit einer Prüfung denunzieren. Die Gesetze der Epik – heroisches Metrum, Eingreifen der Götter, hervorstechende politische Situation der Helden – sind hier nicht anwendbar. Die Bedingungen des Romans hingegen sind es.

Die vorletzte Fassung
der Wirklichkeit

Francisco Luis Bernárdez hat soeben mit leidenschaftlicher Anteilnahme die ontologischen Spekulationen des Buches *The Manhood of Humanity* (Das Mannesalter der Menschheit) besprochen; es ist vom Grafen Korzybski: ein Buch, das ich nicht kenne. Daher muß ich mich bei dieser allgemeinen Betrachtung über metaphysische Produkte dieses Edelmanns an die klare Darstellung von Bernárdez halten. Allerdings werde ich mich hüten, den schnurgeraden Aussagestil seiner Prosa mit meiner zweiflerischen und zaudernden zu versetzen. Ich beginne mit einer Wiedergabe des einführenden Résumés:

»Drei Dimensionen hat nach Korzybski das Leben: Länge, Breite und Tiefe. Die erste Dimension entspricht dem vegetativen Leben. Die zweite Dimension ist dem animalischen Leben vorbehalten. Die dritte Dimension ist gleichbedeutend mit dem menschlichen Leben. Das pflanzliche Leben ist der Länge nach ausgedehnt. Das animalische Leben ist der Breite nach ausgedehnt. Das menschliche Leben ist der Tiefe nach ausgedehnt.«

Hier ist, glaube ich, eine grundsätzliche Bemerkung zulässig, und zwar betrifft sie das Fragwürdige einer Weisheit, die sich nicht auf einen Gedanken stützt, sondern auf ein bloßes Klassifikationsschema, wie es hier die drei konventionellen Dimensionen sind. Ich sage »konventionell«, weil abgelöst voneinander keine der drei Dimensionen existiert; man gibt immer Volumina an, nie Oberflächen, Linien oder Punkte. Hier dagegen wird uns, mit großmütiger Schwatzhaftigkeit, eine Erklärung der drei konventionellen Einteilungen des Organischen – Pflanze-Tier-Mensch – mittels der nicht weniger konventionellen Raumeinteilungen – Länge-Breite-Tiefe

– geboten, wobei unter »Tiefe« der translatorische Charakter der Zeit verstanden werden soll. Angesichts der unberechenbaren und rätselhaften Wirklichkeit glaube ich nicht, daß die bloße Symmetrie zweier von Menschen getroffener Klassifikationen hinreichen soll, um Licht in sie zu bringen; das ist wohl nichts als ein eitles mathematisches Spiel. Bernárdez fährt fort:

»Die vegetative Lebenskraft ist bestimmt durch ihren Hunger nach Sonne, die animalische Lebenskraft durch ihren Drang nach Raum. Jene ist statisch, diese ist dynamisch. Der Lebensstil der Pflanzen, geradliniger Geschöpfe, ist reine Beharrung. Der Lebensstil der Tiere, schweifender Geschöpfe, ist freie Bewegung.

Der substantielle Unterschied zwischen dem pflanzlichen und dem tierischen Leben gründet sich auf einen Begriff. Den Begriff des Raums. Die Pflanzen wissen nichts von ihm; die Tiere besitzen ihn. Die einen, sagt Korzybski, leben durch Ansammlung von Energie; die anderen durch Anhäufung von Raum. Über beide Daseinsweisen, die statische und die erratische, breitet das menschliche Dasein seine überlegene Eigenart aus. Worin besteht diese hochüberlegene Eigenart des Menschen? Darin, daß er, nah verwandt der Pflanze, die Energie ansammelt, sowie dem Tier, das Raum anhäuft, als Mensch Zeit ansammelt.«

Dieser Versuch einer Dreigliederung der Welt sieht nach einer Abweichung oder Ableitung von der Viergliederung Rudolf Steiners aus. Doch kommt Steiner, mit dem Universum um eine Größe freigebiger, von der Naturgeschichte her, nicht von der Geometrie, und erblickt im Menschen eine Art Katalog oder Résumé des nichtmenschlichen Lebens. Er läßt die in reiner *Zuständlichkeit* beharrenden Minerale dem Todeszustand des Menschen entsprechen, die heimliche und stille Lebensart der Pflanzen dem Schlafzustand und die ausschließlich aktuelle und vergeßliche Lebensverfassung der Tiere dem Traumzustand des Menschen. (Fest steht – und das ist die plumpe Wahrheit –, daß wir die ewigen Leichname der ersten zertrümmern, daß wir das Schlafen der anderen dazu nutzen, sie zu verschlingen und gar einer Blüte zu berauben, und daß wir das Träumen der letztgenannten bis zum Albtraum schänden. Die Lebensminute eines Pferdes, die einzige Minute, die es hat – eine ausweglose Minute von der Größe einer Ameise, die sich weder in Erinnerungen noch in Hoffnungen ausdehnt –, nehmen wir in Beschlag, indem wir es zwischen die Deichselstangen eines Karrens sperren, unter der *criollo*- oder heiligmäßig-gewerkschaftlichen Fuchtel des Karrenführers.) Herr über diese drei Hierarchien ist, nach Steiner, der Mensch, der außerdem das *Ich* hat: das heißt, das Vergangenheitsgedächtnis und das Zukunftswissen, das heißt, die Zeit. Wie man sieht, ist die den Menschen verliehene Auszeichnung, derzufolge sie die einzigen Bewohner der Zeit, vorausblickende und historische Unica sind, kein originaler Gedanke Korzybskis. Ebensowenig ist es seine – ebenfalls staunenerregende – Folgerung, daß die Tiere sich in der reinen Aktualität oder Ewigkeit und somit außerhalb der Zeit befinden. Steiner lehrt dies; Schopenhauer postuliert es ständig in jenem Traktat im zweiten Band der *Welt als Wille und Vorstellung*, der sich bescheiden Kapitel nennt und vom Tode handelt. Mauthner (*Wörterbuch der Philosophie* III, p. 436) faßt den Gedanken ironisch. »Anscheinend«, schreibt er, »haben die Tiere nur dunkle Vorahnungen von der zeitlichen Abfolge und von der Dauer. Der Mensch hingegen, vor allem wenn er ein Psychologe der neuen Schule ist, kann in der Zeit zwischen zwei Eindrücken unterscheiden, wenn sie auch nur um $1/_{500}$ Sekunde auseinanderliegen.« Gaspar Martín, der sich in Buenos Aires der Metaphysik befleißigt, erhebt diese Zeitlosigkeit der Tiere und auch der kleinen Kinder zur unumstrittenen Tatsache. Er schreibt wie folgt: »Die Zeitidee fehlt bei den Tieren, und erst beim Menschen von fortgeschrittener Kultur tritt sie zum erstenmal hervor« (*El tiempo*, 1924). Ob es von Schopenhauer oder Mauthner ist, ob aus der theosophischen Überlieferung oder gar von Korzybski: Jedenfalls ist diese Vision des sukzessiven und ordnenden menschlichen Bewußtseins gegenüber dem momentanen Universum in der Tat grandios.*

Der Interpret fährt fort: »Der Materialismus sprach zum Menschen: Bereichere dich am Raum. Und der Mensch vergaß seine eigentliche Aufgabe. Seine vornehme Aufgabe, Zeit anzusammeln. Ich will damit sagen, daß der Mensch auf die Besitzergreifung der sichtbaren Dinge ausging. Auf die Eroberung von Personen und Territorien. So entstand der trügerische Fortschrittsglaube. Und als gewaltsame Folgeerscheinung entstand der Schatten des Fortschrittsglaubens. Es entstand der Imperialismus.

Somit stellt sich die Aufgabe, dem Menschen seine dritte Dimension zurückzuerstatten. Sie muß notwendig vertieft werden. Es tut not, die Menschheit auf den Weg ihrer vernünftigen und gültigen Bestimmung zu bringen. Der Mensch soll wieder Jahrhunderte kapitalisieren statt Meilen. Das menschliche Leben soll intensiver sein, nicht extensiver.«

Ich bekenne, daß ich das Vorangehende nicht verstehe. Ich halte die Gegenüberstellung zweier unkontrastierbarer Begriffe wie Raum und Zeit für illusorisch. Mir ist klar, daß dieser Irrtum eine erlauchte Genealogie hat, und daß unter seinen Ahnen der hehre Name Spinozas ist, der seiner indifferenten Gottheit – *Deus sive natura* – als Attribute das Denken (nämlich das Zeitbewußtsein) und die Ausdehnung (nämlich den Raum) mitgab. Ich glaube, für einen guten Idealismus ist der Raum nur eine der Formen, aus denen sich der befrachtete Fluß der Zeit bildet. Er ist eine der Episoden der Zeit und befindet sich, entgegen dem natürlichen Konsensus der Ametaphysiker, innerhalb der Zeit, nicht umgekehrt. Mit anderen Worten: Die räumliche Relation – höher, links, rechts – ist eine Spezifizierung wie viele andere, aber keine Kontinuität.

Im übrigen ist die Anhäufung von Raum nicht das Gegenteil der Anhäufung von Zeit; sie ist nur eine der Arten, diese allein uns vorbehaltene Operation durchzuführen. Die Eng-

---

* Man müßte noch den Namen Senecas nennen (*Briefe an Lucilius,* 124).

länder, als sie, dem beiläufigen oder genialen Impuls des Schreibers Clive oder Warren Hastings' folgend, Indien eroberten, häuften nicht nur Raum an, sondern Zeit: das heißt Erfahrungen, Erfahrungen von Nächten und Tagen, Ödstrecken, Gebirgen, Städten, Kriegslisten, Heldentaten, Verrätereien, Schmerzen, Schicksalen, Todesfällen, Seuchen, wilden Tieren, Glückseligkeiten, Riten, Kosmogonien, Dialekten, Göttern, Kulten.

Ich kehre zur metaphysischen Betrachtung zurück. Der Raum ist ein Ereignis in der Zeit, nicht aber eine universale Anschauungsform, wie Kant betonte. Es gibt ganze Provinzen des Seins, die ohne ihn auskommen: die des Geruchs und des Gehörs. Spencer, in seiner Strafuntersuchung der Gedankengänge der Metaphysiker (*Principles of Psychology*, VII, 4), hat diese Unabhängigkeit sauber durchdacht und verleiht ihr nach zeilenlangen Ausführungen mit folgender *reductio ad absurdum* Nachdruck: »Wer meinen sollte, daß Geruch und Ton als intuitive Anschauungsform den Raum haben, kann sich von seinem Irrtum leicht überzeugen, indem er lediglich nach der linken oder rechten Seite eines Tons sucht oder sich die Rückseite eines Geruchs vorstellt.«

Schopenhauer hatte bereits, mit geringerer Extravaganz und größerer Ergriffenheit, diese Wahrheit ausgesprochen: »Die Musik ist eine so unmittelbare Objektivation des Willens, wie die Welt selbst es ist« (op. cit. Bd. I, Buch 3, Kap. 52). Hier wird das Postulat erhoben, daß die Musik der Welt nicht bedarf.

Ich möchte diese zwei berühmten Vorstellungen durch eine eigene ergänzen, die von ihnen abgeleitet ist und den Zugang zu ihnen erleichtert. Stellen wir uns vor, das gesamte Menschengeschlecht käme mit Realitäten aus, die ihm lediglich durch das Gehör und den Geruchssinn vermittelt würden. Stellen wir uns vor, daß somit die Gesichts-, die Tast- und die Geschmackswahrnehmungen samt dem Raum, den sie definieren, fortfielen. Stellen wir uns weiter vor – logische Steigerung – eine feinere Wahrnehmung dessen, was die verbleibenden Sinne verzeichnen. Die Menschheit – die für uns durch eine derartige Katastrophe ins Gespenstische abrücken würde – führe fort, ihre Geschichte weiter zu spinnen. Die Menschheit vergäße, daß es einen Raum gegeben hat. Das Leben – in seiner unbeschwerlichen Blindheit und Leiblosigkeit – wäre so leidenschaftlich und deutlich wie unser Leben. Von dieser hypothetischen Menschheit (nicht weniger überströmend von Willenskräften, Zärtlichkeit, Unbedachtheiten) will ich nicht behaupten, daß sie in der sprichwörtlichen Nußschale Platz fände: Ich sage, daß sie außerhalb und außer Bewußtsein von jedem Raum wäre.

1928

Die abergläubische Ethik des Lesers

Der dürftige Zustand unserer Literatur, ihr Unvermögen zu fesseln, haben eine abergläubische Vergötzung des Stils, eine zerstreute, nur einseitig aufmerksame Art zu lesen hervorgebracht. Menschen, die von diesem Aberglauben befallen sind, verstehen unter Stil nicht die Wirksamkeit oder Unwirksamkeit einer Seite, sondern die augenfälligen Fertigkeiten des Autors: seine Vergleiche, seine Akustik, die Beiläufigkeiten seiner Interpunktion und seiner Syntax. Der eigentlichen Überzeugung oder Emotion stehen sie gleichgültig gegenüber: sie suchen nach »Technikerien« (das Wort stammt von Miguel de Unamuno), die sie darüber belehren sollen, ob das Geschriebene ein Recht hat oder nicht, ihnen zu gefallen. Sie haben gehört, daß die Verwendung des Adjektivs nicht gewöhnlich sein darf und nennen eine Seite schlecht geschrieben, wenn sie keine überraschenden Verbindungen von Adjektiven und Substantiven aufweist, auch wenn sie insgesamt ihre Aufgabe erfüllt. Sie haben gehört, daß konzise Knappheit eine Stärke ist und halten den für konzis, der bei zehn kurzen Sätzen verweilt, nicht den, der einen langen beherrscht. (Maßgebende Beispiele dieser Scharlatanerie der Knappheit, dieser sentenziösen Zügellosigkeit finden wir bei dem berühmten dänischen Staatsmann Polonius im *Hamlet* oder bei dem leibhaftigen Polonius, Baltasar Gracián.) Sie haben gehört, daß die Wiederholung benachbarter Silben Kakophonie sei und geben vor, daß sie in der Prosa ihren Ohren weh tue, obwohl sie ihnen im Gedicht besonderen Genuß verschafft, auch dies, wie ich glaube, vorgeblich. Das heißt: Sie richten ihr Augenmerk nicht auf die Leistung des gesamten Mechanismus, sondern auf die Anordnung seiner Teile. Sie bringen die Gemütsbewegung unter das Diktat der Ethik oder vielmehr: einer undiskutierten Etikette. Diese Hemmung ist so allgemein geworden, daß es kaum noch Leser im eigentlichen Sinn des Wortes gibt, sondern alle sind potentielle Kritiker.

So allgemein anerkannt ist dieser Aberglaube, daß niemand wagenwird, von Werken, an denen ihm liegt, zu sagen – vor allem wenn es klassische Werke sind –, sie hätten keinen Stil. Kein Buch ohne stilistisches Kennwort: Darauf kann niemand verzichten, mit Ausnahme dessen, der das Buch geschrieben hat. *Don Quijote* mag uns als Beispiel dienen. Die spanische Kritik hat sich angesichts der erwiesenen Vortrefflichkeit dieses Romans nicht zu dem Gedanken entschließen können, daß sein größter (vielleicht einzig unwiderlegbarer) Wert der psychologische ist; vielmehr schreibt sie ihm Stiltalente zu, die manchen mysteriös anmuten werden. In Wahrheit braucht man nur ein paar Abschnitte des *Don Quijote* durchzugehen, um festzustellen, daß Cervantes kein Stilist war (jedenfalls nicht in der heutigen akustisch-dekorativen Bedeutung des Wortes) und daß ihn die Schicksale Quijotes und Sanchos viel zu sehr interessierten, als daß er sich von seiner eigenen Stimme hätte ablenken lassen. Die *Agudeza y arte de ingenio* von Baltasar Gracián, die sich so lobend über andere narrative Prosatexte äußert, wie etwa über den *Guzman de Alfarache*, bringt es nicht über sich, *Don Quijotes* zu gedenken. Quevedo versifiziert spaßhaft seinen Tod und vergißt ihn. Man wird einwenden, die beiden angeführten Beispiele seien negativ; in unserer Zeit hat Leopoldo Lugones ein unmißverständliches Urteil gefällt: »Der Stil ist Cervantes' schwache Seite, und die Verheerungen, die sein Einfluß angerichtet hat, sind schlimm. Mangel an Farbe, Unsicherheit im Satzbau, keuchende Absätze, die an kein Ende kommen wollen und sich in endlosen Verschachtelungen ergehen; Wiederholungen, mangelnde Proportion: So steht es um das Vermächtnis, das jenen verblieb, die lediglich in der Form die höchste Vollendung des unsterblichen Wracks erblicken wollten und die sich damit begnügten, die Schale zu benagen, deren Unebenheiten die Stärke und den Geschmack verborgen hielten« (*El imperio jesuítico*, p. 59). So ließ sich auch Paul

167

Groussac vernehmen: »Wenn die Dinge so geschildert werden sollen, wie sie sind, müssen wir uns eingestehen, daß gut die Hälfte des Werks auf die Form hin betrachtet klapperig und reizlos ist, weshalb die Rivalen von Cervantes mit ihrem Hinweis auf seine ›dürftige Sprache‹ in vollem Maße recht behalten. Ich beziehe mich hiermit nicht allein und in erster Linie auf die Ungehörigkeiten der Wortwahl, auf die unerträglichen Wiederholungen und die abgedroschenen Wendungen, auch nicht auf die Proben hochtrabender Beredsamkeit, deren Schwerfälligkeit bedrückt, sondern auf die im großen und ganzen kraftlose Struktur dieser Nachtischprosa« (*Crítica literaria*, p. 41). Nachtischprosa, Konversations-, nicht Deklamationsprosa schreibt Cervantes, und eine andere hat er nicht nötig. Ich möchte meinen, dasselbe lasse sich mit Recht von Dostojewski, Montaigne und Samuel Butler behaupten.

Die Stileitelkeit findet vertieften Ausdruck in einer anderen, rührenderen Eitelkeit: dem Perfektionswahn. Es gibt keinen Versdichter, der nicht, mag er noch so läppisch und nichtig sein, an seinem vollkommenen Sonett gefeilt hat (das Verb taucht dann auch in seiner Konversation auf), um ein winziges Monument zu errichten, das über seine etwaige Unsterblichkeit wacht und dem die Neuerungen und Zerstörungen der Zeit Achtung zollen sollen. Im allgemeinen hat er es auf ein Sonett ohne Bruchstellen abgesehen, das jedoch im ganzen gesehen Bruch ist: das heißt ein Überrest, nichtsnutzig. Dieses falsche Vertrauen in das Überdauern (Sir Thomas Browne: *Urn burial*) hat Flaubert formuliert und anempfohlen, und zwar mit folgendem Satz: »Die Korrektur (im höchsten Sinne des Wortes) wirkt auf den Gedanken ebenso, wie das Wasser des Styx auf den Leib des Achilles wirkte: sie macht ihn unverwundbar und unzerstörbar« (*Correspondance* II, p. 199). Das Urteil ist bündig, nur ist mir noch nie ein Fall vorgekommen, der es bestätigt hätte. (Ich sehe ab von den tonischen Wirkungen des Styx; diese Unterweltsreminiszenz ist kein Argument, sondern eine Emphase.) Die vollkommene

Seite, die Seite, auf der kein Wort ohne Schaden verändert werden kann, ist von allen die gefährdetste. Sprachliche Veränderungen verwischen die mitschwingenden Bedeutungen und die Nuancen; die »vollkommene« Seite besteht aber gerade aus diesen feinen Abtönungen und ist der Abnutzung am meisten ausgesetzt. Dagegen kann umgekehrt die Seite, die zur Unsterblichkeit berufen ist, das Fegefeuer der Druckfehler, der annähernden Wendungen, der unachtsamen Lesarten, des Unverständnisses durchmessen, ohne bei dieser Feuerprobe ihre Seele einzubüßen. Es ist sträflich, auch nur eine der von Góngora fabrizierten Zeilen abzuändern (versichern die Herausgeber, die den Originaltext wiederherstellen); dagegen gewinnt der *Don Quijote* im Kampf mit seinen Übersetzern posthume Schlachten und überlebt jede verwahrloste Fassung. Heine, der ihn nie auf Spanisch gehört hat, brachte ihn zu ewigem Ruhm. In dem deutschen, dem skandinavischen, dem indischen Geist des *Quijote* steckt mehr Leben als in den ängstlich beflissenen Wortklaubereien der Stilisten.

Es wäre mir unlieb, sollte die Moral dieser Feststellung so verstanden werden, als entspringe sie der Verzweiflung oder dem Nihilismus. Ich habe nicht vor, Nachlässigkeiten das Wort zu reden; auch glaube ich nicht an eine mystische Kraft des plumpen Satzes und des gestümperten Epithetons. Ich behaupte nur, daß der bewußte Verzicht auf diese zwei oder drei Zierden minderen Ranges – Zerstreuungen: optische der Metapher, akustische des Rhythmus, überraschende von Interjektion und Hyperbaton – für gewöhnlich der Beweis sind, daß der Schriftsteller von der Leidenschaft für ein Thema beherrscht ist, mehr nicht. Die Sprödheit eines Satzes läßt die echte Literatur so gleichgültig wie seine melodische Weichheit. Sparsamkeit in der Prosodie ist der Kunst genau so fremd wie Kalligraphie oder Rechtschreibung oder Interpunktion: eine Tatsache, die uns die juristischen Anfänge der Rhetorik und die musikalischen des Gesangs von jeher verdeckt haben. Am liebsten vergreift sich die heutige Literatur in der Emphase. Endgültige Wörter, Wörter, die auf die Weisheit von Hellsehern oder Engeln Anspruch erheben oder auf eine übermenschliche Entschlossenheit – *einzig, niemals, stets, alles, Vollkommenheit, vollendet* –, gehören zur Umgangssprache *jedes* Schriftstellers. Er bedenkt nicht, daß etwas zuviel sagen genau so ungeschickt ist wie gar nichts sagen, und daß die unbekümmerte Verallgemeinerung und Übertreibung von Armut zeugt, und so empfindet sie auch der Leser. Diese Unbedachtheiten führen zu einer Abwertung der Sprache. So etwa, wenn im Französischen »*Je suis navré*« nur noch soviel bedeutet wie »Ich komme nicht zu Ihnen zum Tee« und wenn »*aimer*« zu »mögen« heruntergekommen ist. Diese Neigung des Französischen zum Hyperbolischen ist in der Schriftsprache genauso anzutreffen. Paul Valéry, der Heros der von ihm organisierten geistigen Klarheit, zitiert ein paar vergängliche und vergessene Verszeilen von Lafontaine und behauptet von ihnen (gegen irgendjemanden): »*ces plus beaux vers du monde*« (*Variété*, 84).

Jetzt möchte ich mich an die Zukunft erinnern, nicht an die Vergangenheit. Gibt es doch, glückliches Zeichen, die stille Lektüre noch. Gibt es doch noch den stummen Leser von Versen. Von diesem verschwiegenen Talent bis zu einer rein ideographischen Schrift – unmittelbare Mitteilung von Erlebnissen, nicht von Lauten – ist der Weg unüberwindlich weit, aber die Zukunft ist noch weiter.

Ich überlese noch einmal diese abschätzigen Zeilen und denke: Ich weiß nicht, ob die Musik an der Musik verzweifeln kann, der Marmor am Marmor, aber die Literatur ist eine Kunst, die jene Zeit prophezeien kann, da sie verstummt sein wird, die imstande ist, gegen die eigene Kraft zu wüten, sich in die eigene Auflösung zu verlieben und ihr Ende zu umwerben.

1930

Der andere Whitman

Als der vor Zeiten lebende Kompilator des Buches Sohar eine Mitteilung über seinen unbestimmten Gott wagen mußte – eine so reine Gottheit, daß nicht einmal das Attribut des *Seins* sich ohne Blasphemie auf sie anwenden läßt –, ersann er eine ungeheuerliche Art, von ihm zu sprechen. Er schrieb, sein Angesicht sei dreihundertundsiebzigmal größer als zehntausend Welten; er meinte damit, daß das Riesenhafte eine Form des Unsichtbaren und selbst des Abstrakten sein kann. So verhält es sich auch mit Whitman. Seine Kraft ist derart überwältigend und derart offenkundig, daß wir nur wahrnehmen, daß sie stark ist.

Schuld daran ist im Grunde niemand. Wir Bewohner der verschiedenen Amerikas sind miteinander so wenig in Verbindung, daß wir uns höchstens über Dritte kennenlernen, auf dem Weg über Europa. In solchen Fällen pflegt Europa Synekdoche für Paris zu sein. Paris hat weniger Interesse für Kunst als für Kunstpolitik; man beachte nur die Cliquentradition seiner Literatur und seiner Malerei, immer gelenkt von Komitees und mit den jeweiligen politischen Dialekten: dem parlamentarischen, der von Linken und Rechten redet, und dem militärischen, der von Vorhuten und Nachhuten spricht. Genauer gesagt: Sie interessiert die Ökonomie der Kunst, nicht deren Ergebnisse. Die Ökonomie der Verse Whitmans war für sie derart unerhört, daß sie sie nicht Whitman zuerkannten. Lieber klassifizierten sie ihn, rühmten seine »*licence majestueuse*« und machten aus ihm den Vorläufer der zahlreichen einheimischen Erfinder des »*vers libre*«. Außerdem ahmten sie den am leichtesten abzuwrackenden Teil seiner Diktion nach: die selbstgefälligen Aufzählungen geographischer, geschichtlicher und gegenständlicher Art, die Whitman aneinanderreihte, um einer Prophezeiung Emersons über den Amerikas würdigen Dichter zu genügen. Diese Nachahmungen und Reminiszenzen waren der Futurismus, der Unanimismus. Sie waren und sind die gesamte französische Dichtung unserer Zeit, außer jener, die sich von Poe herleitet. (Von der guten Theorie Poes, will ich damit sagen, nicht von seiner schlechten Praxis.) Viele bemerkten nicht einmal, daß die Aufzählung eines der ältesten poetischen Verfahren ist – man denke an die Psalmen der Bibel, an den ersten Chor der *Perser* und an den Schiffskatalog von Homer –, und daß ihre Haupttugend nicht die Länge ist, sondern die feinfühlige Wortfügung, die »Sympathien und Differenzen« der Wörter. Das wußte Whitman sehr wohl:

> *And of the threads that connect the stars and of*
> *wombs and of the father-stuff*

Oder:

> *From what the divine husband knows, from the work*
> *of fatherhood*

Oder:

> *I am as one disembodied, triumphant, dead.*

Insgesamt hat das Erstaunen zu einem verfälschten Whitman-Bild geführt: dem Bild eines nur bejahenden und weltlichen Menschen, eines aufdringlichen Hugo, den man leichtfertig den Menschen erneut angetan hat. Daß Whitman in sehr vielen seiner Gedichte dieser Unglücksfall war, will ich nicht bestreiten; mir genüge es zu zeigen, daß er in anderen, besseren der Dichter eines nervigen, verhaltenen Lakonismus war, ein Mann mit vermitteltem, nicht deklamiertem Schicksal. Keine bessere Demonstration als die Übersetzung einiger seiner Gedichte:

Einmal kam ich durch eine volkreiche Stadt und prägte
  für künftigen Gebrauch meinem Hirn ein ihre Anblicke,
  ihre Architektur, ihre Gewohnheiten, ihre Traditionen.
Doch ist jetzt von dieser ganzen Stadt in meiner Erinnerung
  nur noch eine Frau, die ich zufällig dort traf
  und die mich durch Liebe festhielt.
Tag für Tag und Nacht für Nacht waren wir beisammen –
  alles andere habe ich längst vergessen.
In meiner Erinnerung, sage ich, ist nur diese Frau,
  die mich leidenschaftlich umschlang.
Wieder streifen wir umher, wir lieben, wir trennen uns wieder,
  wieder hält sie meine Hand, ich darf nicht gehen.
Ich sehe sie dicht neben mir, mit stummen Lippen, traurig
  und bebend.

When I read the book

Als ich das Buch las, die berühmte Biographie –
und das ist es also (sagte ich), was der Autor ein
  Menschenleben nennt?
Und so wird irgendjemand, wenn ich tot und vergangen bin,
  mein Leben schreiben?
(Als ob überhaupt jemand etwas von meinem Leben wüßte,
weiß ich doch selber, denke ich oft, nur wenig oder nichts von
  meinem eigentlichen Leben,
nur ein paar Winke, ein paar undeutliche, schwache Hinweise
  und Andeutungen
suche ich für meinen eigenen Nutzen hier aufzuspüren.)

When I heard the learned astronomer

Als ich den gelehrten Astronomen hörte,
als mir die Beweise, die Figuren in Kolonnen vorgeführt
  wurden,

als mir die Karten und Diagramme gezeigt wurden, zum
    Addieren, zum Teilen und Messen,
als ich da saß und den Astronomen hörte, in dem Saal, wo er
    mit viel Beifall seine Vorlesung hielt –
wie bald wurde ich da unerklärlich müde und verdrossen,
bis ich aufstand, hinausschlich und allein fortwanderte
in der mystisch feuchten Nachtluft und von Zeit zu Zeit
hinaufsah in völliger Stille zu den Sternen.

So Whitman. Ich weiß nicht, ob eigens betont werden muß –
ich kam erst kürzlich darauf –, daß diese drei Bekenntnisse
das gleiche Thema behandeln: die eigenartige Poesie des Will-
kürlichen und die Entbehrung. Die Vereinfachung unserer
Erinnerung am Ende, Unerkennbarkeit und Schamhaftigkeit
unseres Daseins, Verneinung intellektueller Schemata und
Bejahung der ursprünglichen Wahrnehmungen der Sinne:
dies sind die jeweiligen Lehren dieser Gedichte. Es ist, als
wolle Whitman zu uns sagen: »Unvermutet und flüchtig ist
die Welt, aber gerade ihre Zufälligkeit ist Reichtum, da wir
nicht einmal bestimmen können, wie arm wir sind, da ja alles
Geschenk ist.« Eine Lehre von der Mystik der Bedürfnislosig-
keit, und ausgerechnet aus Nordamerika?

Eine letzte Anregung. Ich glaube, daß Whitman – ein
unendlich einfallsreicher Mann, in fremden Augen zum bloß
Gigantischen vereinfacht – ein symbolischer Auszug seines
Vaterlandes ist. Die magische Geschichte von den Bäumen,
die den Wald verbergen, kann in magischer Umkehr verdeut-
lichen, was ich meine. Denn einmal gab es einen so unendlich
großen Wald, daß niemand mehr daran dachte, daß er aus
Bäumen bestand; denn zwischen zwei Ozeanen lebt eine Nation von Menschen, so stark, daß im allgemeinen niemand
daran denkt, daß sie aus Menschen besteht. Aus Menschen
der *condition humaine*.

1929

Eine Rechtfertigung der Kabbala

Weder ist dies hier das erste Mal, daß eine Rechtfertigung der Kabbala unternommen wird, noch wird es das letzte Mal sein, daß sie scheitert, aber durch zwei Umstände unterscheidet sie sich von früheren Versuchen. Der eine ist meine nahezu völlige Unkenntnis des Hebräischen; der andere ist der Umstand, daß ich nicht die Lehre verteidigen will, sondern die hermeneutischen oder kryptographischen Verfahren, die zu ihr hinführen. Diese Verfahren sind bekanntlich die vertikale Lesart der heiligen Texte, die sogenannte *bouestrophedon*-Lesart (von rechts nach links und die folgende Zeile von links nach rechts), der methodische Austausch bestimmter Buchstaben des Alphabets gegen andere, die Summe des Zahlenwerts der Buchstaben usw. Über dergleichen Operationen zu spotten ist leicht; ich bemühe mich lieber, sie zu verstehen.

Ihre ferne Ursache ist offenbar die Vorstellung der mechanischen Inspiration der Bibel. Dieses Konzept, das aus Evangelisten und Propheten unpersönliche Sekretäre Gottes macht, die nach Diktat schreiben, drückt mit unverblümter Energie die *Formula consensus helvetica* aus, die für die Konsonanten der Schrift Autorität beansprucht, ja sogar für die diakritischen Zeichen – die den frühen Fassungen unbekannt waren. (Diese buchstabengenaue Erfüllung der literarischen Absichten Gottes im Menschen ist die Inspiration oder der Enthusiasmus, ein Wort, dessen genaue Bedeutung Gottbegeisterung ist.) Die Bekenner des Islam können sich rühmen, diese Hyperbel noch zu überbieten, da sie beschlossen haben, daß das Original des Koran – der *Mutter des Buches* – eines der Attribute Gottes ist, wie Sein Erbarmen oder Sein Zorn, und sie halten dafür, daß er früher als die Sprache und früher als die Schöpfung ist. Ebenso gibt es lutherische Theologen, die sich nicht getrauen, die Heilige Schrift unter die geschaffenen Dinge aufzunehmen und sie als eine Inkarnation des Geistes definieren.

Des Geistes: Hier streift uns schon ein Mysterium. Nicht die Gottheit allgemein, sondern die dritte Hypostase der Gottheit war es, die die Bibel diktierte. Das ist die allgemeine Auffassung; Bacon schrieb 1625: »Der Stift des Heiligen Geistes hat bei den Trübsalen Hiobs länger verweilt als bei den Glückseligkeiten Salomonis.«* Ebenso sein Zeitgenosse John Donne: »Der Heilige Geist ist ein beredter Schriftsteller, ein feuriger und reichhaltiger Schriftsteller, aber kein Schwätzer; so fern von einem dürftigen wie von einem überladenen Stil.«

Unmöglich, den Heiligen Geist zu definieren und die grausige dreieinige Gesellschaft, deren Teil er ist, zu verschweigen. Die Laienkatholiken sehen in ihr ein unendlich korrektes, aber auch unendlich langweiliges Kollegium; die Liberalen einen eitlen theologischen Zerberus, einen Aberglauben, mit dem die zahlreichen Fortschritte des Jahrhunderts schon aufräumen werden. Die Trinität reicht selbstverständlich über diese Formeln hinaus. Auf Anhieb stellt sich der Phantasie ihre Auffassung von einem Vater, einem Sohn und einem Geist, die in einem einzigen Organismus ausgebildet sind, als ein Fall von intellektueller Teratologie dar, als Mißgeburt, die nur das Grauen eines Albtraums gebären konnte. So glaube ich, doch versuche ich zu bedenken, daß jeder Gegenstand, dessen Zweck wir nicht kennen, zunächst monströs ist. Zu dieser allgemeinen Beobachtung kommt hier erschwerend das Berufsgeheimnis des Gegenstandes.

Abgetrennt vom Erlösungsbegriff, muß die Unterscheidung dreier Personen in einer einzigen willkürlich scheinen. Erblickt man in ihr eine Glaubensnotwendigkeit, so lichtet sich zwar nicht ihr fundamentales Geheimnis, aber Endzweck und Aufgabe treten hervor. Wir sehen ein, daß ein Verzicht auf die Trinität – oder zumindest die Dualität – aus Jesus den gelegentlichen Abgesandten des Herrn, einen Zwischenfall der Geschichte machen würde, nicht den unvergänglichen

---

* Ich folge der lateinischen Version: *Diffusius tractavit Jobis afflictiones*. Im Englischen hatte er stichhaltiger geschrieben: *Hath laboured more*.

fortdauernden Empfänger unserer Andacht. Wenn der Sohn nicht auch der Vater ist, so ist die Erlösung kein unmittelbar göttliches Werk; wenn er nicht ewig ist, so ist es auch nicht sein Opfer: daß er sich zum Menschen erniedrigt hat und am Kreuz gestorben ist. »Nichts Geringeres denn eine unendliche Vortrefflichkeit konnte einer auf unendliche Zeit verlorenen Seele genügen«, betonte Jeremy Taylor. So läßt sich das Dogma rechtfertigen, wenngleich die Begriffe der Zeugung des Sohns durch den Vater und des Hervorgehens des Heiligen Geistes aus beiden ketzerisch eine Priorität nahelegen, nicht zu reden davon, daß es bloße sträfliche Metaphern sind. Die Theologie, eifrig bemüht, sie zu unterscheiden, beschließt, daß es keinen Grund zur Verwechslung gibt, weil ja das Ergebnis der einen der Sohn, der anderen der Heilige Geist ist. Ewige Zeugung des Sohnes, ewiges Hervorgehen des Heiligen Geistes ist die hochmütige Entscheidung des Irenäus: die Erfindung eines zeitlosen Vorgangs, eines verstümmelten *zeitlosen Zeitworts*, das wir zurückweisen oder verehren, nicht aber diskutieren können. Die Hölle bedeutet lediglich physische Qual, die drei unentwirrbaren Personen hingegen geistiges Grauen, eine erstickte scheinbare Unendlichkeit wie die von opponierenden Spiegeln. Dante wollte sie symbolisch als reflektierende, durchsichtige, verschiedenfarbige Kreise, Donne als komplizierte, mächtige und unauflösliche Schlangen darstellen. »*Toto coruscat trinitas mysterio*«, schrieb der heilige Paulinus: »Ganz von Geheimnis starrt die Trinität.«

Wenn der Sohn die Aussöhnung Gottes mit der Welt ist, dann gibt es für den Heiligen Geist – das Prinzip der Heiligung, nach Athanasius; Engel unter den übrigen, für Macedonius – keine bessere Definition, als daß er Gottes Intimität mit uns, seine Immanenz in unserer Brust ist. (Für die Sozianer war er – mit zureichendem Grund, wie ich fürchte – nur eine personifizierte Redensart, eine Metapher der göttlichen Wirksamkeit, die späterhin bis zum Taumel strapaziert wurde.) Ob rein syntaktische Bildung oder nicht: so viel ist sicher, daß die undurchschaubare dritte Person der verwickelten Trinität der anerkannte Autor der heiligen Texte ist. Gibbon rechnet in jenem Kapitel seines Werks, das vom Islam handelt, in Bausch und Bogen auch mit den Publikationen des Heiligen Geistes ab, die man mit einer gewissen Schüchternheit als hundert und einige berechnet hat; was mich jedoch heute interessiert, ist die Genesis: Stoff der Kabbala.

Die Kabbalisten glaubten so wie heute noch viele Christen an die Göttlichkeit dieser Geschichte, an ihre wohlüberlegte Abfassung durch eine unendliche Geisteskraft. Die Folgerungen aus diesem Postulat sind zahlreich. Die zerstreute Absonderung eines gewöhnlichen Textes – so etwa der flüchtigen Zeitungsmeldungen – verträgt eine erkleckliche Menge an Zufälligkeit. Man teilt eine Tatsache mit, wobei diese postuliert wird: Man berichtet, daß der stets unregelmäßige Überfall des gestrigen Tages in der und der Straße, an der und der Ecke, um die und die Zeit am Vormittag stattgefunden hat; für dieses Mitteilungsschema kann niemand einstehen; es beschränkt sich darauf, uns den Ort Soundso anzugeben, von dem Informationen geliefert werden. Bei solchen Tatsachenmeldungen sind Länge und Wortlaut der Textabschnitte dem Zufall überlassen. Der entgegengesetzte Fall ist der von Versen, deren oberstes Gesetz gewöhnlich die Unterwerfung des Sinns unter die Notwendigkeiten (oder Wahnvorstellungen) des Wohlklangs ist. Das Zufällige in ihnen ist nicht der Klang; es ist vielmehr das, was sie bedeuten. So beim frühen Tennyson, bei Verlaine, beim späten Swinburne: Verse, die nur noch dem Ausdruck allgemeiner Empfindungen mittels der reichhaltigen Abenteuer ihrer Prosodie gewidmet sind. Betrachten wir einen dritten Schriftsteller: den Intellektuellen. Dieser hat in seiner Handhabung, sei es der Prosa (Valéry, de Quincey), sei es des Verses, nicht den Zufall mit Gewißheit ausgeschaltet, aber so weit wie möglich seine unberechenbare Mitwirkung abgewiesen und unterbunden. Auf entfernte Art vollzieht er eine Annäherung an den Herrn, für den der vage Begriff Zufall keinerlei Bedeutung hat. An den Herrn, den perfektionierten Gott der Theologen, der in einem Nu – *uno intelligendi actu* – nicht nur alle Vorgänge dieser übervollen Welt kennt, sondern auch jene, die eintreten würden, wenn sich die unscheinbarste unter ihnen änderte – die unmöglichen ebenfalls.

Stellen wir uns nun diese sternhafte Intelligenz vor, wenn sie sich daran begibt, sich offenbar zu machen, nicht in Dynastien noch in Vernichtungen noch in Vögeln, sondern in geschriebenen Worten. Stellen wir uns desgleichen vor, in Übereinstimmung mit der prä-augustinischen Theorie von der wörtlichen Inspiration, daß Gott Wort für Wort diktiert, was er zu sagen beabsichtigt.* Diese Prämisse (und sie war es, die die Kabbalisten übernahmen) macht aus der Schrift einen absoluten Text, bei dem die Mitwirkung des Zufalls mit Null zu beziffern ist. Allein die Vorstellung dieses Dokuments ist ein größeres Wunderwerk als alle, die auf seinen Seiten verzeichnet sind. Ein Buch, das für die Kontingenz undurchdringlich ist, ein Mechanismus unendlicher Absichten, unfehlbarer Variationen, lauernder Offenbarungen, Überlagerungen von Licht – wie sollte man es nicht bis zur Absurdität, bis zur Unzahl befragen, wie es die Kabbala tat?

1931

---

* Origenes schrieb den Worten der Schrift drei Bedeutungen zu: die historische, die moralische und die mystische, entsprechend dem Körper, der Seele und dem Geist, die den Menschen ausmachen; Johannes Scotus Eriugena eine unendliche Zahl von Bedeutungen gleich den schillernden Glanzlichtern des Pfauengefieders.

Eine Rechtfertigung
des falschen Basilides

Um das Jahr 1905 wußte ich, daß die allwissenden Seiten (von A bis All) des ersten Bandes des *Diccionario enciclopédico hispano-americano* von Montaner y Simón eine knappe und beunruhigende Skizze bargen: das Porträt einer Art von König mit einem Hahnenkopf im Profil, männlichem Oberkörper mit ausgebreiteten Armen, die einen Schild und eine Geißel führten, und im übrigen einen eingerollten Schwanz, auf dem er thronte. Um das Jahr 1916 las ich die folgende undurchschaubare Aufzählung Quevedos: »Es gab den verfluchten Ketzer Basilides. Es gab Nikolaus, den Antiochier, Karpokrates und Kerinthos und den niederträchtigen Ebion. Dann kam Valentinus, der allem, was da ist, das Meer und das Schweigen als Anfang setzte.« Um das Jahr 1923 durchblätterte ich in Genf ich weiß nicht mehr welche Ketzerlehre in deutscher Sprache und erfuhr, daß die widerwärtige Zeichnung einen gewissen Mischgott darstellte, den schändlicherweise der nämliche Basilides verehrt hatte. Ich erfuhr auch, welch verzweifelte und großartige Männer die Gnostiker gewesen waren, und lernte ihre feurigen Spekulationen kennen. Später konnte ich die Fachliteratur konsultieren, von Mead (in der deutschen Fassung: *Fragmente eines verschollenen Glaubens*, 1902) und von Wolfgang Schultz (*Dokumente der Gnosis*, 1910) sowie die Artikel von Wilhelm Bousset in der *Encyclopaedia Britannica*. Heute möchte ich eine ihrer Kosmogonien zusammengefaßt wiedergeben und erläutern: die des Erzketzers Basilides. Ich halte mich im großen und ganzen an die Bekanntmachung von Irenäus. Mir ist klar, daß viele ihr die Gültigkeit absprechen, doch vermute ich, daß diese planlose Durchsicht abgeschiedener Träume auch einmal einem Traum Unterschlupf gewähren kann, von dem wir nicht wissen, ob ihn je ein Träumer beherbergt hat. Was andererseits die basilidianische Häresie betrifft, so ist der Sachverhalt denkbar einfach. Er wurde in Alexandria geboren, hundert Jahre nach dem Kreuz, wie man sagt, unter den Syrern und Griechen. Die Theologie war damals eine im Volk verbreitete Leidenschaft.

Am Anfang der Kosmogonie von Basilides gibt es einen Gott. Diese Gottheit ermangelt auf majestätische Art eines Namens ebensowohl wie eines Ursprungs; daher ihre annähernde Benennung *»pater innatus«*. Ihr Medium ist das *pleroma* oder die Fülle: das unbegreifliche Museum der platonischen Archetypen, der intelligiblen Wesenheiten, der Universalien. Als Gott ist er unwandelbar, doch gingen aus seiner Ruhe sieben subalterne Gottheiten hervor, die, indem sie sich zum Handeln herabließen, einen ersten Himmel stifteten und ihm vorstanden. Aus dieser ersten demiurgischen Corona trat eine zweite hervor, auch sie mit Engeln, Mächten und Thronen, und diese begründete einen anderen niedrigeren Himmel, der das symmetrische Duplikat des ursprünglichen war. Dieses zweite Konklave wurde in einem dritten reproduziert und dieses in einem noch rangniedrigeren und so fort bis 365. Der Herr des untersten Himmels ist der Herr der Heiligen Schrift, und sein Bruchteil an Göttlichkeit beträgt nahezu Null. Er und seine Engel begründeten diesen sichtbaren Himmel, kneteten diese bedeutungslose Erde, auf der wir gehen, und teilten sie dann untereinander auf. Das vernünftige Vergessen hat die Fabeln verwischt, die diese Kosmogonie zum Ursprung des Menschen beitrug, doch erlaubt uns das Vorbild anderer zeitgenössischer Phantasien, diese Lücke auszugleichen, wenn auch nur unbestimmt und vermutungsweise. In dem von Hilgenfeld publizierten Fragment hatten die Finsternis und das Licht von jeher koexistiert, ohne einander zu erkennen; als sie einander schließlich ansichtig wurden, kehrte sich das Licht nach einem flüchtigen Blick sogleich ab; die verliebte Dunkelheit indessen bemächtigte sich seines Reflexes oder Gedächtnisses, und so entstand der Mensch. In dem ähnlichen System von Satornilos gewährt der Himmel den schaffenden Engeln eine momentane Schau, und nach seinem Bilde wird der Mensch erschaffen, doch kriecht er am Boden hin wie eine Schlange, bis der Herr aus Erbarmen einen Funken seiner Macht auf ihn überträgt. Auf das gemeinsame Element in diesen Erzählungen kommt es an: unsere übermütige oder schuldhafte Improvisation durch eine mangelhafte Gottheit aus undankbarem Stoff. Ich komme auf die Geschichte von Basilides zurück. Angesichts der von den plumpen Engeln des hebräischen Gottes geplagten Menschenherde erbarmte sich ihrer der zeitlose Gott, der ihr einen Erlöser zubestimmte. Dieser mußte einen illusorischen Leib annehmen, da das Fleisch erniedrigt. Sein von Leiden unberührtes Scheinbild hing öffentlich am Kreuz, aber der essentielle Christus durchquerte die einander überlagernden Himmel und wurde wieder Teil des *pleroma*. Er durchmaß sie ungefährdet, da er die geheimen Namen ihrer Gottheiten wußte. »Und diejenigen, so die Wahrheit dieser Geschichte wissen«, schließt das von Irenäus überlieferte Glaubensbekenntnis, »werden sich frei wissen von der Macht der Fürsten, die diese Welt erbaut haben. Jeder Himmel hat seinen eigenen Namen und ebenso jeder Engel und Herr und alle Mächte dieses Himmels. Wer ihre unvergleichlichen Namen weiß, der wird sie unsichtbar und sicher durchqueren gleich dem Erlöser. Und so wie der Sohn von keinem wiedererkannt wurde, so auch nicht der Gnostiker. Und diese Geheimnisse sollen nicht kundgemacht werden, sondern bewahrt in Stillschweigen. Erkenne alle, auf daß keiner dich erkenne.«

Die Zahlen-Kosmogonie, die am Anfang stand, ist gegen Ende in Zahlen-Magie entartet. 365 Himmelsetagen mit sieben Machthabern pro Himmel verlangen die unwahrscheinliche Bewahrung von 2555 mündlichen Amuletten: ein Idiom, das von den Jahren auf den kostbaren Namen des Erlösers – nämlich Kaulakau – reduziert wurde sowie auf den Namen des unbeweglichen Gottes, Abraxas. Die Erlösung ist für diese irregeleitete Ketzerschaft eine Gedächtnisleistung

der Toten, so wie die Marter des Erlösers eine optische Täuschung ist – zwei Trugbilder, die mit der notdürftigen Wirklichkeit ihrer Welt geheimnisvoll im Einklang stehen.

Diese Kosmogonie mit ihrer leeren Vervielfältigung nomi-
neller Engel und reflektierter symmetrischer Himmel spöt-
tisch zu schmähen, ist durchaus nicht schwer. Der Ordnungs-
grundsatz von Occam: »*Entia non sunt multiplicanda praeter
necessitatem*« ließe sich auf sie anwenden, womit sie beseitigt
wäre. Ich für mein Teil halte diese Strenge für anachroni-
stisch oder überflüssig. Diese beschwerlich schwankenden
Symbole sinnvoll zu übertragen, ist das, worauf es ankommt.
Zwei Absichten erblicke ich in dieser Kosmogonie: Die eine ist
ein Gemeinplatz der Kritik; die andere – die ich nicht zur Entdeckung aufbauschen will – ist bislang noch nicht aufgespürt
worden. Ich beginne mit der augenfälligsten. Sie besteht
darin, das Problem des Bösen auf unanstößige Art aufzulösen, und zwar mittels der hypothetischen Einschaltung einer
abgestuften Reihe von Gottheiten zwischen dem nicht weniger hypothetischen Gott und der Wirklichkeit. Im untersuchten System sind diese Ableitungen Gottes nach Maßgabe ihrer
Entfernung abnehmend und abtrünnig, bis sie den tiefsten
Grund in jenen abscheulichen Mächten erreichen, die aus
sprödem Stoff die Menschen zusammengepfuscht haben. Im
System von Valentinus – der *nicht* allem, was ist, das Meer und
das Schweigen als Anfang setzte – hat eine gefallene Göttin
(Achamoth) mit einem Schatten zwei Söhne: den Gründer
der Welt und den Teufel. Einer übersteigerten Fassung dieser
Geschichte bezichtigt man Simon Magus: und zwar soll er Helena von Troja, ursprünglich Gottes erste Tochter, später von
den Engeln zu schmerzlichen Erdenwanderungen verurteilt,
aus einem Seemannsbordell in Tyrus losgekauft haben.* Die

* Helena, die schmerzensreiche Tochter Gottes. Diese göttliche Filiation erschöpft keineswegs die Berührungspunkte ihrer Legende mit der Legende Jesu
Christi. Diesem schrieben die Anhänger von Basilides einen substanzlosen Leib
zu; von der tragischen Königin wurde behauptet, nur ihr *eidolon* oder Scheinbild sei nach Troja entführt worden. Ein schönes Gespenst hat uns erlöst; ein an-

dreiunddreißig Menschenjahre Jesu Christi und sein Verscheiden am Kreuz waren für die harten Gnostiker noch nicht Buße genug.

Es bleibt die andere Bedeutung dieser dunklen Erfindungen zu betrachten. Der schwindelerregende Turm der Himmel in der basilidianischen Häresie, die wuchernde Zahl ihrer Engel, der planetarische Schatten erdumwälzender Demiurgen, die Machenschaften der unteren Kreise gegen das *pleroma*, die dichte, wenn auch unfaßbare oder nominelle Bevölkerung dieser weiten Mythologie, sie zielen ebenfalls auf die Herabminderung dieser Welt ab. Nicht unser Böses, sondern unsere zentrale Bedeutungslosigkeit werden in ihr gepredigt. Wie bei den gewaltigen Sonnenuntergängen über der Ebene ist der Himmel inbrünstig und monumental, die Erde arm. Dies ist die rechtfertigende Absicht der melodramatischen Kosmogonie von Valentinus, die ein unendliches Fabelthema ausspinnt, von zwei übernatürlichen Brüdern, die sich wiedererkennen, von einer gefallenen Frau, von einer vereitelten gewaltigen Intrige der bösen Engel und einer Vermählung am Schluß. In diesem Melodrama oder Feuilleton-Roman ist die Schöpfung der Welt ein bloßer Nebenakt. Großartige Idee: die Welt vorgestellt als ein im tiefsten nichtiger Vorgang, als ein verlorener Seitenreflex alter himmlischer Episoden. Die Schöpfung als Zufall.

Der Entwurf war heroisch; das orthodoxe religiöse Gefühl und die Theologie verwerfen diese Möglichkeit mit Abscheu. Die erste Schöpfung ist für sie freier und notwendiger Akt Gottes. Das Universum hat nicht, wie Augustin uns bedeutet, in der Zeit angefangen, sondern zugleich mit ihr – eine Entscheidung, die jegliche Vorzeitigkeit des Schöpfers leugnet. Strauß hält diese Hypothese von einem Ursprungsmoment für illusorisch, weil dieser mit Zeitlichkeit nicht nur die voran-

deres hat sich in Schlachten und in Homer fortgepflanzt. Vgl. für den Helena-Doketismus den *Phaidros* von Platon und das Buch *Adventures Among Books* von Andrew Lang, pp. 237-248.

gehenden Augenblicke,sondern auch die »vorausgehende«
Ewigkeit beflecken müßte.

In den ersten Jahrhunderten unserer Ära haben die Gnostiker mit den Christen disputiert. Sie wurden vernichtet,
doch können wir uns ihren Sieg als Möglichkeit vorstellen.
Hätte Alexandria triumphiert und nicht Rom, so wären die
verschrobenen, wirren Geschichten, die ich hier wiedergegeben habe, zusammenhängend, majestätisch und alltäglich.
Sentenzen wie die von Novalis: »Leben ist eine Krankheit
des Geistes«*, oder wie die verzweifelte von Rimbaud: »Das
eigentliche Leben ist abwesend, wir sind nicht in der Welt«,
wären Blitze in den kanonischen Büchern. Spekulationen
wie die von Richter über den stellaren Ursprung und seine zufällige Aussaat auf diesem Planeten erführen die bedingungs-
lose Zustimmung frommer Laboratorien. Auf jeden Fall: welches bessere Geschenk als das unserer Bedeutungslosigkeit
können wir empfangen, welcher Ruhm kann für einen Gott
größer sein als die Absolution von der Welt?

1931

---

* Dieser Ausspruch – »Leben ist eine Krankheit des Geistes, ein leidenschaft-
liches Tun« – verdankt seine Verbreitung Carlyle, der ihn in seinem berühmten
Artikel in der ›Foreign Review‹ 1829 hervorhob. Nicht ein bloß momentanes
Zusammentreffen, sondern eine essentielle Wiederentdeckung der Agonien
und Einsichten des Gnostizismus liegt in den *Prophetic Books* von William Blake
vor.

Die Realitätsforderung

Hume bemerkte bündig, die Argumente Berkeleys seien unwiderlegbar und in keinem Punkt überzeugend; ich wünschte mir, um die Argumente Croces auszuräumen, eine nicht weniger wohlerzogene und tödliche Sentenz. Die von Hume hilft mir nicht, weil die durchsichtig klare Lehre von Croce die Fähigkeit zu überzeugen hat, wenn diese auch ihre einzige ist. Ihr Gebrechen ist, daß man nicht mit ihr umgehen kann; sie taugt zum Abschneiden einer Diskussion, nicht zu deren Lösung.

Ihre Formel – wie der Leser sich entsinnen wird – ist die Identität des Ästhetischen und des Expressiven. Ich lehne sie nicht ab, möchte indessen bemerken, daß die Schriftsteller von klassischer Haltung vor dem Expressiven eher zurückschrecken. Der Umstand ist bislang nicht in Betracht gezogen worden; ich möchte das ausführen.

Der Romantiker, gemeinhin mit geringem Erfolg, will unablässig ausdrücken; der Klassiker verzichtet vielfach auf eine *petitio principii*. Ich entkleide hier die Worte »klassisch« und »romantisch« jeder historischen Konnotation; ich verstehe unter ihnen zwei Archetypen des Schriftstellers (zwei Verfahrensweisen). Der Klassiker mißtraut der Sprache nicht; er glaubt an die zureichende Kraft jedes einzelnen ihrer Zeichen. Er schreibt zum Beispiel: »Nach dem Abzug der Goten und der Auflösung des verbündeten Heeres war Attila verwundert über die weite Stille, die über den Gefilden von Châlons herrschte: Da er eine Kriegslist des Gegners befürchtete, verblieb er eine Reihe von Tagen in seiner Wagenburg, und sein abermaliges Zurückweichen über den Rhein bedeutete den letzten im Namen des Westreichs errungenen Sieg. Merowech und seine Franken, die vorsichtig Abstand hielten und durch die vielen Feuer, die sie allnächtlich entzündeten, ihre Zahl größer erscheinen ließen, folgten der Nachhut der Hunnen bis an die Grenze Thüringens. Die Thüringer kämpften in den Streitkräften Attilas: Sie durchquerten – beim Vormarsch und beim Rückzug – die Gebiete der Franken; vielleicht begingen sie damals die Greuel, die rund achtzig Jahre später von dem Sohn Chlodwigs gerächt werden sollten. Sie metzelten ihre Viehherden nieder; zweihundert Jungfrauen wurden mit unbarmherziger und ausgesuchter Wut gefoltert; ihre Leiber wurden von ungezähmten Rossen geviertelt, oder ihre Gebeine wurden unter rollenden Karrenrädern zermalmt, und ihre Gliedmaßen wurden unbestattet auf den Wegen Hunden und Geiern zum Fraß überlassen« (Gibbon: *Decline and Fall of the Roman Empire*, XXXV). Schon der Satzanfang »Nach dem Abzug der Goten« reicht hin, um den mittelbaren Charakter dieser Schreibweise zu erkennen, die verallgemeinernd und abstrakt bis zur Unsichtbarkeit ist. Der Autor setzt uns ein Spiel aus Symbolen vor, die gewiß in eine strenge Ordnung gefügt sind, deren allfällige Belebung jedoch von uns geleistet werden muß. Er ist nicht wirklich expressiv: Er beschränkt sich darauf, eine Realität zu verzeichnen, nicht sie darzustellen. Die Fülle der Tatsachen, die nachträglich zu gewärtigen er uns einlädt, war befrachtet mit Erlebnissen, Wahrnehmungen, Reaktionen; man kann aus seinem Bericht auf sie schließen, doch sind sie darin nicht enthalten. Genauer gesagt: Nicht die ersten Kontakte mit der Realität schreibt er nieder, sondern ihre Ausgestaltung zu Begriffen. Es ist die klassische Methode, wie sie immer von Voltaire, von Swift, von Cervantes befolgt worden ist. Vom letzteren führe ich einen zweiten, schon fast unzulässigen Abschnitt an: »Ob des Raums und der Gelegenheit, die Anselmos Abwesenheit ihm schenkte, schien es Lotario schließlich geboten, den Ring um diese Festung enger zu ziehen, und so eröffnete er mit Lobreden auf ihre Schönheit den Angriff auf ihre Eitelkeit, denn nichts bezwingt und schleift die verschanzten Türme der Eitelkeit der Schönen schneller als eben diese Eitelkeit selbst, in Schmeichelworte gekleidet. So untergrub er überaus sorgfältig den Fels ihrer Standhaftigkeit mit derlei Kriegsgerät, und wäre Camila auch ganz aus Erz gewesen, sie mußte fallen. Lotario weinte, flehte, versprach, schmeichelte, drängte und heuchelte mit so vielen Gefühlen, mit Beweisen solcher Aufrichtigkeit, daß er Camilas Sittsamkeit überwand und schließlich im Triumph das errang, was er am wenigsten erhoffte und am heißesten begehrte« (*Quijote* I, Kap. 34).

Stellen wie diese sind die große Mehrheit der Weltliteratur, und zwar nicht ihres wertlosesten Teils. Sie zu verschmähen, um nicht eine Formel anzutasten, wäre unangebracht und verderblich. Bei all ihrer notorischen Unwirksamkeit wirken sie trotzdem; diesen Widerspruch gilt es aufzulösen.

Ich möchte folgende Hypothese vorschlagen: Die Ungenauigkeit ist in der Literatur erträglich oder wahrscheinlich, weil wir in der Wirklichkeit stets zu ihr neigen. Die begriffliche Vereinfachung komplexer Tatbestände ist oft das Werk eines Augenblicks. Schon der Vorgang des Wahrnehmens, des Aufmerkens ist selektiv: Jede Aufmerksamkeit, jede Fixierung unseres Bewußtseins bedingt ein absichtliches Weglassen dessen, was nicht interessiert. Wir sehen und hören durch Erinnerungen, Befürchtungen, Vorgefühle. Was den Körper angeht, ist das Nichtbewußtsein eine notwendige Voraussetzung der physischen Tätigkeiten. Unser Körper kann diesen schwierigen Paragraphen artikulieren; er kann mit Treppen, mit Knoten, mit Zebrastreifen, mit Städten, mit reißenden Flüssen, mit Hunden umgehen, er kann eine Straße überqueren, ohne daß der Verkehr uns umbringt, er kann zeugen, atmen, schlafen, vielleicht töten: unser Körper, nicht unser Verstand. Unser Leben ist eine Reihe von Anpassungen, das heißt eine Erziehung im Vergessen. Es ist wunderbar, daß die erste Nachricht, die uns Thomas Morus von Utopia gibt, das verdutzte Eingeständnis seiner Unwissenheit ist, welche Länge eine seiner Brücken »in Wahrheit« hat…

Ich überlese noch einmal, um in das Klassische besser einzudringen, den Absatz von Gibbon und stoße auf eine kaum wahrnehmbare und gewiß harmlose Metapher, die von der »Herrschaft der Stille«. Sie ist der Versuch einer Expression –

ich weiß nicht, ob mißlungen oder geglückt –, der dem streng legalen Bemühen seiner übrigen Prosa nicht zu entsprechen scheint. Natürlich rechtfertigt ihn seine Unsichtbarkeit, seine längst konventionelle Art. Seine Verwendung erlaubt uns, ein anderes Kennzeichen des Klassizismus zu bestimmen: die Überzeugung, daß ein Bild, wenn es einmal geprägt ist, Allgemeingut wird. Nach klassischer Auffassung ist die Pluralität der Menschen und der Zeiten Nebensache, die Literatur ist immer nur eine einzige. Die überraschenden Verteidiger Góngoras nahmen ihn gegen die ihm zugeschriebene Neuerungssucht in Schutz – indem sie die gute Bildungstradition seiner Metaphern dokumentarisch belegten. Die romantische Erfindung der Persönlichkeit wurde von ihnen nicht einmal vorausgeahnt. Heute sind wir so tief ins Persönliche eingetaucht, daß seine Verleugnung oder Vernachlässigung nur einer unter den vielen Kunstgriffen ist, »persönlich zu sein«. Was die These angeht, daß die poetische Sprache nur eine einzige sein soll, so genügt der Hinweis auf deren schon verblassende Wiederauferstehung bei Arnold, der den Wortschatz der Homerübersetzer auf das Vokabular der *Authorized Version* der Heiligen Schrift einschränken wollte, ohne eine andere Lizenz als die gelegentliche Einschaltung gewisser Freiheiten Shakespeares. Sein Argument stützte sich auf die Macht und die Verbreitung der biblischen Worte...

Die von den klassischen Schriftstellern dargestellte Wirklichkeit ist eine Frage des Vertrauens, wie die Vaterschaft für eine bestimmte Gestalt der *Lehrjahre*. Dagegen ist die Wirklichkeit, die auszuschöpfen die Romantiker bestrebt sind, aufdringlicher Art, oder noch besser: deren beständige Methode ist die Emphase, die teilweise Lüge. Ich gehe nicht auf die Suche nach erläuternden Beispielen: Alle Seiten in Prosa oder Vers, die von Berufs wegen aktuell sind, können mit Erfolg untersucht werden.

Das klassische Realitätspostulat kann sich auf drei Arten darstellen, wobei der Zugang zu ihnen sehr verschieden ist. Die umgänglichste Art besteht aus einer allgemeinen Mitteilung der wichtigen Fakten. (Abgesehen von ein paar unbehaglichen Allegorien eignet sich der oben zitierte Text von Cervantes nicht übel als Beispiel für diese erste und ursprüngliche Art der klassischen Darstellungsmethoden.) Die zweite besteht aus der Vorstellung einer komplexeren Realität als jener, die dem Leser mitgeteilt wird, und aus der Wiedergabe ihrer Ausflüsse und Auswirkungen. Ich weiß kein besseres Beispiel als den Anfang des heroischen Fragments von Tennyson, *Morte d'Arthur*, den ich im Interesse der Technik in mißlautender Prosa wiedergebe. Ich übertrage wörtlich: »So dröhnte den ganzen Tag über der Schlachtlärm in den Bergen am Wintermeer, bis König Arthurs Tafelrunde Mann für Mann in Lyoness gefallen war, rings um ihren Herrn, König Arthur; dann, weil seine Wunde tief war, hob ihn der kühne Sir Bediver auf, Sir Bediver, der letzte seiner Recken, und trug ihn zu einer Kapelle nahe dem Feldrain, einem zerborstenen Chor mit einem zerbrochenen Kreuz, der auf einem dunklen Streifen öden Landes stand. Auf einer Seite lag der Ozean; auf der andern ein großes Wasser, und der Mond war voll.« Dreimal hat die Erzählung eine komplexere Wirklichkeit postuliert: erstens mittels des grammatischen Kunstgriffs der Adverbialeinleitung mit »so«; zweitens, besser noch, durch die beiläufige Art, eine Tatsache mitzuteilen: »weil seine Wunde tief war«; drittens durch den unerwarteten Zusatz: »und der Mond war voll«. Ein anderes wirkungsvolles Beispiel dieser Methode gibt uns Morris, der, nachdem er den mythischen Raub eines der Ruderer Jasons durch die leichtlebigen Gottheiten eines Flusses berichtet hat, die Geschichte folgendermaßen beschließt: »Das Wasser verbarg die rosigen Nymphen und den unbekümmert schlafenden Mann. Ehe jedoch das Wasser sie verbarg, überquerte eine von ihnen laufend jenen Anger und las im Weidegras die Lanze mit bronzenem Schaft, den runden nagelgezierten Schild, das Schwert mit dem Elfenbeingriff und das Kettenhemd auf und warf sich dann in den Strom. Wer also könnte von diesen Dingen berichten, sofern nicht der Wind sie erzählt oder der

Vogel, der sie aus dem Röhricht sah und belauschte?« Diese zuletzt benannte Bezeugung eines Vorfalls durch Wesen, die noch nicht erwähnt worden sind, ist das, worauf es uns ankommt.

Die dritte Methode, von allen die schwierigste und wirkungsvollste, ist die Erfindung von Nebenumständen. Als Beispiel mag ein bestimmter äußerst denkwürdiger Zug aus *La gloria de Don Ramiro* dienen: die pompöse »Specksuppe, die in einer Terrine mit vorgehängtem Schloß serviert wurde, um sie vor der Freßgier der Pagen zu schützen«; und zwar suggeriert sie uns die verschämte Armut, die Dienerschar, das Herrenhaus voll von Treppen und Winkeln und verschiedenerlei Beleuchtungen. Ich habe ein kurzes schlagartiges Beispiel genannt, aber ich kenne umfangreiche Werke – die streng durchgeführten Phantasieromane von Wells*, die belästigend wahrscheinlichen von Daniel Defoe –, die kein anderes Verfahren benutzen als die Ausarbeitung oder Aneinan-

---

* So *The Invisible Man*. Dieser – ein einzelgängerischer Student der Chemie in dem verzweiflungsvollen Londoner Winter – kommt am Ende zu der Einsicht, daß die Vorteile des unsichtbaren Zustandes dessen Unzuträglichkeiten nicht aufwiegen. Er muß barfuß und unbekleidet gehen, damit nicht ein eilig dahinschreitender Paletot und ein Paar eigengesetzlicher Schuhe die Stadt in Aufruhr versetzen. Ein Revolver in seiner durchscheinenden Hand läßt sich unmöglich verbergen. Ebenso verhält es sich mit dem, was er zu sich nimmt, solange die Nahrung nicht assimiliert ist. Im Morgengrauen sind seine nur dem Namen nach vorhandenen Augenlider unvermögend, das Licht abzuhalten, und er muß sich angewöhnen, gleichsam mit offenen Augen zu schlafen. Ebenso zwecklos ist es, den vergeistigten Arm über die Augen zu schlagen. Auf der Straße haben es die Verkehrsmittel auf ihn abgesehen, und er lebt in der ständigen Furcht, als Verkehrsopfer zu sterben. Er muß aus London fliehen. Er muß sich in Perücken, in rußgeschwärzte Schnurrbärte, in Karnevalsnasen und in verdächtige Gesichtsmasken flüchten, *damit man nicht sieht, daß er unsichtbar ist.* Als man ihn entdeckt hat, ruft er in einem Flecken auf dem platten Land eine erbärmliche Schreckensherrschaft ins Leben. Er verwundet, um sich Respekt zu verschaffen, einen Mann. Daraufhin läßt ihn der Kommissar mit Hunden hetzen; sie stellen ihn in der Nähe der Bahnstation und töten ihn.

Ein anderes sehr geschicktes Beispiel für Umstandsphantastik ist die Erzählung von Kipling: *The Finest Story in the World*, in seiner Sammlung von 1893: *Many Inventions*.

derreihung dieser lakonischen Einzelheiten von vielsagender Ausstrahlung. Ich behaupte dasselbe über die Filmromane von Josef von Sternberg, die auch aus bezeichnenden Momenten geschaffen sind. Es ist eine bewundernswerte und schwierige Methode, aber ihre allgemeine Anwendbarkeit macht sie weniger strikt literarisch als die zwei vorerwähnten, insbesondere die zweite. Diese pflegt rein syntaktisch, auf Grund reiner Wortgeschicklichkeit, zu funktionieren. Zum Beweis mögen diese Verse von Moore dienen:

> *Je suis ton amant, et la blonde*
> *Gorge tremble sous mon baiser.*

Ihre Kraft liegt im Übergang vom Possessivpronomen zum bestimmten Artikel, in der überraschenden Verwendung von »la«. Die symmetrische Umkehr hiervon ist die folgende Zeile von Kipling:

> *Little they trust to sparrow-dust that stop the seal in his sea.*

Natürlich bezieht sich »his« auf »seal«, *die den Seehund in seinem Meer aufhalten.*

1931

Filme

Hier meine Meinung zu einigen kürzlich aufgeführten Filmen.

Der beste, mit beträchtlichem Abstand zu den übrigen: *Der Mörder Dimitri Karamasoff* (Filmreich). Der Regisseur (Ozep) hat ohne ersichtliche Anstrengung die im deutschen Filmschaffen herrschenden und mit Beifall bedachten Fehler vermieden – die düstere Symbolik, die Tautologie oder eintönige Wiederholung äquivalenter Bilder, die Obszönität, die Neigung zu Mißgestaltetem, den Satanismus –, ohne deshalb in die noch weniger brillanten Fehler der sowjetischen Schule zu verfallen: das gänzliche Fehlen von Charakteren, die bloße photographische Anthologie, die plumpen Verführungskünste des Parteiapparates. (Ganz zu schweigen von den Franzosen: bis heute ist es ihr einziges und ausdrückliches Streben, nicht als Nordamerikaner zu gelten – ich kann ihnen versichern, daß sie diese Gefahr nicht laufen.) Ich kenne den umfangreichen Roman nicht, dem dieser Film entstammt, und dank dieser Unterlassungssünde konnte ich den Film genießen, ohne ständig der Versuchung ausgesetzt zu sein, eine Deckung von aktuellem Schauspiel und Leseerinnerung herbeiführen zu wollen. Unter der Voraussetzung – in ungetrübter Unkenntnis seiner abscheulichen Profanierungen wie seiner verdienstvollen Kongenialitäten – beides gleichermaßen bedeutungslos – ist dieser Film außerordentlich packend. Seine Realität, obschon rein halluzinatorisch, ohne Unterordnung oder Kohäsion, ist nicht weniger mitreißend als die von *The Docks of New York* von Josef von Sternberg. Die Darstellung echten und unbefangenen Glücks nach einer Mordtat zählt zu seinen stärksten Momenten. Die Bilder – das des sich abzeichnenden Tagesanbruchs, das der riesigen Billardkugeln vor dem Stoß, das der pfaffenhaften Hand Smerdiakovs, die das Geld rafft – sind vortrefflich erdacht und ausgeführt.

Ich komme zu einem anderen Film. Er heißt rätselhafterweise *Lichter der Großstadt*, von Chaplin, und hat den uneingeschränkten Beifall der gesamten hiesigen Kritik gefunden; allerdings ist die gedruckte Akklamation nur ein Beweis der Leistungsfähigkeit unseres Post- und Telegraphenwesens und keineswegs ein persönlicher, selbstbewußter Akt. Wer wäre so kühn zu verkennen, daß Charlie Chaplin einer der verläßlichsten Götter der Mythologie unserer Tage ist, ein Ebenbild der erstarrten Albträume de Chiricos, der glühenden Maschinengewehre von Scarface Al, des endlichen, gleichwohl grenzenlosen Universums, der im Zenit stehenden Schultern Greta Garbos, der verhangenen Augen Gandhis? Wer könnte verkennen, daß seine jüngste *comédie larmoyante* im voraus bereits Erstaunen weckte? In Wirklichkeit, in dem, was ich für die Wirklichkeit halte, kommt dieser vielbesuchte Film des großartigen Erfinders und Protagonisten von *Goldrausch* nicht hinaus über eine matte Abfolge von Nebenabenteuern, die einer sentimentalen Geschichte aufgepfropft wurden. Einiges ist neu an diesen Episoden; anderes hingegen, wie die professionelle Begeisterung des Straßenkehrers über den Elefanten – trügerisches Geschenk der Vorsehung –, der ihm eine Dosis *raison d'être* verabreichen soll, ist eine originalgetreue Neuauflage der Episode des trojanischen Straßenkehrers und des falschen Pferdes der Griechen aus dem früheren Film *The Private Life of Helen of Troy*. Es lassen sich auch allgemeinere Einwände gegen *City Lights* vorbringen. Seine Armut an Realität ist in ihrer Trostlosigkeit nur mit seiner Armut an Irrealität vergleichbar. Es gibt wirklichkeitsnahe Filme – *For the Defense, Street of Chance, The Crowd*, sogar *Broadway Melody* – und es gibt Filme von bewußter Irrealität, wie die äußerst individuellen von Borzage, Harry Langdon, Buster Keaton und Eisenstein. Diesem zweiten Genre entsprachen die frühen Streiche Chaplins, welche zweifellos durch die nichträumliche Photographie, die gespenstische Geschwindigkeit der Handlung und die falschen Schnurrbärte, die aberwitzigen Bartattrappen, die wehenden Perücken und die aufgeplusterten Gehröcke der Darsteller unterstützt wurden. *City Lights* bringt es nicht zu dieser Irrealität und bleibt unüberzeugend. Mit Ausnahme der strahlenden Blinden, die durch das Besondere, die Schönheit, ausgezeichnet ist, und Charlies selbst, immer so sanft und immer so lächerlich aufgetakelt, sind alle Personen des Films von verwegener Normalität. Seine klapprige Handlung entspricht jener diffusen konjunktiven Technik von vor zwanzig Jahren. Auch der Archaismus und der Anachronismus sind literarische Gattungen, ich weiß es wohl, doch ist ihr bewußter Gebrauch etwas entschieden anderes, als wenn man sich glücklos an ihnen vergeht. Ich bekunde meine – allzu häufig erfüllte – Hoffnung, nicht recht zu haben.

In *Morocco*, von Sternberg, ist die Ermüdung ähnlich spürbar, wenn auch weniger übermächtig und selbstmörderisch. Der photographische Lakonismus, der vortreffliche Aufbau, das indirekte und suffiziente Verfahren von *Underworld* sind hier durch eine bloße Anhäufung von Komparsen, durch ein mit groben Pinselstrichen aufgetragenes, exzessives Lokalkolorit ersetzt worden. Sternberg hat, um Marokko zu zeichnen, kein weniger brutales Mittel ersonnen als die bemüht gefälschte Nachbildung einer maurischen Stadt in den Vororten Hollywoods, mit aufwendigen Burnussen und Pylonen und gutturalen Muezzins hoch oben vor Tagesanbruch und Kamelen in der Sonne. Hingegen ist seine Haupthandlung gut, und die Entschlossenheit, mit der er sich für die Klarheit, die Wüste, für einen neuen Ausgangspunkt entscheidet, ist auch diejenige unseres großen *Martín Fierro* oder des Romans *Sanin* des Russen Arzybaschew. *Morocco* ist annehmbar, doch bietet er nicht das intellektuelle Vergnügen, das sich beim Betrachten (und Wiedersehen) früherer Werke Sternbergs eingestellt hat. Nicht jenes intellektuelle Vergnügen, das *The Dragnet* auslöst, dieser heroische Film.

*

195

Die Russen haben entdeckt, daß die schrägwinkelige (und folglich entstellende) Photographie einer Flasche, eines Stiernackens oder einer Säule von höherem plastischen Wert ist als die von tausend Statisten, die Cecil B. de Mille geschwind als Assyrer verkleidet und dann bis zur völligen Verschwommenheit durcheinandermischt. Sie haben gleichfalls entdeckt, daß die Konventionen des Mittleren Westens – Verdienstvolles wie Angeberei und Spionage, Happy-End und Eheglück, die moralische Unantastbarkeit der Prostituierten, entschiedener *upper cut*, von einem jungen Abstinenzler verabreicht – sich mit anderen, nicht weniger bewundernswerten Konventionen austauschen lassen. (So bombardiert in einem der vortrefflichsten Filme der Sowjetunion ein Kreuzer aus nächster Nähe den überfüllten Hafen von Odessa, ohne einen anderen Todesfall als den von ein paar Marmorlöwen zu verursachen. Dies harmlose Zielverfahren ist der Tatsache zu verdanken, daß es sich um einen tugendhaft-maximalistischen Kreuzer handelt.) Diese Entdeckungen wurden einer von Hollywoods Produkten bis zum Überdruß überfütterten Welt offeriert. Die Welt ehrte die sowjetische Filmkunst und erweiterte ihren Dank bis zu der Behauptung, sie habe die amerikanische für alle Zeiten verdrängt. (Es waren die Jahre, in denen Alexander Blok in Walt Whitmans eigentümlichem Tonfall verkündete, die Russen seien Skythen.) Man vergaß oder wollte vergessen, daß es die größte Tugend des russischen Films war, eine unablässige kalifornische Vorherrschaft zu unterbrechen. Man vergaß, daß es unmöglich war, etliche gute oder ausgezeichnete Gewaltakte (*Iwan der Schreckliche, Panzerkreuzer Potemkin*, vielleicht *Oktober*) einer weitgreifenden, komplexen Literatur entgegenzustellen, die sich in allen Gattungen, von der unvergleichlichen Komik (Chaplin, Buster Keaton und Langdon) bis zu den reinen phantastischen Erfindungen (Mythen von Krazy Kat und von Bimbo), aufs glücklichste entfaltete. Rußland schlug Lärm; Hollywood reformierte oder bereicherte die eine oder andere seiner photographischen Gewohnheiten und beunruhigte sich nicht weiter.

King Vidor, ja. Ich spreche von dem sehr unterschiedlichen Regisseur solch denkwürdiger Filmwerke wie *Hallelujah* und solch unnötiger und trivialer wie *Billy the Kid*: ein verschämter Geschichtsbericht der zwanzig Tode (Mexikaner nicht gezählt) des berühmtesten Kämpfers von Arizona, gemacht ohne einen anderen Verdienst als den der Anhäufung von Panoramaaufnahmen und des methodischen Verzichts auf *close-ups*, um die Wüste darzustellen. Sein jüngstes Werk, *Straßenszene*, die Filmbearbeitung der gleichnamigen Komödie des Ex-Expressionisten Elmer Rice, ist von dem lediglich negativen Bestreben beflügelt, nicht als »Standard-Film« zu wirken. Der Plot beschränkt sich auf ein unbefriedigendes Minimum. Es gibt einen tugendhaften Helden, der jedoch von einem Strolch gegängelt wird. Es gibt ein romantisches Pärchen, doch jede standesamtliche oder kirchliche Verbindung ist ihm verwehrt. Es gibt einen ruhmreichen, überschwenglichen Italiener, *larger than life* – allem Anschein nach verantwortlich für die gesamte Komik des Films –, dessen überwältigende Unwirklichkeit sich auch auf seine normalen Kollegen überträgt. Es gibt Personen, die echt, und andere, die wie verkleidet aussehen. Es ist im wesentlichen kein realistisches Filmwerk; es ist das Scheitern oder die Verdrängung eines romantischen Werks.

Zwei große Szenen des Films sind zu rühmen: die Szene vom Tagesanbruch, bei der das prachtvolle Fortschreiten der Nacht von Musik verkürzt wird; die Szene des Mordes, die uns indirekt geboten wird, im Aufruhr und Sturm der Gesichter.

1932

Die Erzählkunst und die Magie

Die Analyse der Verfahrensweisen des Romans hat nur wenig von sich reden gemacht. Die geschichtliche Ursache dieser andauernden Zurückhaltung ist die Priorität anderer Gattungen; der eigentliche Grund ist die nahezu unentwirrbare Komplexität der im Roman angewandten Kunstmittel, die sich von der Grundfabel nur schwer ablösen lassen. Analysiere ich eine Gerichtsrede oder eine Elegie, so verfüge ich über ein spezielles Vokabular sowie über die Annehmlichkeit, einzelne Abschnitte herausgreifen zu können, die in sich geschlossen sind; dagegen ermangele ich bei der Analyse eines weitläufigen Romans verbindlicher Begriffe und kann meine Behauptungen nicht mit unmittelbar einschlägigen Beispielen belegen. Ich muß also, was die folgenden Ausführungen betrifft, darum bitten, keine zu hohen Ansprüche zu stellen.

Ich beginne mit einer Untersuchung des romanhaften Aspekts des Buches *The Life and Death of Jason* (1867) von William Morris. Meine Absicht ist literarisch, nicht historisch: Das bedeutet auch den Verzicht auf jedes gelehrte oder anscheinend gelehrte Eindringen in die hellenische Abkunft des Versepos. Ich will nur darauf verweisen, daß die Alten – unter ihnen Apollonios von Rhodos – die einzelnen Etappen der Argonautenfahrt bereits in Verse gebracht haben, und ein Buch aus dem Jahr 1474 erwähnen, *Les faits et prouesses du noble et vaillant chevalier Jason*, an das in Buenos Aires nicht heranzukommen ist, das aber die englischen Kommentatoren einsehen könnten.

Es war das hochgesteckte Ziel von Morris, die sagenhaften Abenteuer Jasons, Königs von Iolkos, den Prinzipien der Wahrscheinlichkeit entsprechend zu erzählen. Der Überraschungsangriff, auf den sich im allgemeinen die Lyrik verläßt, verbot sich in dieser erzählenden Darstellung von mehr als zehntausend Versen. Das, worauf es hier in erster Linie an-

kam, war ein stark ausgeprägter Anschein von Wahrhaftigkeit, dem es gelingen sollte, jene Aufhebung der Ungläubig-
keit zu bewirken, aus welcher, laut Coleridge, der poetische
Glaube besteht. Morris bringt es fertig, diesen Glauben zu erwecken; ich will untersuchen, auf welche Weise.

Ich nehme ein Beispiel aus dem ersten Buch. Aeson, der
alte König von Iolkos, gibt seinen Sohn in die waldeinsame
Obhut des Zentauren Chiron. Das Problem ist hier die nur
schwer eingängige Wahrscheinlichkeit des Zentauren. Morris
löst es unmerklich. Er beginnt mit einer Erwähnung des Zen-
taurengeschlechts und durchwebt sie mit gleichfalls befremd-
lichen Tiernamen:

Where bears and wolves the centaurs' arrows find

erklärt er unerschrocken. Diese erste beiläufige Erwähnung
setzt er dreißig Verse später mit einer weiteren fort, die die Beschreibung einleitet. Der alte König befiehlt einem Sklaven,
er solle sich mit dem Knaben auf den Weg machen, zu einem
Wald, der am Fuß der Berge liegt, solle dort in ein Horn aus
Elfenbein stoßen, woraufhin der Zentaur erscheinen werde,
der (bedeutet er ihm) »von dräuender und kraftvoller Leibes-
gestalt« sein werde, und solle sich vor ihm auf die Knie werfen. Darauf folgen die näheren Anweisungen, bis es dann zur
dritten Erwähnung kommt, die trügerisch negativ ist. Der König empfiehlt ihm, er möge sich angesichts des Zentauren von
keinerlei Furcht schrecken lassen. Dann, gleichsam beküm-
mert um den Sohn, den er im Begriff ist zu verlieren, trachtet
er, sich dessen künftiges Leben im Wald vorzustellen, unter
den *»quick-eyed centaurs«* – ein veranschaulichender Zug, der
aus ihrem Ruf als Bogenschützen seine Berechtigung herleitet.* Der Sklave reitet mit dem Knaben davon und sitzt am
frühen Morgen vor einem Walde ab. Zu Fuß dringt er, den
Knaben auf dem Rücken, zwischen den Eichenstämmen vor.

---

* Vgl. den Vers »*Cesare armato, con li occhi grifagni*« (*Inferno* IV, 123).

Er stößt dann in das Horn und wartet. Eine Amsel singt an diesem Morgen, doch vernimmt der Mann bereits den Schlag von Hufen, und in seinem Herzen regt sich ein wenig Furcht, weshalb er sich durch den Knaben ablenken läßt, der ständig bemüht ist, das glänzende Horn anzufassen. Chiron erscheint: Ehemals, wird uns berichtet, war sein Fell gescheckt, doch ist es mittlerweile fast weiß geworden, nicht sehr verschieden von der Farbe seiner menschlichen Mähne; ein Kranz aus Eichenlaub schmückt die Stelle, wo das Tier in die menschliche Person übergeht. Der Sklave fällt auf die Knie. Beachten wir im Vorbeigehen, daß Morris imstande ist, dem Leser nicht seine Vorstellung von Zentauren mitzuteilen noch von uns eine solche zu verlangen; ihm genügt unser beständiger Glaube an seine Worte, wie in der wirklichen Welt.

Dieselbe Überredungskunst, hier jedoch gradueller, findet sich in der Sirenen-Episode in Buch vierzehn. Die einleitenden Bilder sind sanft: die Gunst des Meeres, die nach Orangenblüten duftende Brise, die gefährliche Musik, von der Hexe Medea als erster erkannt, ihre vorauseilende Wirkung, die Wonne in den Gesichtern der Matrosen hervorzaubert, noch ehe sie sich des Hörens bewußt sind, der wahrscheinliche Umstand, daß anfangs die Worte nicht deutlich zu unterscheiden waren, wie indirekt ausgesagt wird:

> *And by their faces could the queen behold*
> *How sweet it was, although no tale it told*
> *To those worn toilers o'er the bitter sea.*

Dies alles geht der Erscheinung der göttlichen Mädchen voraus. Obwohl am Ende von den Ruderern gesichtet, bleiben sie doch stets in einer gewissen Entfernung, wie dieser detailreiche Satz impliziert:

> *for they were near enow*
> *To see the gusty wind of evenig blow*
> *Long locks of hair across those bodies white*
> *With golden spray hiding some dear delight.*

Diese letzte Einzelheit: die »goldene Gischt« – ihrer ungestümen Locken, des Meeres, beider oder unbestimmt wessen? – die »ein Wonnekleinod« birgt, hat eine weitere Bedeutung: ihren Reiz zu bezeichnen. Diese doppelte Absicht kehrt in folgendem Zusammenhang wieder, wenn der Nebelflor banger Tränen den Männern die Sicht trübt. (Beide Kunstgriffe sind von der gleichen Art wie jener Kranz aus Eichenlaub in der Schilderung des Zentauren.) Jason, in seinem verzweifelten Grimm auf die Sirenen*, belegt sie mit dem Namen »Hexen des Meeres« und veranlaßt Orpheus, den Holdesten, zu

---

* Im Laufe der Zeit verändern die Sirenen ihre Gestalt. Ihr erster Berichterstatter, der Rhapsode des 12. Buches der *Odyssee*, sagt uns nicht, wie sie aussahen; für Ovid sind sie Vögel mit rötlichem Gefieder und dem Antlitz einer Jungfrau; für Apollonios von Rhodos sind sie von der Leibesmitte aufwärts Frauen, im übrigen Vögel; für den Maestro Tirso de Molina (und für die Heraldik) »zur Hälfte Weiber, zur Hälfte Fische«. Nicht minder unterschiedlich ist ihre Wesensart; Tirso nennt sie Nymphen; das *Classical Dictionary* von Lemprière versteht unter ihnen Nymphen, der Thesaurus von Quicherat Ungeheuer, der von Grimal Dämonen. Sie leben auf einer Insel im Sonnenuntergang, nahe bei der Insel der Kirke, doch wurde eine von ihnen, Parthenope, als Leichnam in Kampanien gefunden und gab der berühmten Stadt, die heute Neapel heißt, den Namen. Der Geograph Strabo sah ihr Grab und wohnte den gymnastischen Spielen und Fackelläufen bei, die in bestimmten Zeitabständen zur Ehre ihres Andenkens abgehalten wurden.

Die *Odyssee* berichtet, daß die Sirenen die Schiffer anlockten und ins Verderben rissen, und daß Odysseus, um ihren Gesang zu hören und doch nicht umzukommen, die Ohren seiner Ruderer mit Wachs verstopfte und ihnen befahl, sie sollten ihn an den Mastbaum fesseln. Um ihn zu versuchen, versprachen ihm die Sirenen die Kenntnis aller Dinge der Welt. »Noch keiner ist hier in seinem schwarzen Schiff vorbeigekommen, der nicht aus unserem Munde die Stimme so süß wie Honigwaben vernommen und seine Lust an ihr gehabt hätte und als ein Klügerer weitergefahren wäre. Weil wir alle Dinge wissen: wieviel an Leiden die Argiver und Troer in der weiten Troja auf Beschluß der Götter erduldet haben, und wissen, was in der fruchtbaren Mark geschehen wird« (*Odyssee* XII). Einer Überlieferung zufolge, die von dem Mythologen Apollodor in seine *Bibliotheca* aufgenommen wurde, hat Orpheus vom Schiff der Argonauten herab lieblicher gesungen als die Sirenen, worauf diese sich ins Meer stürzten und in Felsklippen verwandelt wurden, weil nach dem Gesetz ihr Leben verwirkt sein sollte, wenn jemand ihren Zauber nicht verspürte. Auch die Sphinx stürzte sich von der Höhe herab, als jemand ihr Rätsel erriet.

singen. Der Wettstreit beginnt, und Morris ist so wunderbar skrupelhaft, uns zu bedeuten, daß die Lieder, die er dem ungeküßten Mund der Sirenen und dem Mund des Orpheus zuschreibe, nicht mehr seien als eine verwandelte Erinnerung dessen, was damals gesungen wurde. Daß die Farben so eindringlich verdeutlicht werden – die gelben Säume der Küste, die goldene Gischt, der graue Fels – bewegt uns um so mehr, als sie in ihrer Hinfälligkeit dieser antiken Dämmerung abgerungen zu sein scheinen. Die Sirenen singen, um eine Glückseligkeit zu vermitteln, die ungewiß ist wie das Wasser – *»Such bodies garlanded with gold, so faint, so fair« –*; Orpheus stellt ihnen in seinem Gesang die festen Glücksgüter der Erde entgegen. Verheißen wird uns von den Sirenen ein teilnahmsloser submariner Himmel – *roofed over by the changeful sea* (vom wechselvollen Meere überdacht) –, was, zweitausendfünfhundert Jahre oder nur fünfzig Jahre später, Paul Valéry wiederaufnehmen sollte. Sie singen, und ein merklicher Anhauch ihrer gefahrbringenden Lieblichkeit geht in den Gegengesang des Orpheus über. Endlich sind die Argonauten vorbeigefahren, als plötzlich ein hochgestellter Athener, da schon der Wettgesang beendet und die Kielfurche hinter dem Schiff weit ist, durch die Reihen der Ruderer läuft und sich vom Heck herab ins Meer stürzt.

Im 6. Jahrhunderts wurde im Norden von Wales eine Sirene gefangen und getauft und ging als Heilige in gewisse alte Almanache ein, unter dem Namen Murgan. Eine andere durchschwamm im Jahr 1403 eine Deichlücke und lebte in Haarlem bis zum Tag ihres Todes. Niemand verstand sie, aber man brachte ihr das Spinnen bei, und sie verehrte gleichsam instinkthaft das Kreuz. Ein Chronist des 16. Jahrhunderts erwog, daß sie kein Fisch war, weil sie spinnen konnte, und daß sie keine Frau war, weil sie im Wasser leben konnte.

Die englische Sprache unterscheidet zwischen der klassischen Sirene (*siren*) und denen mit Fischschwanz (*mermaids*). Auf die leibliche Bildung dieser letzteren hatten durch Analogie die Tritonen, Gottheiten im Gefolge des Poseidon, eingewirkt.

Im zehnten Buch des *Staat* führten acht Sirenen die Umdrehung der acht konzentrischen Himmel an.

Sirene: angebliches Meerestier, lesen wir in einem brutalen Lexikon.

Ich komme zu einer zweiten Fiktion, *A Narrative of A. Gordon Pym* (1838) von Poe. Der geheime Tenor dieser Geschichte ist die Furcht und die Verunglimpfung der Farbe Weiß. Poe erfindet Eingeborenenstämme, die in nächster Nähe des südlichen Polarkreises wohnen, nahe der unerschöpflichen Heimat dieser Farbe, und die Generationen zuvor die schreckensvolle Heimsuchung der Männer und der Stürme dieses Weißlandes erduldet haben. Das Weiße ist für diese Stämme ein Anathema, und ich kann versichern, daß es – so ungefähr in der letzten Zeile des letzten Kapitels – auch für den geschätzten Leser zu einem solchen geworden ist. Das Buch baut sich auf zwei Themen auf: unmittelbar das eine, das in Abenteuern zur See besteht; unaussprechlich, rätselvoll und anwachsend das andere, das erst ganz am Ende hervortritt. »Einen Gegenstand benennen«, soll Mallarmé gesagt haben, »heißt um drei Viertel den Dichtungsgenuß schmälern, der auf dem Glück des Erratens beruht; der Traum ist seine Andeutung.« Ich kann mich nicht dazu verstehen, daß der wortgenaue Dichter dieses frivole Zahlenexemplar mit seinen drei Vierteln abgefaßt haben soll, doch paßt der Grundgedanke zu ihm, und er hat ihn auf illustre Art in seiner unumwundenen Darstellung eines Sonnenuntergangs ausgeführt:

> *Victorieusement fut le suicide beau*
> *Tison de gloire, sang par écume, or, tempête!*

Gewiß hat *A Narrative of A. Gordon Pym* auf Mallarmé eingewirkt. Ist nicht insbesondere die unpersönliche weiße Farbe ein ausgesprochenes Kennzeichen Mallarmés? (Ich glaube, daß Poe diese Farbe derselben Intuitionen oder Gründe wegen bevorzugte, die später Melville in dem Kapitel »The Whiteness of the Whale« seiner ebenso glanzvollen Halluzination *Moby Dick* auseinandergesetzt hat.) Unmöglich, hier den ganzen Roman vorzustellen oder zu analysieren; ich muß es bei der Hervorhebung einer exemplarischen Einzelheit bewenden lassen, die – wie alle Einzelheiten – dem verborgenen

Thema untergeordnet ist. Es geht um den sagenhaften Stamm, den ich erwähnte, und um zwei kleine Flußläufe auf der Insel, die er bewohnt. Ihr Wasser dahingehend zu bestimmen, daß es gefärbt oder blau gewesen sei, hätte jeder Möglichkeit von Weiß allzusehr widersprochen. Poe löst das Problem so und bereichert damit zugleich unsere Anschauung: »Zuerst sahen wir davon ab, es zu kosten, da wir es für verdorben hielten. Ich weiß nicht, wie ich von seiner Natur eine zutreffende Vorstellung vermitteln soll und könnte es auch nicht ohne viele Worte. Obwohl es durch irgendein Gefälle rasch dahinströmte, erschien es doch nie klar, außer an Stellen, wo es frei herabstürzte. Wo die Bodenneigung gering war, hatte es die Konsistenz einer dichten Lösung von Gummi arabicum, hergestellt mit gewöhnlichem Wasser. Dabei ist dies noch die am wenigsten merkwürdige unter seinen Eigenschaften. Es war weder farblos noch war es von unveränderlicher Farbe, da es im Dahinfließen dem Auge alle Tönungen von Purpur darbot, gleich den Farbtönen von changierender Seide. Wir ließen es in einem Gefäß abstehen und fanden, daß die Gesamtmasse der Flüssigkeit sich in deutlich abgesetzte Streifen zerlegt hatte, deren jeder auf besondere Art gefärbt war, und daß diese Streifen sich nicht vermischten. Führte man eine Messerklinge an den Streifen der Breite nach entlang, schloß das Wasser sich sofort wieder, und nahm man die Klinge heraus, hinterblieb keine Spur. Führte man dagegen die Klinge genau zwischen zwei angrenzenden Streifen ein, so trat eine vollkommene Scheidung ein, die sich hernach nicht wieder ausglich.«

Aus dem Vorangehenden ist der berechtigte Schluß zu ziehen, daß in der Romankunst das zentrale Problem die Kausalität ist. Eine unter den Spielarten der Gattung, der trübsinnige Charakterroman, fingiert oder arrangiert eine Verkettung von Motiven, die von der wirklichen Welt nicht abweichen sollen. Gleichwohl ist er nicht der normale Fall. In dem Roman, in dem ständig etwas Neues geschieht, ist dieses Motivierungsschema unpraktikabel, und ebenso in der Erzählung von ein paar wenigen Seiten wie nicht minder in dem unendlichen Schauroman, den Hollywood mit den silbrigen Götzenbildern von Joan Crawford komponiert und den die Städte wiederlesen. Von einem ganz anderen, hellsichtigen und atavistischen Prinzip sind sie beherrscht: von der urtümlichen Klarheit der Magie.

Dieses Verhalten oder Bestreben des frühen Menschen hat Frazer einem allgemein einschlägigen Gesetz unterstellt, dem der Sympathie, das ein unvermeidliches Band zwischen örtlich entfernten Dingen postuliert, sei es weil diese von gleicher Gestalt sind – nachahmende Magie, Homöopathie –, sei es auf Grund einer voraufgehenden Annäherung – Anstekkungsmagie. Ein Beispiel zur Erläuterung der zweiten Art war die Heilsalbe von Kenelm Digby, die nicht auf die Wunde unter dem Verband, sondern auf den schuldigen Stahl, der sie geschlagen hatte, aufgetragen wurde, so daß jene ohne die Härte einer barbarischen Behandlungsmethode in Ruhe vernarben konnte. Was die erste Art angeht, so gibt es für sie eine unendliche Zahl von Beispielen. Die Rothäute von Nebraska bekleideten sich mit knirschenden Bisonhäuten samt Gehörn und Mähne und erfüllten bei Tag und Nacht die Prärie mit ihrem tosenden Reigen, damit die Bisons kämen. Die Zauberer von Zentralaustralien bringen sich am Unterarm eine Wunde bei, die das Blut fließen läßt, damit der Himmel aus Nachahmung oder Sympathetik gleichfalls Regen bluten lasse. Die Malayen der Halbinsel pflegen ein Bild aus Wachs zu martern oder zu kränken, damit sein Urbild zugrunde gehe. Die unfruchtbaren Weiber auf Sumatra hegen ein Kind aus Holz und schmücken es, auf daß ihr Schoß fruchtbar werde. Ebenfalls aus Gründen der Analogie diente die gelbe Wurzel der Kurkuma zur Bekämpfung der Gelbsucht, sollte der Aufguß von Brennesseln den Nesselausschlag vertreiben. Das vollständige Verzeichnis dieser grausamen oder lächerlichen Beispiele aufzustellen, ist unmöglich; doch glaube ich, eine genügende Zahl angeführt zu haben, um beweisen zu können, daß die Magie die Krönung oder der Albdruck des Kausalen ist, nicht aber dessen Widerspruch. Das Wunder ist in diesem Universum nicht weniger ein Fremdling als in der Welt der Astronomen. Von sämtlichen Naturgesetzen ist sie beherrscht, sowie von anderen imaginärer Art. Für den Abergläubischen besteht ein notwendiger Zusammenhang nicht nur zwischen dem Flintenschuß und einem Toten, sondern auch zwischen einem Toten und einem mißhandelten Abbild aus Wachs oder dem prophetischen Zerspringen eines Spiegels oder dem verschütteten Salz oder dreizehn schrecklichen Tafelgästen.

Diese gefahrvolle Harmonie, diese unbändige und genaue Kausalität ist es, die auch im Roman herrscht. Die sarazenischen Geschichtsschreiber, von denen der Doktor José Antonio Conde seine *Geschichte der Araberherrschaft in Spanien* übernommen hat, schreiben von ihren Königen und Kalifen, wenn diese das Zeitliche gesegnet haben, immer nur mit der Wendung: »Er wurde zu den Vergeltungen und Belohnungen geführt« oder »er ging ein ins Erbarmen des Allmächtigen« oder »er harrte seines Geschicks soundsoviel Jahre, soundsoviel Monde und soundsoviel Tage«. Diese Befürchtung, eine erschreckliche Tatsache könne durch deren Erwähnung herbeigezogen werden, ist sinnlos oder überflüssig in der asiatischen Unordnung der realen Welt, aber nicht im Roman, der ein genaues Spiel aus Beobachtungen, Echos und Übereinstimmungen sein muß. In einer sorgfältig gearbeiteten Erzählung wirft jede Episode ein Licht voraus. So greift in einer der phantastischen Geschichten Chestertons ein Unbekannter einen Unbekannten an, damit diesen nicht ein Lastwagen überfährt, und diese notwendige, aber beunruhigende Gewalttätigkeit deutet voraus auf das Ende, wo man ihn für geistesgestört erklärt, damit er nicht wegen eines Verbrechens hingerichtet werden kann. In einer anderen Geschichte wird eine gefährliche weitverzweigte Verschwörung, die (mit Hilfe von Bärten, Masken und Pseudonymen) aus einem einzigen Mann besteht, mit düsterer Genauigkeit in dem Distichon angekündigt:

As all stars shrivel in the single sun
The words are many, but The Word is one,

das später, unter Vertauschung der Majuskeln, folgendermaßen entschlüsselt wird:

The words are many, but the word is One.

In einer dritten Geschichte ist das Motto im Anfang – die
knappe Erwähnung eines Indio, der sein Messer gegen einen
anderen schleudert und ihn tötet – die genaue Kehrseite des
Themas: ein Mann, der von seinem Freund auf der Spitze eines Turms mit einem Pfeil durchbohrt wird. Das fliegende
Messer, der Pfeil, der auch als Stichwaffe gebraucht werden
kann. Ein weitläufiges Echo haben die Worte. Ich habe schon
einmal darauf hingewiesen, daß durch die bloße Erwähnung
des szenischen Dekors die Schilderungen der Morgenfrühe,
der Pampa, der Abenddämmerung, die Estanislao del Campo
in seinen *Fausto* einschiebt, mit unbehaglicher Irrealität kontaminiert werden. Diese Teleologie der Worte und Episoden
ist auch in den guten Filmen überall anzutreffen. Zu Beginn
von *The Showdown* würfeln ein paar Abenteurer um eine
Dirne oder um den Vortritt bei ihr; am Schluß hat einer von
ihnen den Besitz der Frau, die er liebt, verspielt. Der Anfangs-
dialog von *La ley del hampa* handelt von Verrat; die erste Szene
ist eine Schießerei in einer Avenida: diese Einzelheiten sind
vorbedeutend für das Hauptthema. In *Dishonored* finden sich
wiederkehrende Themen: der Degen, der Kuß, die Katze, der
Verrat, die Trauben, das Piano. Das Musterbeispiel einer auto-
nomen Welt aus Bekräftigungen, Vorzeichen, Denkmälern ist
jedoch der prädestinierte *Ulysses* von Joyce. Man braucht nur
das interpretierende Werk von Gilbert zu Rate zu ziehen oder
– wo nicht – den schwindelerregenden Roman selber.

Ich bemühe mich um ein Résumé aus dem Vorangegangenen. Ich habe zwischen zwei Kausalvorgängen unterschieden: dem natürlichen, der das unaufhörliche Ergebnis un-

kontrollierbarer und unendlicher Wirkungsvorgänge ist, und dem magischen, bei dem die Einzelheiten weissagen, und der klar und begrenzt ist. Im Roman hält sich, glaube ich, die einzig mögliche Redlichkeit an den zweiten. Bleibe der erste der psychologischen Vortäuschung überlassen.

1932

Paul Groussac

Ich habe in meiner Bibliothek zehn Bände von Groussac festgestellt. Als Leser bin ich Hedonist: nie habe ich geduldet, daß mein Pflichtgefühl einer so persönlichen Neigung wie dem Erwerb von Büchern in die Quere kam; auch habe ich mit einem unverdaulichen Autor nie zum zweitenmal mein Glück versucht, sondern bin mit einem neuen Buch einem vorigen aus dem Weg gegangen; auch habe ich nie – protzig – Bücher haufenweise gekauft. Aus dieser zehnfachen andauernden Anwesenheit geht somit die beständige Lesbarkeit Groussacs hervor, jene Beschaffenheit, die sich auf Englisch *»readableness«* nennt. Im Spanischen kommt diese Eigenschaft höchst selten vor; jeder skrupelhafte Stil teilt dem Leser ein gut Teil von der Beschwerlichkeit mit, die mit der Arbeit an ihm verbunden war. Außer bei Groussac habe ich nur bei Alfonso Reyes ein ähnliches Verbergen oder Unsichtbarmachen der Anstrengung feststellen können.

Das Lob allein ist noch keine Erläuterung; wir brauchen eine Definition von Groussac. Die von ihm hingenommene oder nahegelegte – man solle in ihm nicht mehr und nicht weniger sehen als einen Reisenden in Pariser Witz, einen Missionar Voltaires unter Mulatten – ist peinlich für die Nation, die sie adoptiert, und den Mann, der scheinbar gelobt, dabei aber auf die Stufe von Bildungszwecken heruntergedrückt wird. Groussac war weder ein Klassiker – im Grunde war das José Hernández in viel höherem Maße –, noch war diese pädagogische Aufgabe nötig. Zum Beispiel: der argentinische Roman ist nicht deshalb unlesbar, weil es ihm an Maß, sondern weil es ihm an Phantasie, an Inbrunst fehlt. Ich glaube, dasselbe gilt von unserer Lebenshaltung überhaupt.

Offenbar gab es in Paul Groussac noch mehr als die Tadelsucht des Lehrers, den heiligen Zorn des Geistes angesichts beklatschter Unfähigkeit. In seiner Verachtung lag eine selbstlose Freude. Sein Stil gewöhnte sich daran zu verachten, ohne daß es ihm, der ihn schrieb, wie ich glaube, viel ausmachte. Das »*facit indignatio versum*« läßt uns nicht auf den Grund seiner Prosa sehen: Gewiß war sie mehr als einmal tödlich und strafend, wie im berühmten Fall von *La Biblioteca*, aber im allgemeinen hielt sie sich zurück, war ironisch gelassen und federnd elastisch. Er verstand es, ein Opfer geradezu liebevoll zu ducken; beim Lob war er ungenau und nicht überzeugend. Man braucht nur die perfiden und herrlichen Vorlesungen durchzugehen, die er über Cervantes hielt, und daneben seine verschwommene Apotheose Shakespeares zu stellen, man braucht nur die kräftigen Zornesworte zu lesen: »Es sollte uns leid tun, wenn der Umstand, daß die Verteidigungsschrift des Doktor Piñero in den Handel gekommen ist, ihre Verbreitung ernstlich beeinträchtigen würde, und wenn diese ausgereifte Frucht anderthalbjährigen diplomatischen Schweifens keinen Eindruck außer dem im Verlag Coni vorgenommenen machen sollte. Dies wird, so Gott will, nicht geschehen, und so weit es von uns abhängt, wird ihr dieses trübe Schicksal nicht beschieden sein...«, und sie mit den unwürdigen oder nichtssagenden Sätzen zu vergleichen: »Nach dem goldenen Triumph der Ernte, den ich bei meiner Ankunft gewahrte, ist das, was heute meine Augen an dem von bläulichen Dünsten verhangenen Horizont erblicken, das fröhliche Fest der Weinlese, das mit einem unermeßlichen Laubgewinde heilsamer Poesie die gehaltvolle Prosa der Keltereien und Brennereien umschlingt. Und fort, weit fort von dem sterilen Pflaster der Boulevards mit ihren kränklichen Theatern habe ich hier unter meinen Sohlen aufs neue den Schauer der antiken Kybele gefühlt, der ewig fruchtbaren und jugendlichen, für die der geruhsame Winter nur der austragende Schoß eines neuen, des nächsten Frühlings ist...« Ich weiß nicht, ob man aus diesem Vergleich den Schluß ziehen soll, daß für ihn der gute Geschmack ausschließlich für terroristische Zwecke in Betracht kam, der schlechte dagegen für persönlichen Gebrauch.

Kein Schriftsteller stirbt, ohne daß sich bei seinem Tode unmittelbar ein fiktives Problem stellt: zu erforschen – oder zu prophezeien –, was von seinem Werke bleiben wird. Dies Unterfangen ist großherzig, insofern es das mögliche Dasein ewiger geistiger Tatsachen postuliert, unabhängig von der Person und den Umständen, die sie hervorgebracht haben; es ist aber auch niederträchtig, weil es Verwesungsgerüchen nachzuspüren scheint. Ich bin der Auffassung, daß das Problem der Unsterblichkeit eher dramatisch ist. Der Mensch im ganzen besteht fort, oder er verschwindet. Fehlleistungen schaden nicht: Wenn sie charakteristisch sind, sind sie kostbar. Groussac, die unverwechselbare Persönlichkeit, die er war – ein Renan, der über seinen Ruhm aus zweiter Hand Klage führt –, kann nicht umhin zu bleiben. Seine lediglich südamerikanische Unsterblichkeit wird der englischen von Samuel Johnson entsprechen: beide autoritär, gelehrt, beißend.

Der unbehagliche Eindruck, daß er bei den führenden europäischen Nationen oder in Nordamerika ein fast unbemerkter Schriftsteller gewesen ist, wird zur Folge haben, daß viele Argentinier in unserer abgetakelten Republik ihm seinen Vorrang absprechen. Und doch gebührt er ihm.

1929

Die Dauer der Hölle

Mit den Jahren ist sie immer kraftloser geworden, die Spekulation über die Hölle. Sogar die Prediger lassen sie außer acht, in Ermangelung vielleicht der zwar kümmerlichen, aber nützlichen Anspielung menschlicher Art, wie sie die Scheiterhaufen des Sanctum Officium auf dieser Welt darstellten: zwar in Gestalt einer nur zeitlichen Qual, aber in der Beschränktheit des Irdischen nicht unwürdig, als Metapher zu stehen für den unsterblichen, den vollkommenen Schmerz, den nichts zerstört und den auf immer die Erben des göttlichen Zorns an sich erfahren werden. Mag diese Hypothese befriedigend sein oder nicht: unbestreitbar ist jedenfalls die allgemeine Ermattung der Propaganda dieser Einrichtung. (Niemand stoße sich an dem Wort: Propaganda ist seiner Herkunft nach kein kommerzieller, sondern ein katholischer Begriff; er bezeichnet ein Kardinalskollegium.) Im 2. Jahrhundert konnte der Karthager Tertullian sich die Hölle vorstellen und mit dieser Rede voraussehen, wie es in ihr zugehen wird: »Ihr mögt Schauspiele; erwartet das größte, das Jüngste Gericht! Wie werde ich staunen, wie werde ich ausbrechen in Gelächter, in Beifallsrufe, in Jubel, wenn ich so viele stolze Könige und betrügerische Götzen erblicken werde, schmachtend im tiefsten Kerker der Finsternis; so viele Magistratsbeamte, die den Namen des Herrn verfolgten, zerfallend in Scheiterhaufen von brünstigerer Glut, als sie je gegen die Christen entflammt haben; so viele namhafte Philosophen, errötend in den roten Flammen mit ihren gefoppten Hörern; so viele beklatschte Dichter, zitternd vor dem Tribunal – nicht des Midas, sondern Christi; so viele Tragödienschauspieler, viel beredter nun in der Bekundung derart echter Qual…« (*De spectaculis*, 30; zitiert und übersetzt nach Gibbon.) Nicht einmal Dante, als er sich die große Aufgabe stellte, auf anekdotische Art gewisse Beschlüsse der ewigen Gerechtigkeit hinsichtlich des nördlichen Italiens vorauszusehen, konnte eine derartige Begeisterung aufbringen. Späterhin bezeugte sich in den literarischen Höllen Quevedos – bloßer Anlaß zu witzigen Anachronismen – und von Torres Villarroel – bloßer Anlaß zu Metaphern – nur noch das zunehmende Wuchern mit dem Dogma. Der Niedergang der Hölle ist bei ihnen fast wie bei Baudelaire, der an die unvergänglichen Qualen so wenig glaubt, daß er sie anzubeten vorgibt. (Eine bezeichnende Etymologie leitet das harmlose französische Verb »gêner« von dem machtvollen Wort der Schrift »gehenna« ab.)

Ich komme zu einer Betrachtung der Hölle. Den zerfahrenen Artikel im *Diccionario enciclopédico hispano-americano* liest man immerhin mit Nutzen, nicht wegen seiner zusammengeklaubten Anmerkungen und seiner unerschrockenen Küstertheologie, sondern wegen der Ratlosigkeit, die er durchblicken läßt. Zu Beginn wird festgestellt, daß der Begriff »Hölle« nicht ausschließlich der katholischen Kirche vorbehalten ist, eine vorsichtige Klausel, die in nackten Worten bedeuten soll: »Daß nur ja die Freimaurer sich nicht einfallen lassen zu sagen, die Kirche hätte diese Greuel eingeführt«, aber sogleich fällt ihm ein, daß die Hölle Dogma ist, und mit gewisser Eile setzt er hinzu: »Es ist der unverwelkliche Ruhm des Christentums, daß es alle die Wahrheiten an sich zieht, die sich hier und da in den falschen Religionen fanden.« Mag die Hölle eine Gegebenheit der natürlichen oder nur der geoffenbarten Religion sein, sicher ist, daß kein anderer theologischer Gegenstand für mich so viel Faszination und Macht birgt. Ich meine dabei nicht die unendlich einfältige Mietskasernenmythologie – Mist, Bratroste, Feuer, Zangen –, die der Hölle auf dem Fuß hinterhervegetiert und die sämtliche Schriftsteller, unter schändlicher Mißachtung ihrer Einbildungskraft und ihres Anstands, nachgebetet haben.* Ich

---

* Gleichwohl wird der Höllen-Amateur gut daran tun, diese ehrbaren Verstöße nicht außer acht zu lassen; die sabianische Hölle, deren vier übereinanderliegende Vorhallen Leitungen voll schmutzigen Wassers in die Stockwerke einlassen, deren Hauptgemach aber weiträumig und verstaubt ist, ohne daß je-

spreche von dem strikten Begriff – *Stätte ewiger Strafe für die Bösen* –, den das Dogma aufstellt, ohne zu etwas anderem verpflichtet zu sein als diese Stätte *in loco reali* anzusiedeln, an einem genauen Ort, und zwar *a beatorum sede distincto*, anders als der, den die Auserwählten bewohnen. Sich etwas anderes vorzustellen wäre unheimlich. Im 15. Kapitel seiner *Geschichte* will Gibbon das Wunder der Hölle schmälern, indem er schreibt, daß die zwei ganz gewöhnlichen Bestandteile, nämlich Feuer und Dunkelheit, hinreichen, um eine Empfindung von Schmerz zu bewirken, die durch die Idee einer endlosen Dauer unendlich erhöht werden kann. Dieser nörglerische Einwand beweist vielleicht, daß die Zubereitung von Höllen leicht ist; doch mindert er in nichts das bewundernswerte Grauen ihrer Erfindung herab. Attribut der Ewigkeit ist das Grauenvolle. Das Attribut anhaltender Dauer – die Tatsache, daß die göttliche Verfolgung kein Aussetzen kennt, daß es in der Hölle keinen Schlaf gibt – eignet ihr in noch höherem Maße, versagt sich indessen der Vorstellungskraft. Die Ewigkeit der Strafe ist das strittige Thema.

Zwei schwerwiegende und schöne Argumente gibt es, um diese Ewigkeit zu entkräften. Das älteste ist das von der bedingten Unsterblichkeit oder Auflösung im Nichts. Die Unsterblichkeit, so argumentiert diese verständnisvolle Anschauung, ist nicht ein Attribut der gefallenen menschlichen Natur, sie ist eine Gabe Gottes in Christus. Sie kann demzufolge nicht feindlich gegen das nämliche Individuum, dem sie gewährt wird, gekehrt werden. Sie ist kein Fluch, sie ist ein Geschenk. Wer sie verdient, der verdient sie als Himmel; wer sich unwürdig erweist, sie zu empfangen, der »stirbt, um zu sterben«, wie Bunyan schreibt, der stirbt restlos. Die Hölle ist im Licht dieser erbarmungsvollen Theorie der menschliche Lä-

mand darin wäre; die Hölle Swedenborgs, deren Schmierigkeit die Verdammten, die den Himmel von sich gewiesen haben, nicht wahrnehmen; die Hölle Bernard Shaws (*Man and Superman*, pp. 86–137), die ihre Ewigkeit umsonst mit Kunstfertigkeiten des Luxus, der Kunst, der Erotik und des Renommierens zerstreut.

stername für die Gottvergessenheit. Einer ihrer Verkünder war Whately, der Verfasser des rühmlich bekannten Werkchens: *Geschichtliche Zweifel an Napoleon Bonaparte.*

Noch merkwürdiger ist die Spekulation, die der evangelische Theologe Rothe 1869 darlegte. Seine Behauptung – auch sie geadelt durch das geheime Erbarmen, eine unendliche Bestrafung der Verdammten zu leugnen – besagt, daß die Strafe verewigen soviel bedeute wie das Böse verewigen. Gott, betont er, kann *diese* Ewigkeit für sein Universum nicht wollen. Er beharrt darauf, daß es anstößig sei anzunehmen, daß der sündige Mensch und der Teufel die wohltätigen Absichten Gottes auf immer verhöhnen sollten. (Die Theologie weiß, daß die Schöpfung ein Werk der Liebe ist. Der Begriff *Prädestination* bezieht sich für sie auf die Vorausbestimmung zur Glorie; die Verdammnis ist lediglich deren Kehrseite, sie ist eine Nichterwählung, die sich als Höllenpein übersetzen läßt, stellt jedoch keinen speziellen Akt der göttlichen Güte dar.) Er macht sich schließlich zum Anwalt eines abnehmenden, geminderten Lebens für die Verdammten. Er sieht voraus, wie sie an den Rändern der Schöpfung herumstreifen, die leeren Stellen des unendlichen Raums durchschweifen und sich mit Lebensüberresten durchfristen. Er zieht den Schluß: Insofern die Dämonen bedingungslos Gott fern und bedingungslos Gottes Feinde sind, ist ihre Tätigkeit gegen das Reich Gottes gerichtet und schart sie in einem teuflischen Reich zusammen, das naturgemäß einen Anführer wählen muß. Das Haupt dieser dämonischen Regierung – den Teufel – muß man sich ablösbar vorstellen. Die Individuen, die den Thron dieses Reiches einnehmen, verfallen der Gespensterhaftigkeit seines Wesens, erneuern sich aber wieder unter der teuflischen Nachkommenschaft (*Dogmatik* I, 248).

Ich komme zum unwahrscheinlichsten Teil meiner Aufgabe: den Gründen, die die Menschheit zugunsten der Ewigkeit der Hölle ausgearbeitet hat. Ich will sie in der Folge ihrer ansteigenden Bedeutung zusammenfassen. Die erste Begründung hat disziplinarischen Charakter: Sie behauptet, daß die Furchtbarkeit der Strafe gerade in ihrer Ewigkeit beschlossen liegt und daß, wer sie in Zweifel ziehe, die Kraft des Dogmas schwäche und für den Teufel Partei ergreife. Es ist ein Argument polizeilicher Art und bedarf, glaube ich, keiner Widerlegung. Das zweite lautet so: *Die Strafe muß unendlich sein, weil die Schuld unendlich ist, insofern sie einen Anschlag auf die Majestät des Herrn darstellt, der ein unendliches Wesen ist.* Hierzu ist bemerkt worden, daß diese Beweisführung so viel beweist, daß sie als Nichtigkeitsbeweis gelten kann: Sie beweist, daß es keine läßliche Sünde gibt, daß alle Schuld unverzeihlich ist. Ich möchte dem noch hinzufügen, daß sie ein perfekter Fall von scholastischer Frivolität ist, und daß der Schwindel in ihr die Mehrdeutigkeit des Wortes »unendlich« ist, das, auf den Herrn angewandt, soviel bedeutet wie »unbedingt«, dagegen im Hinblick auf die Strafe »unaufhörlich« und auf die Schuld etwas, das sich meinem Verständnis entzieht. Überdies zu argumentieren, daß eine Sünde unendlich ist, weil sie sich an Gott, der ein unendliches Wesen ist, vergreift, läuft auf dasselbe hinaus, wie sie heilig zu nennen, weil Gott heilig ist, oder sich einzubilden, die Kränkungen, die man einem Tiger zufügt, müßten gestreift sein.

Jetzt erhebt sich vor mir das dritte der Argumente, das einzige. Es läßt sich schriftlich etwa so fassen: *Es gibt eine Ewigkeit von Himmel und Hölle, weil die Würde des freien Willens es so erfordert; entweder haben wir die Fähigkeit, für immer zu wirken, oder dieses Ich ist eine Wahnvorstellung.* Die Macht dieses Gedankens geht über das Logische weit hinaus: Es ist ein durch und durch dramatischer Gedanke. Er verstrickt uns in ein furchtbares Spiel, er billigt uns das gräßliche Recht zu, uns zu verderben, im Bösen zu verharren, die Wirkungen der Gnade abzuweisen, ein Fraß des ewigen Feuers zu sein, Gott in unserem Schicksal zum Scheitern zu bringen; er gibt uns ein Recht auf den lichtlosen Leib in Ewigkeit und auf das *detestabile cum cacodaemonibus consortium.* Dein Schicksal, sagt er zu uns, ist untrüglich; ewige Verdammnis und ewige Errettung stehen in deiner Macht: diese Verantwortlichkeit ist deine Ehre. Diese

Empfindung ähnelt der von Bunyan: »Gott spielte nicht, als er mir zuredete, der Teufel spielte nicht, als er mich versuchte, und ich spielte nicht, als ich gleichsam in einen bodenlosen Abgrund versank, als die Trübsale der Hölle sich meiner bemächtigten; so darf ich auch heute nicht spielen, da ich sie aufzähle.« (*Grace Abounding to the Chief of Sinners*, the Preface.)

Ich glaube, daß in unserem unausdenkbaren Schicksal, in dem Schmählichkeiten wie der fleischliche Schmerz herrschen, alles Verschrobene möglich ist, sogar die ewige Dauer einer Hölle, daß es aber gegen die Religion verstößt, an sie zu glauben.

Nachschrift. Auf dieser lediglich mitteilenden Seite kann ich auch einen Traum mitteilen. Ich träumte, daß ich aus einem anderen – von Zusammenbrüchen und Tumulten wimmelnden – Traum zu mir kam und in einem unerkennbaren Zimmer erwachte. Es dämmerte: Ein verhaltenes neutrales Licht umzeichnete den Fuß des eisernen Bettes, den strengen Stuhl, die Tür und das Fenster, beide geschlossen, den nackten Tisch. Ich dachte voll Angst *Wo bin ich?* und begriff, daß ich es nicht wußte. Ich dachte *Wer bin ich?* und konnte mich nicht wiedererkennen. Die Angst in mir wuchs. Ich dachte: Dieses trostlose Wachsein ist bereits die Hölle, dieses ziellose Wachsein wird meine Ewigkeit sein. Dann erst wachte ich wirklich auf: bebend.

Die Homerübersetzungen

Kein Problem ist mit der Literatur und ihrem bescheidenen Mysterium so innig verwoben wie das einer Übersetzung. Eine von der Eitelkeit inspirierte Vergeßlichkeit, die Angst, Gedankengänge preiszugeben, von denen wir das Gefühl haben, daß sie auf gefährliche Art Gemeingut sind, das Bestreben, eine unberechenbare Schattenreserve intakt und zentral zu erhalten: Das alles verschleiert die unmittelbare schriftliche Aussage. Dagegen scheint es die Bestimmung der Übersetzung zu sein, ästhetische Fragestellungen zu erhellen. Der Gegenstand ihrer nachahmenden Tätigkeit ist ein sichtbarer Text, nicht ein unansehnliches Labyrinth vergangener Entwürfe oder die wahrgenommene Versuchung einer jäh dargebotenen Möglichkeit. Bertrand Russell definiert einen Gegenstand der Außenwelt als ein kreisförmig ausstrahlendes System möglicher Eindrücke; dasselbe läßt sich von einem Text behaupten, angesichts der unberechenbaren Rückwirkungen des Verbalen. Ein partielles, kostbares Zeugnis der Schicksale, die er erleidet, bleibt in seinen Übersetzungen. Was sind die vielen Schicksale der *Ilias* von Chapman bis zu Magnien anderes als verschiedene Perspektiven eines wandelbaren Tatbestandes, was sind sie anderes als eine breite experimentelle Mustersammlung von Weglassungen und Betonungen? (Es braucht nicht notwendig ein Wechsel der Sprache stattzufinden; dieses gewollte Spiel der Aufmerksamkeit ist auch innerhalb ein und derselben Literatur nicht ausgeschlossen.) Die Annahme, jede kombinatorische Neuordnung von Elementen sei dem Original unterlegen, kommt der Ansicht gleich, daß die Skizze 9 der Skizze H notgedrungen unterlegen sei – wiewohl es doch nur Skizzen geben kann. Der Begriff »endgültiger Text« kann sich nur vor der Religion oder vor der Müdigkeit ausweisen.

Der Aberglaube von der Unterlegenheit der Übersetzungen – ausgedrückt in dem wohlbekannten italienischen Sprichwort – entstammt einer ungenauen Erfahrung. Kein guter Text, der uns nicht unwandelbar und endgültig vorkäme, wenn wir mit ihm lange genug umgegangen sind. Hume hat die geläufige Kausalitätsidee mit der Abfolge gleichgesetzt. So scheint ein guter Film, wenn wir ihn zum zweitenmal sehen, noch besser; wir neigen dazu, für Notwendigkeiten zu halten, was nur Wiederholungen sind. Bei den berühmten Büchern ist das erste immer schon das zweite Mal, weil wir sie bereits kennen, wenn wir an sie herangehen. Die gebräuchliche vorsorgliche Wendung, die vom »Wiederlesen« der Klassiker spricht, trifft in aller Unschuld das Richtige. Ich weiß nicht, ob die Mitteilung: »*En un lugar de la Mancha, de cuyo nombre no quiero acordarme, no ha mucho tiempo que vivía un hidalgo de los de lanza en astillero, adarga antigua, rocín flaco y galgo...*« vor einer unparteiischen Gottheit bestehen kann; ich weiß nur, daß jede Abänderung ein Sakrileg wäre und daß ich mir keinen anderen Beginn des *Don Quijote* vorstellen kann. Cervantes war, glaube ich, mit diesem Anflug von Aberglauben nicht behaftet; möglicherweise hätte er diesen Absatz nicht als unumstößlich anerkannt. Ich dagegen kann jegliche Abweichung nur zurückweisen. Der *Don Quijote* ist für mich, der ich im Spanischen aufgewachsen bin, ein gleichbleibendes Denkmal, dessen einzige Abwandlungen auf die Rechnung des Herausgebers, des Buchbinders und des Kassierers kommen; dagegen ist die *Odyssee* für mich, der ich zum Glück des Griechischen unkundig bin, eine internationale Bibliothek, die sich aus Werken in Vers und Prosa zusammensetzt, angefangen mit Chapmans Reimpaaren bis hin zu der *Authorized Version* von Andrew Lang oder dem klassischen französischen Drama von Bérard oder der kraftvollen Saga von Morris oder dem ironischen bürgerlichen Roman von Samuel Butler. Ich nenne so viele englische Namen, weil England in seiner Literatur mit diesem Epos des Meeres allezeit innigen Umgang gepflogen hat, und die Reihe ihrer *Odyssee*-Übersetzungen könnte ihren Weg durch die Jahrhunderte ausreichend illustrieren. Dieser verschiedenartige, ja sogar widerspruchsvolle Reichtum ist in der Hauptsache nicht der Entwicklung des Englischen zuzuschreiben, auch nicht der bloßen Länge des Originals, den Entgleisungen oder der unterschiedlichen Fähigkeit der Übersetzer, sondern dem wohl nur für Homer eigentümlichen Umstand, daß nicht mit Sicherheit zu entscheiden ist, was dem Dichter und was der Sprache zugehört. Dieser glücklichen Schwierigkeit verdanken wir die Möglichkeit so vieler Übersetzungen, allesamt redlich, echt und divergierend.

Ich kenne kein besseres Beispiel als die homerischen Adjektive: Der göttliche Patroklos, die nährende Erde, das weinfarbene Meer, die einhufigen Pferde, die benetzten Wogen, das schwarze Schiff, das schwarze Blut, die geliebten Knie sind wiederkehrende Bezeichnungen, die zur Unzeit Gemütsbewegungen hervorrufen. An einer Stelle ist von den »weidlichen Männern« die Rede, »die das schwarze Wasser des Aisepos trinken«, an einer anderen von einem tragischen König, der, »ein Unseliger, in dem köstlichen Theben die Kadmosenkel beherrscht, nach dem verhängnisvollen Ratschluß der Götter«. Alexander Pope (dessen pompöse Homerübersetzung wir später untersuchen werden) glaubte, diese unverrückbaren Epitheta seien liturgischer Art. Rémy de Gourmont schreibt in seinem langen Essay über den Stil, sie müßten einmal bezaubernd gewesen sein, allerdings seien sie dies nicht mehr. Ich wiederum neige eher zu der Vermutung, daß diese getreuen Epitheta dasselbe sind wie heute noch die Präpositionen: obligatorische und anspruchslose Lautzeichen, die der Sprachgebrauch gewissen Wörtern anhängt und die keine Originalität gestatten. Wir wissen, daß man korrekterweise vom Gehen »zu Fuß« sagt, nicht »mit Fuß«. Der Rhapsode wußte, daß es korrekt war, den Namen Patroklos mit dem Adjektiv »göttlich« zu verbinden. Im einen oder anderen Fall mag es eine ästhetische Absicht gegeben haben. Ich stelle diese Vermutungen ohne Enthusiasmus auf; fest steht allein, daß es unmöglich ist, den Anteil des Schriftstellers vom Anteil der Sprache zu trennen. Wenn wir bei Augustín Moreto lesen (sofern wir überhaupt Augustín Moreto lesen):

> *Pues en casa tan compuesta*
> *¿Que hacen todo el santo dia?*

> Wenn es in ihrem Haus so aussieht:
> was machen sie darin den lieben langen Tag?

so wissen wir, daß die *»santidad«* [Heiligkeit] dieses Tages auf die Rechnung der spanischen Sprache, nicht auf die des Schriftstellers kommt. Dagegen sind wir über das, was Homer hervorheben will, von einem Ende bis zum andern im unklaren.

Für einen lyrischen oder elegischen Dichter hätte eine solche Unkenntnis seiner Absichten vernichtend sein müssen; sie ist es jedoch nicht für einen Dichter, der Punkt für Punkt weitgespannte Themen auseinandersetzt. Die Vorgänge der *Ilias* und der *Odyssee* haben ein ungeschmälertes Nachleben; verschwunden dagegen sind Achilles und Odysseus, nämlich das, was sich Homer bei ihren Namen vorstellte und was er in Wirklichkeit von ihnen hielt. Der gegenwärtige Zustand seiner Werke hat Ähnlichkeit mit einer komplizierten Gleichung, die genaue Relationen zwischen unbekannten Größen angibt. Dies verschafft den Übersetzern die denkbar reichsten Möglichkeiten. Das berühmteste Werk von Browning besteht aus zehn detaillierten Schilderungen eines Verbrechens, gemäß den Personen, die darin verwickelt waren. Der Kontrast ergibt sich allein aus den Charakteren, nicht aus den Tatsachen, und er ist fast so intensiv und abgründig wie der zwischen zehn werkgerechten Homerübersetzungen.

Das schöne Streitgespräch zwischen Newman und Arnold (1861-62), das bedeutender ist als die beiden Gesprächspartner, behandelte eingehend die beiden Grundauffassungen vom Übersetzen. Newman verfocht die buchstäbliche Art, die

Beibehaltung aller Worteigentümlichkeiten; Arnold befürwortete die strenge Ausmerzung jener Einzelheiten, die ablenken oder aufhalten, die Unterordnung des stets unregelmäßigen Homer jeder Verszeile unter den idealen oder konventionellen Homer aus glatter Syntax und glatten Gedanken, aus raschem Fluß und steter Höhe. Dies beschert uns die Reize der Ebenmäßigkeit und der Strenge, jenes die Reize kleiner dauernder Überraschungen.

Ich will die Schicksale einer einzigen Homerstelle betrachten. Ich halte mich an die Vorgänge, die in der kimmerischen Stadt, in der endlosen Nacht, der Geist des Achilles dem Odysseus mitteilt (*Odyssee* XI). Die Stelle handelt von Neoptolemos, dem Sohn des Achilles. Die wortgetreue Übersetzung Buckleys lautet: »Aber als wir die hohe Stadt des Priamos geplündert hatten, schiffte er sich mit seinem Anteil an der Beute und einem stattlichen Kriegslohn unversehrt in ein Schiff ein, weder entstellt von schneidender Bronze noch im Kampf Mann gegen Mann, wie es im Krieg so vielfach geschieht, weil Mars blindlings wütet.« Ebenfalls wortgetreu, aber archaisierend übersetzten Butcher und Lang: »Aber nachdem die schroffe Feste des Priamos geplündert war, schiffte er sich mitsamt seinem Teil an der Schatzung und einem löblichen Preis ein, heil an Gliedern; nicht ward er getroffen von scharfen Lanzen noch trug er Wunden davon im Handgemenge; und viel derlei Fährlichkeiten gibt es im Krieg, weil Ares wahllos tobt.« Die Übersetzung Cowpers aus dem Jahre 1791: »Endlich dann, nachdem wir des Priamos hohe Stadtwohnung geschleift hatten, schiffte er sich beladen mit reichen Beuteschätzen wohlbehalten ein, weder von Lanze oder Speer irgend gekränkt, noch im Scharmützel von der Schneide der Säbel, wie es im Krieg zu geschehen pflegt, da die Wunden wahllos ausgeteilt werden, nach dem Willen des ungestümen Mars.« Die Übersetzung, für die im Jahr 1725 Pope verantwortlich zeichnete, lautet: »Als die Götter mit Eroberung die Waffen krönten, als die stolzen Mauern Trojas am Boden rauchten, überhäufte Griechenland, die wackere Mühe seines Soldaten lohnend, seine Flotte mit zahllosen Beuteschätzen. So kehrte er, groß an Ruhm, wohlbehalten aus dem kriegerischen Tosen heim, ohne eine feindliche Narbe; und ob auch Lanzen sich ringsum zu eisernen Wetterwolken zusammenballten, so war doch ihr eitles Spiel der Wunden bar.« Die Übersetzung von George Chapman aus dem Jahr 1614: »Als die hohe Troja entvölkert dalag, bestieg er sein schönes Schiff mit reicher Fülle an Beute und Schätzen, unversehrt und ohne die Spur einer Lanze, die von weither geschleudert wird, oder eines Schwertes im Nahkampf, das Wunden schlägt, die der Krieg als Auszeichnungen verleiht; er aber, obzwar er sich um sie bewarb, empfing sie nicht. Im Schlachtgedränge pflegt Mars nicht zu streiten: er rast besinnungslos.« Die Übersetzung Butlers aus dem Jahr 1900: »Als dann die Stadt besetzt war, konnte er seinen Teil am errungenen Gewinn einstreichen und an Bord schaffen: eine erkleckliche Summe. Er überstand den ganzen gefährlichen Feldzug ohne einen Kratzer. Glück haben ist bekanntlich alles.«

Die beiden eingangs zitierten Übersetzungen – die wortgetreuen – können uns auf Grund einer Reihe verschiedener Gründe für sich einnehmen: die ehrerbietige Erwähnung der Plünderung, die naive Erklärung, daß man sich im Krieg gewöhnlich wehtut, die plötzliche Zusammenziehung des unendlichen Kriegsgetümmels in einem einzigen Gott, die Tatsache, daß der Gott wahnsinnig ist. Andere Reize untergeordneter Art wirken ebenfalls: in einem der zitierten Texte der glücklich gewählte Pleonasmus: einschiffen in ein Schiff; in dem anderen die Verwendung des verbindenden Fürworts anstelle des ursächlichen*: »und viel derlei Fährlichkeiten

---

* Eine andere Eigenart Homers ist der glückliche Mißbrauch der Adversativkonjunktionen. Ich gebe ein paar Beispiele:

»Stirb! Doch werde ich mein Los empfangen, wo es Zeus gefällt und den anderen unsterblichen Göttern!« (*Ilias*, XXII).

»Astyoche, Aktors Tochter: eine sittsame Jungfrau, als sie im Haus ihres Vaters ins Obergemach hinaufstieg, aber heimlich umarmte sie der Gott« (*Ilias*, II).

gibt es im Krieg«. Die dritte Übersetzung – die von Cowper – ist von allen die harmloseste: sie ist wortgetreu, soweit es mit den Verpflichtungen dem Tonfall Miltons gegenüber vereinbar ist. Die von Pope ist außergewöhnlich. Sein luxuriöser Dialekt (wie der von Góngora) läßt sich bestimmen als unüberlegte und mechanische Verwendung von Superlativen. Zum Beispiel: Das einzelne schwarze Schiff des Helden vervielfältigt sich und wird zur Flotte. Immer dieser allgemeinen Aufblähung unterworfen, fallen alle Zeilen seines Textes in zwei große Klassen: die einen sind rein oratorisch – »Als die Götter mit Eroberung die Waffen krönten« –, die anderen sind visuell: »Als die stolzen Mauern Trojas am Boden rauchten«. Reden und Schauspiele: Das ist Pope. Spektakulär ist auch der inbrünstige Chapman, aber sein Temperament ist lyrisch, nicht oratorisch. Butler hingegen beweist seine Entschlossen-

»(Die Myrmidonen) waren wie fleischfressende Wölfe, das Herz voll Gewalt; wenn sie im Gebirge einen großen gehörnten Hirsch gerissen haben, zerfleischen und verschlingen; aber die Lefzen aller sind vom Blut gefärbt« (*Ilias*, XVI).

»Zeus, Dodonäischer Gott, Pelasgischer, der du fern von hier über dem winterlichen Dodona thronst; aber es umwohnen dich deine Diener, die ihre Füße nicht waschen und am Boden schlafen« (*Ilias*, XVI).

»Freue dich, Weib, unserer Liebe, und wenn das Jahr wiederkehrt, wirst du strahlende Kinder gebären – weil die Betten der Unsterblichen nicht eitel sind, – du aber hüte sie. Geh jetzt nach Hause und entdecke nicht dein Geheimnis, aber ich bin Poseidon, der Erderschütterer« (*Odyssee*, XI).

»Dann gewahrte ich die Kraft des Herakles, ein Bild, aber er hat seine Lust an Gastmählern mit den unsterblichen Göttern und liebt die schöngefesselte Hebe, die Tochter des mächtigen Zeus und der Hera, der mit den goldenen Sandalen« (*Odyssee* XI).

Ich füge die prachtvolle Übersetzung an, die von dieser letzten Stelle George Chapman gegeben hat:

> Down with these was thrust
> The idol of the force of Hercules,
> But his firm self did no such fate oppress.
> He feasting lives amongst th'immortal States
> White-ankled Hebe and himself made mates
> In heavenly nuptials. Hebe, Jove's dear race
> And Juno's whom the golden sandals grace.

heit, allen visuellen Möglichkeiten aus dem Wege zu gehen und den Text Homers in eine Reihe ruhiger Mitteilungen aufzulösen.

Welche dieser vielen Übersetzungen ist getreu? wird vielleicht mein Leser wissen wollen. Ich wiederhole: entweder keine oder alle insgesamt. Wenn es die Phantasien Homers sind, denen wir in der Übersetzung treu bleiben sollen, den unwiederbringlichen Menschen und Tagen, die er sich vorstellte, kann für uns keine von ihnen treu sein, wogegen für einen Griechen des zehnten Jahrhunderts alle treu sind. Wenn es die Absichten Homers sind, denen wir treu bleiben sollen, dann ist jede von den vielen Übersetzungen, die ich zitiert habe, treu, nur die wortgetreuen nicht, deren wichtigste Eigenschaft der Gegensatz zu heutigen Gewohnheiten ist. Es könnte wohl sein, daß die gelassene Übersetzung Butlers die getreueste ist.

1932

Der ewige Wettlauf
zwischen Achilles und der Schildkröte

Die Implikationen des Worts *Juwel* – wertvolle Winzigkeit, unzerbrechliche Feinheit, mühelose Übertragbarkeit, Klarheit bei gleichzeitiger Undurchdringlichkeit, ewige Blume – machen seine Verwendung hier legitim. Ich kenne keine bessere Bezeichnung für das Paradoxon von Achilles, so gleichgültig gegenüber den schneidenden Widerlegungen, die es seit dreiundzwanzig Jahrhunderten aufheben, daß wir es längst als unsterblich begrüßen dürfen. Daß man das Mysterium immer wieder aufgesucht hat, was sich in seiner Fortdauer bekundet, daß es die Menschen immer wieder eingeladen hat, bei seiner subtilen Unwissenheit Einkehr zu halten, können wir ihm nur mit Dank entgelten. Erleben wir es denn ein weiteres Mal, sei es auch nur, um uns von Verblüffung und innigem Geheimnis zu überzeugen. Ich will ein paar Seiten – ein paar geteilte Minuten – seiner Darstellung und der seiner berühmtesten Richtigstellungen widmen. Bekanntlich war sein Erfinder Zenon von Elea, Schüler des Parmenides; er leugnete, daß in der Welt irgend etwas vor sich gehen könne.

Die Bibliothek gibt mir die Möglichkeit, zwei Fassungen des ruhmreichen Paradoxons einzusehen. Die erste entnehme ich dem hyperspanischen *Diccionario Hispano-Americano*, das sich in seinem 23. Band auf die folgende vorsichtige Notiz beschränkt: »Die Bewegung existiert nicht: Achilles wird die träge Schildkröte niemals einholen können.« Ich mag diese Zurückhaltung nicht und suche die weniger gereinigte Darstellung von G. H. Lewes auf, dessen *Biographical History of Philosophy* die erste spekulative Lektüre war, über die ich mich hermachte, ob aus Eitelkeit oder aus Neugier weiß ich nicht. Ich schreibe seine Darlegung wie folgt nieder: Achilles, Symbol der Schnelligkeit, soll die Schildkröte, Symbol der Trägheit, einholen. Achilles läuft zehnmal schneller als die

Schildkröte und gibt ihr zehn Meter Vorsprung. Achilles läuft die zehn Meter, die Schildkröte einen Meter; Achilles läuft diesen Meter, die Schildkröte läuft einen Dezimeter; Achilles läuft diesen Dezimeter, die Schildkröte läuft einen Zentimeter; Achilles läuft diesen Zentimeter, die Schildkröte einen Millimeter; Achilles den Millimeter, die Schildkröte einen Zehntel Millimeter und so ins Unendliche, so daß Achilles ewig laufen kann, ohne sie einzuholen. So das unsterbliche Paradoxon.

Ich gehe zu den erwähnten Widerlegungen über. Die an Jahren ältesten – die von Aristoteles und die von Hobbes – sind in der von Stuart Mill formulierten implizit enthalten. Das Problem ist in seinen Augen nicht mehr als eines der vielen Beispiele für den aus Vermengung resultierenden Trugschluß. Er glaubt ihn durch folgende Unterscheidung zu entkräften:

In der Schlußfolgerung des Sophismas soll *ewig* jeden vorstellbaren Zeitabschnitt bezeichnen, in den Prämissen dagegen jede Anzahl von Zeitunterteilungen. Das heißt, daß wir zehn Einheiten durch zehn dividieren können und den Quotienten abermals durch zehn, so oft wir wollen, und daß die Unterteilungen der durchlaufenen Strecke an kein Ende kommen wie folglich auch nicht die Unterteilungen der Zeit, innerhalb deren sich das Durchmessen der Strecke abspielt. Eine unbegrenzte Anzahl von Unterteilungen kann aber im Begrenzten stattfinden. Das Argument beweist keine unendlichere Dauer als die, die in fünf Minuten enthalten sein kann. Solange die fünf Minuten nicht vergangen sind, kann das, was an ihnen fehlt, durch zehn geteilt werden und dieses abermals durch zehn, so oft es uns beliebt, was mit der Tatsache vereinbar ist, daß die Gesamtdauer fünf Minuten beträgt. Im Endergebnis ist also bewiesen, daß man, um diesen endlichen Raum zu durchmessen, eine unendlich unterteilbare Zeit, dagegen keine unendliche Zeit benötigt (Mill: *System of Logic*, lib. V. cap. 7).

Ich habe keine Ahnung, wie sich der Leser hierzu stellt,

doch kommt es mir so vor, als sei die geplante Widerlegung von Stuart Mill nichts anderes als eine Darlegung des Paradoxons. Man braucht die Geschwindigkeit des Achilles nur auf eine Sekunde pro Meter zu beziffern, um die Zeit, die er benötigt, wie folgt anzugeben:

$$10 + 1 + \frac{1}{10} + \frac{1}{100} + \frac{1}{1000} + \frac{1}{10\,000} \ldots$$

Der Endwert der Summe dieser unendlichen geometrischen Progression beträgt zwölf (genauer, elf und ein Fünftel; genauer, elf und drei Fünfundzwanzigstel), doch wird er nie erreicht. Das heißt, die Laufstrecke des Helden wird unendlich sein, und er wird immer laufen, aber sein Weg wird erschöpft sein, ehe er zwölf Meter erreicht hat, und seine Ewigkeit wird die Beendigung von zwölf Sekunden nicht erleben. Diese methodische Auflösung, dieser grenzenlose Sturz in immer winzigere Abgründe steht zu dem Problem nicht eigentlich im Gegensatz: Sie verhilft uns zu einer deutlichen Vorstellung. Vergessen wir auch nicht darauf zu achten, daß die beiden Läufer an Größe abnehmen, und zwar nicht nur infolge optischer Verengung der Perspektive, sondern auch infolge der wundersamen Verringerung, zu der sie das Einnehmen mikroskopischer Standorte nötigt. Seien wir uns auch darüber klar, daß diese verketteten Abgründe den Raum zersetzen und – noch schwindelerregender – die erlebte Zeit, auf Grund ihrer doppelt verzweifelten Jagd nach der Unbeweglichkeit und der Ekstasis.

Einen weiteren Anlauf zur Widerlegung teilte Henri Bergson 1910 in seinem bekannten *Essai sur les données immédiates de la conscience* mit, einem Werk, das sich schon im Titel als eine *petitio principii* zu erkennen gibt. Hier ist sein Beitrag:

Einerseits schreiben wir der Bewegung dieselbe Teilbarkeit zu wie dem Raum, den sie durchmißt, wobei wir vergessen, daß zwar ein Gegenstand teilbar ist, nicht jedoch eine Handlung; andererseits sind wir gewohnt, diese gleiche Handlung räumlich zu projizieren, sie auf die Linie, die das Bewegliche durchläuft, zu fixieren, mit einem Wort, sie zu verfestigen. Indem so die Bewegung und der durchmessene Raum miteinander verwechselt werden, kommt es – nach unserer Ansicht – zu den Sophismen der Schule von Elea; weil der Zwischenraum, der zwei Punkte voneinander trennt, unendlich teilbar ist, könnte, sofern die Bewegung aus Teilen gleich denen des Zwischenraums zusammengesetzt wäre, der Zwischenraum nie überwunden werden. Dagegen ist in Wahrheit jeder einzelne der Schritte des Achilles ein unteilbarer einfacher Akt, und nachdem Achilles eine gewisse Anzahl dieser Akte vollzogen hat, hat er auch die Schildkröte überholt. Die Illusion der Eleaten entsprang der Gleichsetzung dieser individuellen Akte *sui generis* mit dem homogenen Raum, der sie stützt. Insofern der Raum auf Grund eines beliebigen Gesetzes zerteilt und wieder zusammengesetzt werden kann, hielten sie sich für ermächtigt, die Totalbewegung des Achilles nachzubilden, jedoch nicht mittels Achillesschritten, sondern mittels Schildkrötenschritten. An die Stelle des Achilles, der einer Schildkröte nachläuft, setzten sie in Wirklichkeit zwei Schildkröten, die genau aufeinander abgestimmt waren, zwei Schildkröten, die sich darauf geeinigt hatten, dieselbe Anzahl von Schritten oder gleichzeitigen Handlungen vorzunehmen, um einander nie einzuholen. Warum überholt Achilles die Schildkröte? Weil jeder einzelne Schritt des Achilles und jeder einzelne Schritt der Schildkröte, was die Bewegung angeht, unteilbar sind und, was den Raum angeht, unterschiedliche Größen darstellen; weshalb sich auch in der Endsumme ohne weiteres für den von Achilles durchmessenen Raum eine Länge ergibt, die der Summe des von der Schildkröte durchmessenen Raums sowie dem Vorsprung, den sie vor Achilles hatte, überlegen ist. Das ist es, was Zenon nicht berücksichtigt, wenn er die Bewegung des Achilles derselben Gesetzmäßigkeit unterwirft wie die Bewegung der Schildkröte und jene dieser nachbildet, wobei er vergißt, daß allein der Raum sich auf beliebige Art zusammensetzen und zerlegen läßt, und er ihn auf diese Weise mit der Bewegung vermengt. (Nach *Datos inmediatos*, spanische Fassung von Barnés, S. 89/90. Ich korrigiere beiläufig einige offenkundige Unaufmerksamkeiten des Übersetzers.) Das Argument ist konzessiv. Bergson gibt zu, daß der Raum unendlich teilbar ist, leugnet aber, daß die Zeit teilbar sei. Er wartet mit zwei Schildkröten statt mit einer auf, um den Leser abzulenken. Er verkoppelt eine Zeit und einen Raum, die unvereinbar miteinander sind: die stoßweise diskontinuierliche Zeit von James, die voll und ganz aus Werdeimpulsen besteht, mit dem bis ins Unendliche teilbaren Raum der gewöhnlichen Anschauung.

Ich komme auf dem Weg der Eliminierung zur einzigen Widerlegung, die mir bekannt ist, der einzigen, die als Eingebung dem Original ebenbürtig ist, eine Tugend, auf die die Ästhetik der Intelligenz Anspruch erhebt. Es ist die von Russell formulierte. Ich stieß auf sie in dem überaus noblen Werk von William James: *Some Problems of Philosophy;* die Gesamtkonzeption, die die es postuliert, kann man in späteren Büchern ihres Erfinders – *Introduction to Mathematical Philosophy,* 1919; *Our Knowledge of the External World,* 1926 – studieren, Büchern von unmenschlicher Klarheit, unbefriedigend und intensiv. Für Russell besteht der Vorgang des Zählens (seinem Wesen nach) in der vergleichenden Gegenüberstellung zweier Reihen. Beispielsweise: Wenn die Erstgeborenen in den Häusern Ägyptens sämtlich von dem Engel getötet wurden, jene ausgenommen, die in Häusern wohnten, deren Türe ein rotes Zeichen trug, so ist klar zu ersehen, daß so viele gerettet wurden, wie rote Zeichen da waren, ohne daß aufgezählt werden müßte, wie viele es waren. Hier ist die Quantität unbestimmt; es gibt andere Rechenvorgänge, bei denen sie auch unendlich ist. Die natürliche Zahlenreihe ist unendlich; es läßt sich jedoch beweisen, daß es ebensoviele ungerade wie gerade Zahlen gibt:

> Der 1 entspricht die 2
> der 3 entspricht die 4
> der 5 entspricht die 6 usw.

Dieser Beweis ist so unwiderleglich wie läppisch, doch unterscheidet er sich nicht von dem folgenden, daß es nämlich so viele Multiplikationswerte von 3018 gibt, wie es Zahlen gibt:

Der 1 entspricht 3018
der 2 entspricht 6036
der 3 entspricht 9054
der 4 entspricht 12072 usw.

Dasselbe gilt von den Potenzen von 3018, zumal diese sprunghaft anwachsen, je weiter wir vorangehen:

Der 1 entspricht 3018
der 2 entspricht 3018^2, 9108324
der 3 ... usw.

Die geistreiche Berücksichtigung dieser Tatsachen hat die Formel inspiriert, daß eine unendliche Menge – etwa die Reihe der natürlichen Zahlen – eine Menge ist, deren Glieder sich ihrerseits in unendliche Reihen aufspalten können. Der Teil ist in diesen hohen Regionen der Zählung nicht weniger ergiebig als das Ganze: die genaue Anzahl der im Universum vorhandenen Punkte entspricht der Anzahl, die in einem Meter oder einem Dezimeter oder der weitesten Sternenbahn enthalten ist. Das Achilles-Problem ordnet sich dieser heroischen Stellungnahme ein. Jeder Ort, den die Schildkröte bezieht, verhält sich proportional zu einem anderen Ort, den Achilles bezieht, und die minutiöse Entsprechung dieser beiden symmetrischen Reihen in jedem einzelnen Punkt reicht hin, um sie als einander gleich auszugeben. Von dem Vorsprung, der zu Anfang der Schildkröte gegönnt wurde, bleibt kein periodisches Überbleibsel zurück: der Punkt, an dem ihre Bahn endet, der Punkt, an dem die Bahn des Achilles endet, sowie der Punkt, an dem ihr Lauf in der Zeit endet, sind mathematisch zusammenfallende Begriffe. So lautet die Lösung von Russell. James, ohne die technische Überlegenheit seines Gegenspielers in Frage zu stellen, zieht es vor, nicht zuzustimmen. »Die Erklärungen von Russell (schreibt er) umgehen die eigentliche Schwierigkeit, die das Unendliche bietet, wenn es sich unter der Kategorie des ›Wachsenden‹ darstellt, nicht unter der Kategorie des ›Stabilen‹, die von ihm als einzige berücksichtigt wird, indem er von der Annahme ausgeht, daß der Wettlauf abgeschlossen ist und das Problem darin besteht, die Laufstrecken einander gleichzusetzen. Außerdem sind keine zwei Strecken nötig: Die jedes einzelnen der beiden Läufer, oder das bloße Vergehen leerer Zeit, impliziert die Schwierigkeit, ein Ziel zu erreichen, wenn zuvor ein Intervall sich immer wieder präsentiert und den Weg verstellt« (*Some Problems of Philosophy*, 1911, p. 181).

Ich bin am Ende meines Artikels angelangt, nicht jedoch am Ende unserer Grübelei. Das Paradoxon Zenons von Elea ist, worauf James hingewiesen hat, ein Anschlag nicht nur auf die Wirklichkeit des Raums, sondern auch auf die unverletzlichere und feinere der Zeit. Ich füge hinzu, daß das Existieren in einem physischen Leib, die reglose Dauer, die Strömung eines Abends im Leben sich gelegentlich von ihm abenteuerlich beunruhigt fühlen. Diese Zersetzung bewirkt einzig und allein das Wort *unendlich*, ein Wort (und später ein Begriff) des Schreckens, das wir furchtsam gezeugt haben und das, wenn es von einem Gedanken bejaht wird, explodiert und ihn tötet. (Für den Umgang mit einem so leichtfertigen Wort hatte man in alter Zeit noch andere warnende Parabeln bereit: Da gibt es die chinesische Sage von dem Zepter der Könige von Liang, das bei jedem neuen König um die Hälfte kürzer gemacht wurde; das Zepter, von Dynastien verstümmelt, existiert noch heute.) Meine Auffassung läuft nach den überaus kundigen, die ich dargelegt habe, die doppelte Gefahr, einen anmaßenden oder trivialen Eindruck zu erwecken. Ich will sie trotzdem in Worte fassen: Zenon ist unwiderlegbar, es sei denn wir bekennen uns zur Idealität des Raums und der Zeit. Sagen wir Ja zum Idealismus, sagen wir Ja zum Wirklichkeitszuwachs durch Wahrnehmung, so werden wir dem abgründigen Gewucher des Paradoxons entkommen.

Unseren Begriff vom Universum antasten wegen dieses Fetzchens griechischer Finsternis? wird mich der Leser fragen.

Bemerkungen über Walt Whitman

Das literarische Schaffen kann zu dem Ehrgeiz führen, ein absolutes Buch zu schaffen, ein Buch der Bücher, das nach Art eines platonischen Archetyps alle in sich bergen soll, einen Gegenstand, dessen Kraft die Jahre nichts anhaben sollen. Die sich mit diesem Ehrgeiz trugen, wählten erhabene Gegenstände: Apollonios von Rhodos das erste Schiff, das die Gefahren des Meeres durchquerte; Lukan den Streit zwischen Caesar und Pompejus, als die Adler gegen die Adler fochten; Camões die Waffen Lusitaniens im Orient; Donne den Wanderzyklus einer Seele, gemäß dem pythagoräischen Dogma; Milton die älteste Schuld und das Paradies; Firdausi die Throne der Sassaniden. Góngora war, soviel ich weiß, der erste, der befand, ein bedeutendes Buch könne eines bedeutenden Themas entraten; die unklare Geschichte, die in den *Soledades* erzählt wird, ist mit Absicht banal, worauf schon Cascales und Gracián tadelnd hingewiesen haben (*Cartas filológicas*, VIII; *El Criticón*, II, 4). Für Mallarmé reichten triviale Themen noch nicht; er suchte nach negativen Themen: die Abwesenheit einer Blume oder einer Frau, das unbeschriebene Weiß eines Papierblatts vor dem Gedicht. Wie Pater empfand er, daß alle Künste zur Musik neigen, zu jener Kunst, bei der die Form der Inhalt ist; sein ehrbares Glaubensbekenntnis, *Tout aboutit à un livre*, scheint den Ausspruch Homers zu rekapitulieren, daß die Götter unglückliche Schicksale weben, damit es künftigen Geschlechtern nicht an etwas zum Singen fehle (*Odyssee* VIII, *in fine*). Yeats suchte gegen 1900 das Absolute im Umgang mit Symbolen, die das Gedächtnis der Art oder das Große Gedächtnis wecken sollten, dessen Puls unter den individuellen Geistern schlägt; man müßte diese Symbole mit den späteren Archetypen von C. G. Jung vergleichen. Barbusse ging in seinem zu Unrecht vergessenen Buch *L'Enfer* den zeitlichen Beschränkungen aus dem

Wege (oder versuchte es), indem er die fundamentalen Handlungen des Menschen poetisch schilderte; Joyce in *Finnegans Wake*, indem er Charakterzüge unterschiedlicher Epochen gleichzeitig darstellte. Die bewußte Verwendung von Anachronismen, die einen Anschein von künstlicher Ewigkeit hervorrufen soll, wurde auch von Ezra Pound und T. S. Eliot praktiziert.

Ich habe an eine Reihe literarischer Verfahren erinnert; keines ist merkwürdiger als das von Whitman aus dem Jahr 1855. Bevor ich näher darauf eingehe, will ich ein paar Ansichten zitieren, die das, was ich sagen werde, mehr oder weniger vorwegnehmen. Die erste stammt von dem englischen Dichter Lascelles Abercrombie: »Whitman – lesen wir – gewann aus seiner noblen Erfahrung diese lebendige und persönliche Gestalt, die eine der wenigen großen Errungenschaften der modernen Literatur ist: die Gestalt seiner selbst.« Die zweite stammt von Sir Edmund Gosse: »Es gibt keinen echten Walt Whitman... Whitman ist die Literatur im Protoplasma-Stadium: ein so einfacher geistiger Organismus, daß er sich darauf beschränkt, alles, was in seine Nähe kommt, zu reflektieren.« Die dritte Äußerung stammt von mir: »Nahezu alles, was über Whitman geschrieben worden ist, verfälscht ihn auf Grund zweier unausrottbarer Irrtümer. Der eine ist die summarische Gleichsetzung Whitmans, des Literaten, mit Whitman, dem halbgöttlichen Held von *Leaves of Grass*, so wie Quijote der Held des *Quijote* ist; der andere Irrtum ist die unsinnige Übernahme des Stils und Vokabulars seiner Gedichte, das heißt eben des überraschenden Phänomens, das ja gerade erklärt werden soll.«*

Man stelle sich eine Biographie des Odysseus vor (beruhend auf Zeugenaussagen von Agamemnon, Laertes, Polyphem, Kalypso, Penelope, Telemach, des Sauhirten, der Skylla und der Charybdis), die den Nachweis erbrächte, daß Odysseus Ithaka nie verlassen habe. Die Enttäuschung, die

* vgl. ›Der andere Walt Withman‹.

234

uns dieses glücklicherweise hypothetische Buch bereiten würde, ist dieselbe, die uns sämtliche Biographien Whitmans bereiten. Von der paradiesischen Welt seiner Verse auf die unscheinbare Chronik seiner Lebenstage zu kommen ist ein melancholischer Übergang. Paradoxerweise verdüstert sich diese unvermeidliche Melancholie, wenn der Biograph zu verhehlen trachtet, daß es zwei Whitmans gibt: den »freundschaftlichen und beredsamen Wilden« von *Leaves of Grass* und den armen Literaten, der sein Erfinder war.* Dieser war nie in Kalifornien oder im Platte Cañon; jener improvisiert eine Apostrophe am zweiten dieser Örtlichkeiten (*Spirit that Formed this Scene*) und ist in der anderen Bergmann gewesen (*Starting from Paumanok* I). Dieser war 1859 in New York; jener wohnte am 2. Dezember des gleichen Jahres der Hinrichtung des alten Sklavereigegners John Brown bei (*Year of Meteors*). Dieser kam in Long Island zur Welt; jener zwar gleichfalls (*Starting from Paumanok*), aber auch in einem der Südstaaten (*Longings for Home*). Dieser war keusch, reserviert und eher wortkarg; jener überströmend und orgiastisch. Diese Gegensatzpaare zu vervielfältigen ist leicht; wichtiger ist zu begreifen, daß der bloße glückselige Vagabund, den uns die Verse von *Leaves of Grass* vorstellen, diese unmöglich hätte schreiben können.

Byron und Baudelaire haben in berühmten Bänden ihr Unglück dramatisiert; Whitman seine Glückseligkeit. (Dreißig Jahre später sollte in Sils-Maria Nietzsche Zarathustra entdecken. Dieser Lehrmeister ist glücklich oder empfiehlt jedenfalls das Glück, hat aber den Mangel, nicht zu existieren.) Andere romantische Helden – Vathek ist der erste der Reihe, Edmond Teste noch nicht der letzte – betonen wortreich ihre Verschiedenartigkeit. Whitman, mit ungestümer Demut, will allen Menschen gleichen. »*Leaves of Grass*«, bemerkt er, »ist der Gesang eines großen kollektiven Individuums, volkstüm-

* Sehr richtig erkennen diesen Unterschied Henry Seidel Canby (*Walt Whitman*, 1943) und Mark van Doren in der Anthologie der Viking Press (1945). Außer ihnen keiner, soviel ich weiß.

lich, Mann oder Frau« (*Complete Writings*, V, 192). Oder unsterblich (*Song of Myself*, 17):

Dies sind wahrlich die Gedanken aller Menschen
  in allen Ländern und Zeiten: sie stammen nicht von mir.
Wenn sie nicht deine so gut wie meine sind, dann sind sie
  nichts oder beinahe nichts.
Wenn sie nicht das Rätsel sind und die Auflösung des Rätsels,
  sind sie nichts.
Wenn sie nicht ebenso nahe sind wie fern, sind sie nichts.

Dies ist das Gras, das wächst, wo immer Land ist und Wasser ist,
dies ist die gemeinsame Luft, die den Erdball badet.

Der Pantheismus hat einen Typus von Sätzen in Umlauf gebracht, in denen erklärt wird, daß Gott viele einander widersprechende oder (besser noch) vermischte Dinge zugleich ist. Seine Urform lautet: »Ich bin der Ritus, ich bin das Opfer, ich bin die Buttergabe, ich bin das Feuer« (*Bhagavadgita*, IX, 16). Zeitlich früher, aber doppeldeutig, ist das Fragment 67 von Heraklit: »Gott ist Tag und Nacht, Winter und Sommer, Krieg und Frieden, Sättigung und Hunger.« Plotin schildert seinen Schülern einen unfaßbaren Himmel, in dem »alles allenthalben ist, jedes Ding alle Dinge ist, die Sonne alle Sterne ist, und jeder Stern alle Sterne und die Sonne ist« (*Enneaden*, V. 8, 4). Attar, ein Perser des 12. Jahrhunderts, besingt den mühsamen Wanderzug der Vögel auf der Suche nach ihrem König, dem Simurg; viele gehen in den Meeren zugrunde, die Überlebenden aber entdecken, daß sie der Simurg sind, und daß der Simurg jeder von ihnen und sie alle sind. Rhetorisch läßt sich das Identitätsprinzip anscheinend endlos erweitern. Emerson, ein Leser der Hindus und Attars, hinterläßt das Gedicht *Brahma*; von den sechzehn Versen, aus denen es besteht, ist folgender wohl der bedeutendste: »*When me they fly, I am the wings*« (Wenn sie mich fliehen, bin ich die Flügel). Ähnlich, aber elementarer ist das »Ich bin der Eine und bin Beide« von

Stefan George (*Der Stern des Bundes*). Walt Whitman erneuerte dieses Verfahren. Er wendete es nicht wie die anderen an, um die Gottheit zu bestimmen oder um mit den »Sympathien und Differenzen« der Wörter zu spielen; er wollte sich mit einer Art grimmiger Zärtlichkeit allen Menschen gleichsetzen (*Crossing Brooklyn Ferry*, 6):

Ich war wetterwendisch, eitel, habgierig, seicht, heimtückisch,
    feige, boshaft,
der Wolf, die Schlange, das Schwein fehlten nicht in mir.

Oder auch (*Song of Myself*, 33):

Ich bin der Mann. Ich litt. Ich war dabei.
Die Verachtung und die Seelenruhe der Märtyrer;
die Mutter, verurteilt als Hexe, verbrannt
    mit dürrem Holz, ihre Kinder sahen zu,
der gehetzte Sklave, der taumelt, am Zaun lehnt,
    keuchend, mit Schweiß bedeckt,
die Spitzen, die wie Nadeln seine Beine stechen, seinen
    Nacken,
    die tödlichen Rehposten und Kugeln:
alle diese fühle ich oder bin ich.

Whitman fühlte und war dies alles, aber von Grund aus – nicht in der simplen Historie, sondern im Mythos – war er das, was diese beiden Verse bekunden (*Song of Myself*, 24):

Walt Whitman, ein Kosmos, der Sohn von Manhattan,
    unbändig, fleischlich, sinnlich, essend, trinkend und
    zeugend.

Er war auch der, der in der Zukunft sein würde, in unserer künftigen Sehnsucht, erschaffen von diesen Prophezeiungen, die sie ankündigten (*Full of Live, Now*):

Voll Leben, jetzt gedrungen, sichtbar,
ich, vierzig Jahre alt im Jahr dreiundachtzig der Staaten,
an dich, in einem Jahrhundert oder zahllosen Jahrhunderten,
an dich, noch ungeboren, wende ich mich suchend.

Du liest mich. Heute bin ich der Unsichtbare,
nun bist du, gedrungen, sichtbar, meine Gedichte
    erlebend, auf der Suche nach mir,
stellst dir vor, wie glücklich du wärest, wenn ich
    dein Kamerad sein könnte.
Sei es so, als wäre ich bei dir. (Sei nicht zu sicher, daß
    ich jetzt nicht bei dir bin.)

Oder (*Songs of Parting*, 4, 5):

Kamerad! Dies hier ist kein Buch.
Wer mich anrührt, der rührt einen Menschen an.
(Ist Nacht? Sind wir allein hier?)...
... Ich liebe dich; ich streife diese Hülle ab,
Ich bin etwas Unkörperliches, Triumphierendes, Totes.*

Walt Whitman, der Mensch, war Direktor des › Brooklyn Eagle ‹
und Leser von Emerson, Hegel und Volney, bei denen er seine
Grundideen fand; Walt Whitman, die dichterische Person, gewann sie aus der Berührung mit Amerika und veranschau-
lichte sie durch Phantasieerlebnisse in den Alkoven von New
Orleans und auf den Schlachtfeldern von Georgia. Eine falsche Tatsache kann im Grunde richtig sein. Das Gerücht will
wissen, Heinrich I. von England habe nach dem Tode seines

---

* Der Mechanismus dieser Apostrophen ist kompliziert. Wir sind bewegt bei
dem Gedanken, daß der Dichter bewegt war, als er unsere Bewegung voraussah.
Vgl. die Verse Fleckers, gerichtet an einen Dichter, der sie tausend Jahre nach
ihm lesen wird:

> O friend unseen, unborn, unknown,
> Student of our sweet English tongue,
> Read out my words at night, alone:
> I was a poet, I was young.

Sohnes nie wieder gelächelt; die vielleicht falsche Tatsache kann als Sinnbild der Niedergeschlagenheit des Königs wahr sein. Es hieß im Jahr 1914, die Deutschen hätten belgische Geiseln gefoltert und verstümmelt; im Einzelfall war dies sicher falsch, aber das Gerücht faßte die unendlichen und undurchsichtigen Schrecken der Invasion zweckmäßig zusammen. Noch verzeihlicher ist es, wenn jemand eine Lehre dem unmittelbaren Erlebnis und nicht dieser oder jener Bibliothek, diesem oder jenem Handbuch zuschreibt. Nietzsche verspottete im Jahr 1874 die pythagoräische These, derzufolge sich die Geschichte zyklisch wiederholt (*Vom Nutzen und Nachteil der Historie*, 2); im Jahr 1881 entwickelte er plötzlich diese These auf einem Pfad in den Wäldern von Silvaplana (*Ecce homo*, 9). Es wäre plumpe polizeiliche Schnüffelei, würde man hier ein Plagiat vermuten. Nietzsche, befragte man ihn, würde zur Antwort geben, daß es auf die Veränderung ankomme, die ein Gedanke in uns bewirken kann, nicht darauf, ihn rational darzulegen.* Die abstrakte Behauptung der göttlichen Einheit ist eines; ein anderes ist der Sturmwind, der eine Schar arabischer Hirten aus der Wüste fortriß und sie zu einem Kampf anfeuerte, der noch kein Ende gefunden hat und dessen Grenzen Aquitanien und der Ganges waren. Whitman wollte sich als idealen Demokraten darstellen, nicht eine Theorie formulieren.

Seitdem Horaz in platonischer oder pythagoräischer Form seine himmlische Metamorphose prophezeit hat, ist die Unsterblichkeit des Dichters in der Literatur ein klassisches Thema. Die sich mit ihm einließen, taten es aus Ruhmsucht (*»Not marble, not the guilded monuments«*), vielleicht auch, um unser Urteil zu bestechen oder um Rache zu üben. Whitman

---

* Verstand und Überzeugung weichen so weit voneinander ab, daß die schwerwiegendsten Einwände gegen jede philosophische Lehre bereits in dem Werk selber enthalten zu sein pflegen, das diese Lehre vorträgt. Dafür zeugt Platon, der im *Parmenides* das Argument vom dritten Menschen, das Aristoteles gegen ihn vorbringen wird, voraussieht, so wie Berkeley (*Dialogue*, 3) die Einwände Humes voraussieht.

leitet aus ihm eine persönliche Beziehung zu jedem künftigen Leser ab. Er vermischt sich mit ihm und zieht den anderen, Whitman, ins Gespräch (*Salut au Monde*, 3):

Was hörst du, Walt Whitman?

So verdoppelt er sich im ewigen Whitman, in diesem Freund, der ein alter amerikanischer Dichter des Jahres achtzehnhundertsoundsoviel ist und auch seine Legende und auch jeder von uns und auch die Glückseligkeit. Groß und fast unmenschlich war die Aufgabe, aber nicht geringer war der Sieg.

Inkarnationen der Schildkröte

Es gibt einen Begriff, der Verderber und Verteiler der übrigen Begriffe ist. Ich spreche nicht vom Bösen, dessen begrenztes Herrschaftsgebiet die Ethik ist; ich spreche vom Unendlichen. Ich wollte einmal seine wandelbare Geschichte zusammenstellen. Die vielfache Hydra (dieses Sumpfungeheuer: Vorausbild oder Emblem der geometrischen Reihen) würde an ihrem Portal gehörigen Schrecken verbreiten; gekrönt wäre sie von den schmutzigen Albträumen Kafkas, und ihre zentralen Kapitel wären nicht unvertraut mit den Spekulationen jenes fernen deutschen Kardinals – Nikolaus von Krebs, Nikolaus von Kues –, der im Kreisumfang ein Vieleck mit einer unendlichen Zahl von Winkeln erblickte und schriftlich hinterließ, eine unendliche Linie sei eine Gerade, sei ein Dreieck, sei ein Kreis und sei eine Kugel (*De docta ignorantia*, I, 13). Wenn ich fünf oder gar sieben Jahre bei der Metaphysik, der Theologie, der Mathematik in die Leere ginge, würde ich (unter Umständen) befähigt sein, dieses Buch rühmlich in Angriff zu nehmen. Überflüssig zu bemerken, daß das Leben mir diese Hoffnung wie auch dieses Adverb versagt.

Zu dieser illusorischen *Biographie des Unendlichen* gehören irgendwie auch diese Seiten. Es ist ihre Absicht, gewisse Inkarnationen des zweiten Paradoxons von Zenon aufzuzeichnen.

Erinnern wir uns nun an dieses Paradoxon. Achilles läuft zehnmal schneller als die Schildkröte und gibt ihr einen Vorsprung von zehn Metern. Achilles läuft diese zehn Meter, die Schildkröte läuft einen; Achilles läuft diesen Meter; die Schildkröte läuft einen Dezimeter; Achilles läuft diesen Dezimeter, die Schildkröte läuft einen Zentimeter; Achilles läuft diesen Zentimeter, die Schildkröte einen Millimeter; Achilles, der Leichtfüßige, diesen Millimeter, die Schildkröte einen Zehntel Millimeter und so unendlich, ohne daß er sie je einholt... So lautet die übliche Fassung. Wilhelm Capelle (*Die Vor-*

sokratiker, 1935, p. 178) übersetzt den originalen Wortlaut bei Aristoteles: »Das zweite Argument Zenons ist der sogenannte ›Achilles‹. Es läuft auf den Gedanken hinaus, daß der Langsamste von dem Schnellsten nicht eingeholt werden kann, weil der Verfolger durch den Ort gehen muß, den der Verfolgte eben erst geräumt hat, so daß der Langsamste ihm stets um einen bestimmten Vorsprung voraus ist.« Das Problem hat sich, wie man sieht, nicht geändert; doch wüßte ich gern den Namen des Dichters, der es mit einem Helden und einer Schildkröte ausgestattet hat. Diesen magischen Wettkämpfern sowie der Reihe

$$10 + 1 + \frac{1}{10} + \frac{1}{100} + \frac{1}{1000} + \frac{1}{10\,000} \ldots$$

dankt das Argument seine Verbreitung. So gut wie niemand erinnert sich noch an das vorangehende – das von der Rennbahn–, obwohl es nach dem gleichen Schema entworfen ist. Die Bewegung ist unmöglich (argumentiert Zenon), weil der bewegte Gegenstand, um ans Ziel zu gelangen, erst die Hälfte der Bahn zurücklegen muß, und vorher die Hälfte der Hälfte, und vorher die Hälfte der Hälfte der Hälfte, und vorher…*

Wir verdanken der Feder des Aristoteles die Mitteilung und die erste Widerlegung dieser Argumente. Er widerlegt sie mit einer vielleicht verächtlichen Knappheit, aber die Erinnerung daran suggeriert ihm das berühmte »Argument vom dritten Menschen« gegen die platonische Lehre. Diese Lehre will beweisen, daß zwei Individuen, die gemeinsame Attribute haben (beispielsweise zwei Menschen), lediglich rein zeitliche Erscheinungen eines ewigen Archetyps sind. Aristoteles stellt die Frage, ob die vielen Menschen und Der Mensch – die zeitlichen Individuen und der Archetyp – gemeinsame Attribute

---

* Ein Jahrhundert später stellte der chinesische Sophist Hui Tsu die Überlegung an, daß ein Stock, von dem man jeden Tag die Hälfte abschneidet, niemals endet (H. A. Giles: *Chuang Tzu*, 1889, p. 453).

haben. Bekanntlich trifft dies zu; sie haben die allgemeinen Attribute des Menschseins. In diesem Falle, behauptet Aristoteles, erhebt sich die Notwendigkeit, *einen weiteren Archetyp* zu postulieren, der alle umfaßt, und daraufhin einen vierten... Patricio de Azcárate schreibt in einer Anmerkung seiner Übersetzung der *Metaphysik* einem Aristotelesschüler folgende Argumentation zu: »Wenn das, was man von vielen Dingen behauptet, zugleich ein Sein für sich ist, unterschieden von den Dingen, von denen man es behauptet (und das ist es, was die Platonjünger im Sinne haben), so muß es notwendig einen dritten *Menschen* geben. Etwas wird benannt, was auf die Individuen und auf die Idee Anwendung findet. Es gibt also einen dritten Menschen, der von den Einzelmenschen und von der Idee unterschieden ist. Es gibt zu gleicher Zeit einen vierten Menschen, der sich im gleichen Verhältnis zu diesem und zur Idee der Einzelmenschen befindet; danach einen fünften und so bis ins Unendliche.« Postulieren wir zwei Individuen, a und b, die zusammen die Gattung c bilden. Das ergibt die Formel

$$a + b = c$$

Aber auch, nach Aristoteles

$$a + b + c = d$$
$$a + b + c + d = e$$
$$a + b + c + d + e = f...$$

Streng genommen sind keine zwei Individuen nötig: das Individuum und die Gattung sind hinreichend zur Definition des *dritten Menschen*, den Aristoteles nachweist. Zenon von Elea verwendet die unendliche Regression, gegen die Bewegung und die Zahl; sein Widerleger verwendet sie gegen die universalen Formen.*

* Im *Parmenides*, dessen zenonischer Charakter außer Frage steht, erörtert Platon ein sehr ähnliches Argument, um zu beweisen, daß das Eine in Wirklich-

Die nächste Inkarnation von Zenon, die meine wahllosen Notizen verzeichnen, ist Agrippa, der Skeptiker. Dieser verneint, daß sich irgend etwas beweisen lasse, da jeder Beweis eines vorausgehenden Beweises bedürfe (*Hypotyposes*, I, 166). Sextus Empiricus argumentiert gleichfalls, daß die Definitionen eitel sind, daß jedes einzelne der verwendeten Worte zuvor definiert werden müßte, um dann die Definition zu definieren (*Hypotyposes*, II, 207). Sechzehnhundert Jahre später sollte Byron in den Widmungsstrophen seines *Don Juan* über Coleridge schreiben: »*I wish he would explain His Explanation.*«

Bis hierher hat der *regressus in infinitum* zur Verneinung gedient; der heilige Thomas von Aquin beruft sich auf ihn (*Summa Theologica*, 1, 2, 3), um das Dasein Gottes zu beweisen. Er stellt fest, daß es in der Welt kein Ding gibt, das nicht eine bewirkende Ursache hat, und daß die Ursache selbstverständlich die Wirkung einer anderen voraufgehenden Ursache ist. Die Welt ist eine unendliche Verkettung von Ursachen, und jede Ursache ist eine Wirkung. Jeder Zustand kommt von

---

keit Viele ist. Wenn das Eine existiert, hat es teil am Sein; daraus folgt, daß es in ihm zwei Teile gibt: nämlich das Sein und das Eine, aber jeder einzelne dieser beiden Teile ist *das Eine* und *ist*, weshalb er wiederum zwei Teile einschließt, die wiederum zwei Teile einschließen: unendlich so fort. Russell (*Introduction to Mathematical Philosophy*, 1919, p. 138) setzt an die Stelle der geometrischen Progression Platons eine arithmetische Progression. Wenn die Eins existiert, hat die Eins teil am Sein; da aber die Eins und das Sein voneinander unterschieden sind, existiert die Zwei; da aber das Sein und die Zwei voneinander unterschieden sind, existiert die Drei usw. Chuang Tzu (Waley: *Three Ways of Thought in Ancient China*, p. 25) beruft sich auf den gleichen unabschließbaren *regressus* gegen die Monisten, die erklärten, daß die Zehntausend Dinge (das Universum) ein Einziges seien. Von vornherein – so argumentiert er – sind die kosmische Einheit und die Behauptung dieser kosmischen Einheit bereits zwei Dinge: Diese zwei und die Behauptung der Dualität sind bereits drei, diese drei und die Behauptung der Trinität sind bereits vier… Russell ist der Ansicht, daß die Unbestimmtheit des Terminus *Sein* hinreichend sei, den Beweisgang zu entkräften. Er fügt hinzu, daß die Zahlen keine Existenz haben, sondern bloße logische Fiktionen sind.

dem vorausgehenden her und bestimmt den folgenden, aber die Gesamtreihe könnte ebensogut nicht gewesen sein, da die Glieder, aus denen sie gebildet ist, bedingt, das heißt aleatorisch sind. Trotzdem *ist* die Welt; hieraus können wir auf eine nicht kontingente primäre Ursache schließen, und diese ist die Gottheit. So lautet der kosmologische Beweis; Aristoteles und Platon haben ihn vorgebildet; Leibniz entdeckt ihn wieder.*

Hermann Lotze bemüht den *regressus*, um sich nicht dazu verstehen zu müssen, daß eine Veränderung des Gegenstandes A eine Veränderung des Gegenstandes B bewirken könne. Er macht geltend, daß, wenn A und B eigenständig sind, eine Einwirkung von A auf B postulieren soviel bedeute wie ein drittes Element C zu postulieren, welches, um auf B wirken zu können, ein viertes Element D benötige, welches nicht wirksam werden könne ohne E, welches nicht wirksam werden könne ohne F... Um diese Multiplikation von Chimären auszuschalten, beschließt er, daß es in der Welt einen einzigen Gegenstand gibt: eine unendliche und absolute Substanz, die mit dem Gott Spinozas zu vergleichen ist. Die transitiven Ursachen werden auf immanente Ursachen zurückgeführt, die Tatsachen auf Manifestationen oder Modi der kosmischen Substanz.**

Analog, aber noch beunruhigender, liegt der Fall bei F.H. Bradley. Dieser Denker (*Appearance and Reality*, 1897, p. 19 bis 34) läßt es nicht bei der Bekämpfung der Kausalbeziehung bewenden; er leugnet alle Beziehungen insgesamt. Er fragt, ob eine Relation mit ihren Gliedern verbunden sei. Wenn es so ist, läßt sich daraus schließen, daß somit zwei weitere Relationen existieren, und darauf weitere zwei. In dem Axiom »Der Teil ist kleiner als das Ganze« nimmt er nicht zwei Be-

---

* Ein Echo dieses Beweises, der heute erloschen ist, klingt im ersten Vers des *Paradiso* an: »*La gloria de Colui che tutto move*«.
** Ich folge den Erläuterungen von James (*A Pluralistic Universe*, 1909, p. 55–60). Vgl. Wentscher: *Fechner und Lotze*, 1924, p. 166–171.

griffe wahr nebst der Relation »kleiner als«; er nimmt deren drei wahr (Teil, kleiner als, Ganzes), die, wenn sie miteinander verknüpft werden, zwei weitere Relationen notwendig machen und so bis ins Unendliche. In dem Aussagesatz »Juan ist sterblich« nimmt er drei unkonjugierbare Begriffe wahr (der dritte ist die Copula), die wir nie in eine Einheit bringen werden. Er verwandelt sämtliche Begriffe in unverbundene steinharte Gegenstände. Dem widersprechen heißt, sich mit Irrealität beflecken.

Lotze schaltet die periodischen Abgründe Zenons zwischen Ursache und Wirkung ein; Bradley zwischen Subjekt und Prädikat, sofern nicht zwischen Subjekt und Attributen; Lewis Carroll (*Mind*, vol. IV, p. 278) zwischen der zweiten Prämisse des Syllogismus und dem Schluß. Er schildert einen endlosen Dialog, dessen Partner Achilles und die Schildkröte sind. Nachdem sie am Ende ihres unendlichen Rennens angelangt sind, unterhalten sich die beiden Wettkämpfer friedlich über Geometrie. Sie vertiefen sich in den folgenden einsichtigen Gedankengang:

a) Sind zwei Dinge einem dritten gleich, so sind sie auch untereinander gleich.

b) Die zwei Seiten dieses Dreiecks sind gleich M N.

z) Die zwei Seiten dieses Dreiecks sind einander gleich.

Die Schildkröte erklärt sich mit den Prämissen a) und b) einverstanden, bestreitet jedoch, daß sie den Schluß rechtfertigen. Sie erreicht, daß Achilles einen hypothetischen Satz einschaltet.

a) Sind zwei Dinge einem dritten gleich, so sind sie auch untereinander gleich.

b) Die zwei Seiten dieses Dreiecks sind gleich M N.

c) Wenn a) und b) gültig sind, ist auch z) gültig.

z) Die zwei Seiten dieses Dreiecks sind einander gleich.

Nach dieser kurzen Erklärung akzeptiert die Schildkröte die Gültigkeit von a), b) und c), aber nicht von z).

Entrüstet schaltet Achilles den Satz ein:

d) Wenn a), b) und c) gültig sind, ist z) gültig.

Carroll stellt fest, daß das Paradoxon des Griechen zu einer unendlichen Abstandsverminderung führt, während bei dem von ihm aufgestellten die Abstände sich erweitern.

Ein letztes Beispiel, womöglich von allen das eleganteste, aber auch das von Zenon am wenigsten abweichende. William James (*Some Problems of Philosophy*, 1911, p. 182) leugnet, daß vierzehn Minuten vergehen können, weil zuvor sieben Minuten vergangen sein müssen und vor den sieben dreieinhalb und vor den dreieinhalb eindreiviertel und so bis ans Ende, bis an das unsichtbare Ende durch feingesponnene Labyrinthe der Zeit.

Descartes, Hobbes, Leibniz, Mill, Renouvier, Georg Cantor, Gomperz, Russell und Bergson haben Erklärungen – nicht immer unerklärlicher und ohnmächtiger Art – des Paradoxons von der Schildkröte formuliert. (Ich habe einige wiedergegeben.) Nicht weniger reich ist, wie der Leser sich überzeugen konnte, die Vielfalt seiner Anwendungsmöglichkeiten. Die geschichtlichen schöpfen es nicht aus. Der schwindelerregende *regressus in infinitum* ist vielleicht auf alle Themen anwendbar. Auf die Ästhetik: Ein bestimmter Vers bewegt mich auf Grund eines bestimmten Motivs, das Motiv auf Grund eines anderen Motivs... Auf das Erkenntnisproblem: Erkennen ist wiedererkennen, aber um wiederzuerkennen muß man erkannt haben, aber erkennen ist wiedererkennen... Wie soll man diese Dialektik beurteilen? Ist sie ein rechtmäßiges Forschungsinstrument oder nur eine schlechte Angewohnheit?

Es ist verwegen zu denken, daß eine Koordinierung von Worten (nichts anderes sind die Philosophien) mit dem Universum große Ähnlichkeit haben sollte. Verwegen ist es aber auch zu denken, daß von diesen erlauchten Koordinierungen nicht eine – vielleicht nur auf infinitesimale Weise – ihm ein wenig mehr ähnlich sehen sollte als andere. Ich habe diejenigen untersucht, die einen gewissen Kredit genießen; ich muß bekennen, daß ich allein in jener, die Schopenhauer formulierte, ein Wesensmerkmal des Universums wiedererkannt habe. Im Sinne dieser Lehre ist die Welt eine Fügung des Willens. Die Kunst verlangt – immer – nach sichtbaren Unwirklichkeiten. Um nur eine anzuführen: die metaphorische oder weitschweifige oder bewußt beiläufige Diktion der Gesprächspartner in einem Drama... Geben wir zu, was alle Idealisten zugeben: den halluzinatorischen Charakter der Welt. Tun wir, was bislang kein Idealist getan hat: Suchen wir nach Irrealitäten, die diesen Weltcharakter bestätigen. Wir werden sie, glaube ich, in Kants Antinomien und in der Dialektik von Zenon finden.

»Der größte Zauberer«, schreibt denkwürdig Novalis, »würde der sein, der sich zugleich so bezaubern könnte, daß ihm seine Zaubereien wie fremde selbstmächtige Erscheinungen vorkämen. Könnte das nicht mit uns der Fall sein?« Ich glaube, daß es sich so verhält. Wir (die ungeteilte Gottheit, die in uns wirkt) haben die Welt geträumt. Wir haben sie resistent geträumt, geheimnisvoll, sichtbar, allgegenwärtig im Raum und fest in der Zeit; aber wir haben in ihrem Bau schmale und ewige Zwischenräume von Sinnlosigkeit offengelassen, damit wir wissen, daß sie falsch ist.

Rechtfertigung von
Bouvard et Pécuchet

Die Geschichte von Bouvard und Pécuchet ist täuschend einfach. Zwei Kopisten (wie Alonso Quijano im Alter von rund fünfzig Jahren) befreunden sich innig; eine Erbschaft erlaubt ihnen, ihre Stellung aufzugeben und sich auf dem Land niederzulassen; hier versuchen sie sich in Agronomie, Gartenbau, Konservenherstellung, Anatomie, Archäologie, Geschichte, Mnemotechnik, Literatur, Wasserheilkunde, Spiritismus, Gymnastik, Pädagogik, Tierheilkunde, Philosophie und Religion: jede dieser verschiedenartigen Disziplinen beschert ihnen nach zwanzig oder dreißig Jahren ein Fiasko. Ernüchtert geben sie (wir werden sehen, daß die »Handlung« sich nicht in der Zeit, sondern in der Ewigkeit abspielt) einem Tischler ein doppeltes Schreibpult in Auftrag und setzen sich daran, um wie vordem zu kopieren.*

Sechs Jahre seines Lebens – es waren die letzten Jahre – setzte Flaubert daran, dieses Buch durchzudenken und auszuführen, das schließlich unvollendet blieb und das Gosse, der gläubige Anhänger der *Madame Bovary*, als eine Verirrung abtat, während Rémy de Gourmont es das Meisterwerk der französischen Literatur, wenn nicht gar der Literatur überhaupt nannte.

Emile Faguet (»der graugetönte Faguet« nannte ihn einmal Gerschunoff) veröffentlichte 1899 eine Monographie, die den Vorzug hat, sämtliche Argumente gegen *Bouvard et Pécuchet* zu erschöpfen, was die kritische Untersuchung des Werks erleichtert. Flaubert träumte, so meint Faguet, von einem Epos des menschlichen Stumpfsinns und vergab die Handlung (angeregt von Erinnerungen an Pangloss und Candide, vielleicht auch an Sancho und Quijote) überflüssigerweise an

---

* Ich glaube, hierin eine ironische Anspielung auf Flauberts eigenes Schicksal zu sehen.

zwei Protagonisten, die weder einander ergänzen noch miteinander kontrastieren und deren Dualität über ein reines Wortgefecht nicht hinauskommt. Nachdem Flaubert diese Marionetten erschaffen oder postuliert hat, läßt er sie eine Bibliothek verschlingen, *die sie nicht verstehen sollen*. Faguet legt den Finger anklagend auf die kindische, ja gefährliche Unart dieser Spielerei, zumal Flaubert, um sich in die Reaktionen seiner zwei Einfaltspinsel einzuleben, eintausendfünfhundert Abhandlungen über Agronomie, Pädagogik, Medizin, Physik, Metaphysik usw. durchlas, mit der Absicht, sie nicht zu verstehen. Faguet bemerkt dazu: »Wenn jemand sich darauf versteift, vom Gesichtspunkt eines Menschen aus zu lesen, der verständnislos liest, kommt er in sehr kurzer Zeit dahin, daß er absolut nichts mehr versteht und auf eigene Rechnung stumpfsinnig wird.« Tatsächlich verwandelten fünf Jahre des Zusammenlebens Flaubert in Bouvard und Pécuchet oder (genauer) Pécuchet und Bouvard in Flaubert. Am Anfang haben wir zwei Dummköpfe vor uns, auf die der Autor verächtlich hinabsieht und denen er Streiche spielt; im achten Kapitel jedoch fallen die berühmten Worte: »Da erwachte in ihrem Geist ein beklagenswertes Talent: das Talent, die Dummheit zu sehen und sie nicht mehr ertragen zu können.« Und dann: »Unbedeutende Dinge machten sie traurig: die Inserate in den Zeitungen, das Profil eines Bürgers, eine zufällig aufgeschnappte Torheit.« An diesem Punkt versöhnt sich Flaubert mit Bouvard und Pécuchet, Gott mit seinen Geschöpfen. Vielleicht kommt das in jedem längeren oder auch nur lebendigen Werk vor (Sokrates wird zu Platon, Peer Gynt zu Ibsen); hier jedoch erhaschen wir den Augenblick, in dem der Träumer bemerkt, daß er von sich träumt und daß die Gestalten seines Traums er selber sind.

Die erste Ausgabe von *Bouvard et Pécuchet* erschien im März 1881. Im April kam Henry Céard zu der Definition: »eine Art Faust in zwei Personen«. In der Pléiade-Ausgabe schreibt Dumesnil bestätigend: »Die ersten Worte des Faustmonologs am Anfang des Ersten Teils enthalten alles, was *Bouvard et Pécu-*

chet als Plan zugrunde liegt.« Es sind die Worte, mit denen sich Faust beklagt, daß er umsonst Philosophie, Juristerei und leider! auch Theologie studiert hat. Übrigens hatte schon Faguet geschrieben: »*Bouvard et Pécuchet* ist die Geschichte eines Faust, der zugleich ein Dummkopf war.« Behalten wir diese epigrammatische Äußerung im Gedächtnis. Sie bringt die ganze verwickelte Polemik gewissermaßen auf eine Formel.

Flaubert erklärte, eine seiner Absichten sei die Überprüfung sämtlicher moderner Ideen; die Kritiker, die ihm übelwollen, argumentieren, allein die Tatsache, daß mit der Überprüfung zwei Dummköpfe betraut seien, genüge vollauf, sie zu entkräften. Aus den Erfolgen oder Mißerfolgen dieser zwei Hanswurste auf den Bankrott der Religionen, der Wissenschaften und der Künste schließen zu wollen, sei nur ein freches Sophisma oder ein gröblicher Trugschluß. Daß Pécuchet scheitert, heiße noch nicht, daß Newton scheitert.

Um diese Schlußfolgerung zu widerlegen, negiert man gemeinhin die Prämisse. So berufen sich Digeon und Dumesnil auf eine Stelle bei Maupassant, dem vertrauten Freund und Schüler Flauberts, wo zu lesen steht, daß Bouvard und Pécuchet zwei »recht gewitzte durchschnittliche und biedere Köpfe« seien. Dumesnil unterstreicht das Epitheton »gewitzt«; doch ist das Zeugnis Maupassants – oder Flauberts selber, wenn wir es einholen könnten – längst nicht so überzeugend wie der Originaltext des Buches, der uns das Wort »Dummköpfe« aufzunötigen scheint.

Die Rechtfertigung von *Bouvard et Pécuchet* ist meiner bescheidenen Auffassung nach ästhetischer Art und hat wenig oder nichts mit den vier Figuren und den neunzehn Modi des Syllogismus zu tun. Logische Strenge ist eine Sache, eine andere die schon fast instinktive Gewohnheit, Grundwahrheiten Einfältigen oder Narren in den Mund zu legen. Denken wir an die Verehrung, die der Islam den Schwachsinnigen zollt, weil seiner Auffassung nach ihre Seelen zum Himmel entführt worden sind; denken wir an die Worte der Heiligen Schrift, die von der Auserwähltheit des Toren sprechen, zur

Beschämung der Weisen. Oder – wenn uns konkrete Beispiele lieber sind – denken wir an *Manalive* von Chesterton, diesen Berg von Einfalt, wenn man das Werk von außen betrachtet, aber darinnen ein Abgrund göttlicher Weisheit; oder an jenen Johannes Scotus, der den Gedanken aussprach, der beste Name für Gott sei *Nihilum* (Nichts) und der sagte: »Er selbst weiß nicht, was er ist, weil er kein Was ist.« Der Kaiser Moctezuma sagte, die Narren erteilten bessere Lehren als die Weisen, weil sie sich getrauten, die Wahrheit zu sagen; Flaubert (der schließlich und endlich kein strenges Beweisverfahren, keine *Destructio Philosophorum* erarbeitete, sondern eine Satire) mag sehr wohl die Vorsichtsmaßregel getroffen haben, seine äußersten Zweifel und seine geheimsten Befürchtungen zwei Unzurechnungsfähigen anzuvertrauen.

Es gilt, eine tiefere Rechtfertigung ins Auge zu fassen. Flaubert war ein gläubiger Anhänger Spencers; in den *First Principles* des Meisters lesen wir, das Universum sei unerkennbar, aus dem hinreichenden und einleuchtenden Grund, weil eine Tatsache erklären soviel bedeute wie sie auf eine andere allgemeinere beziehen, und weil dieser Prozeß an kein Ende komme* oder uns einer schon so allgemeinen Wahrheit zuführe, daß wir sie auf keine andere mehr beziehen, das heißt, nicht mehr erklären können. Die Wissenschaft ist eine endliche Sphäre, die sich im unendlichen Raum wachsend ausdehnt; jede neue Expansion bewirkt, daß sie einen größeren Bereich des Unbekannten einschließt, aber das Unbekannte ist unerschöpflich. Flaubert schreibt: »Noch wissen wir so gut wie nichts und möchten trotzdem jenes letzte Wort erraten, das uns nie offenbart werden wird. Der fieberhafte Wahn, zu einem Abschluß zu gelangen, ist die verhängnisvollste und unfruchtbarste aller Manien.« Die Kunst arbeitet notgedrungen mit Symbolen; die größte Sphäre ist nur ein Punkt im Unendlichen; zwei absurde Kopisten kön-

---

* Agrippa, der Skeptiker, argumentierte, daß jeder Beweis seinerseits nach einem Beweis verlange, und so ins Unendliche.

nen für Flaubert stehen und auch für Schopenhauer oder Newton.

Taine gab Flaubert wiederholt zu verstehen, der Gegenstand seines Romans erfordere eine Feder des achtzehnten Jahrhunderts, die knappe Schärfe und die Bissigkeit (*le mordant*) eines Jonathan Swift. Möglicherweise sprach er von Swift, weil er irgendwie die innere Verwandtschaft zwischen den beiden großen und traurigen Schriftstellern heraus-spürte. Beide haßten mit eingehendem Grimm die menschliche Dummheit; beide dokumentierten diesen Haß, indem sie im Laufe der Jahre platte Redensarten und blöde Ansichten sammelten; beide wollten das ehrgeizige Streben der Wissenschaft niedermachen. Im dritten Teil von *Gulliver* beschreibt Swift eine verehrte und umfassende Akademie, deren Mitglieder den Antrag stellen, die Menschheit solle sich mündlicher Rede enthalten, um die Lungen zu schonen. Andere erweichen den Marmor, um aus ihm Decken und Kopfkissen herzustellen; andere setzen sich für die Züchtung einer Art Schafe ein, die keine Wolle haben; andere glauben die Rätsel des Universums mittels eines Holzgestells mit eisernen Zeigern zu lösen, das wahllos Wörter kombiniert. Diese Erfindung zielt gegen die *Ars magna* von Raimundus Lullus...

René Descharmes hat die Chronologie von *Bouvard et Pécuchet* nachgeprüft und verworfen. Die Handlung nimmt rund vierzig Jahre in Anspruch; die Protagonisten sind achtundsechzig Jahre alt, als sie sich der Gymnastik zuwenden, im gleichen Jahr, in dem Pécuchet die Liebe entdeckt. In einem Buch, das mit Umstandsschilderungen derart vollgestopft ist, verharrt gleichwohl die Zeit in Bewegungslosigkeit; außer den Experimenten und Fehlschlägen der beiden faustischen Helden (oder des doppelköpfigen Faust) geschieht nichts; es fehlen die gewöhnlichen Wechselfälle, die Fatalität und der Zufall. »Die Komparsen der Auflösung sind die Komparsen des Vorspiels; niemand ist unterwegs, niemand stirbt«, bemerkt Claude Digeon. An einer anderen Stelle schließt er mit dem Satz: »Die intellektuelle Redlichkeit spielte Flaubert ei-

nen schrecklichen Streich: Sie trieb ihn dazu, seine philosophische Erzählung zu überladen, damit er, um sie zu schreiben, am Stil des Romanciers festhalten konnte.«

Die lässigen oder unachtsamen Verstöße oder Freiheiten
des späten Flaubert haben die Kritiker konsterniert; ich
glaube, in ihnen ein Symbol zu erblicken. Der Mann, der mit
Madame Bovary den realistischen Roman schuf, war auch der
erste, der mit ihm brach. Vor nicht allzu langer Zeit schrieb
Chesterton: »Der Roman kann sehr wohl mit uns ausster-
ben.« Flauberts Instinkt sah diesen Tod voraus, der sich heute
vollzieht – ist nicht der *Ulysses* mit seinen Plänen und Zeitta-
feln und Präzisionen die strahlende Agonie einer Gattung? –,
und verdammte im fünften Kapitel seines Werks die »statisti-
schen oder ethnographischen Romane« Balzacs und damit
auch die Zolas. Deshalb neigt sich in *Bouvart et Pécuchet* die Zeit
der Ewigkeit zu; deshalb sterben die beiden Helden nicht,
sondern kopieren nahe bei Caen fernerhin ihren anachroni-
stischen *Sottisier*, 1914 ebenso unwissend wie 1870; deshalb
blickt das Werk zurück auf die Parabeln Voltaires und Swifts
und der orientalischen Erzähler und voraus auf die Parabeln
Kafkas.

Vielleicht gibt es noch einen anderen Schlüssel. Um das
Trachten der Menschheit zu verspotten, schrieb Swift es Pyg-
mäen oder Affen zu; Flaubert zwei grotesken Individuen.
Wahrlich, wenn die Weltgeschichte die Geschichte Bouvards
und Pécuchets ist, dann ist alles, woraus sie besteht, lächerlich
und hinfällig.

Flaubert
und sein beispielhaftes Schicksal

In einem Artikel, der den Flaubert-Kult in England abschaffen oder entmutigen soll, stellt John Middleton Murry fest, daß es zwei Flauberts gibt: einen, der ein grobknochiger, liebenswerter Kerl, ja geradezu ein schlichtes Gemüt ist, mit dem Aussehen und dem polternden Lachen eines Bauern, und der sich mit der Arbeit an einem halben Dutzend ungleicher Bücher zu Tode gequält hat; einen anderen, der ein körperloser Riese ist, ein Symbol, ein Kriegsgeschrei, eine Fahne. Mir will diese Gegenüberstellung nicht einleuchten: Der Flaubert, der sich tödlich abmüht, um ein sparsames und kostbares Werk hervorzubringen, ist im gleichen Maße der legendäre wie auch (wenn uns die vier Bände seiner *Correspondance* nicht trügen) der geschichtliche Flaubert. Von größerer Bedeutung als die bedeutende Literatur, die er entwarf und ausführte, ist Flaubert selber in seiner Eigenschaft als erster Adam einer neuen Gattung: der Gattung des *homme de lettres* als Priester und Asket, fast als Märtyrer.

Die Antike konnte aus Gründen, von denen die Rede sein wird, diesen Typus nicht hervorbringen. Im *Ion* lesen wir, daß der Dichter »etwas Leichtes, Beschwingtes und Begnadetes ist, daß er nur zu schaffen vermag, wenn er inspiriert ist, daß er sozusagen von einem Wahn besessen ist«. Eine solche Lehre vom Geist, der weht, wo er will (Johannes 3, 8), stand einer persönlichen Wertung des Dichters entgegen, der nur Werkzeug einer Augenblickslaune der Gottheit ist. In den griechischen Städten oder in Rom ist ein Flaubert unvorstellbar; Pindar kam ihm wohl am nächsten, der priesterliche Dichter, der seine Oden mit gepflasterten Straßen verglich, mit einer Flut, mit Bildwerken aus Gold und Elfenbein, mit Bauwerken, und der die Würde des Schriftstellerberufs empfand und verkörperte.

Neben der »romantischen« Lehre von der Inspiration, zu der sich die Klassiker bekannten*, muß jedoch ein weiterer Umstand erwähnt werden: die allgemeine Empfindung, daß Homer die Dichtung bereits erschöpft oder zumindest die Grundform jeder Dichtung entdeckt habe, das heroische Poem. Alexander von Makedonien legte jede Nacht seinen Dolch und seine *Ilias* unter das Kissen, und Thomas de Quincey erzählt von einem englischen Pfarrer, der von der Kanzel herab »bei der Größe menschlichen Leidens, bei der Größe menschlichen Strebens, bei der Unsterblichkeit des von Menschen Geschaffenen, bei der *Ilias* und der *Odyssee*« schwor. Der Zorn des Achilles und die Mühsale der Heimkehr des Odysseus sind keine weltumspannenden Themen; auf diese Beschränkung gründete die Nachwelt eine Hoffnung. Auf andere fabelhafte Geschichten den Ablauf und den Aufbau der *Ilias* zu übertragen – Anrufung um Anrufung, Schlacht um Schlacht, übernatürliche Maschinerie um übernatürliche Maschinerie – war zwanzig Jahrhunderte lang der Dichter höchstes Bestreben. Darüber zu spotten ist leicht, doch nicht über die *Aeneis*, die eine glückliche Folge dieses Bestrebens war. (Lemprière rechnet klugerweise Vergil unter die Wohltaten Homers.) Im 14. Jahrhundert glaubte Petrarca als gläubiger Verehrer römischer Glorie, in den Punischen Kriegen den dauerhaften Stoff für das Epos gefunden zu haben; Tasso wählte im 16. Jahrhundert den Ersten Kreuzzug. Zwei Werke oder vielmehr zwei Fassungen eines einzigen Werks widmete er ihm; das eine, die *Gerusalemme liberata*, ist berühmt; das andere, die *Conquistata*, das sich der *Ilias* enger anschließen soll, ist bestenfalls eine literarische Kuriosität. Die Emphasen des Originals sind darin abgeschwächt, was bei einem so von Grund aus emphatischen Werk seiner Zerstörung gleichkommen kann. So heißt es in *Gerusalemme liberata* (VIII, 23) von einem todwunden und tapferen Mann, dessen Sterben kein Ende nimmt:

* Ihre Kehrseite ist die »klassische« Theorie des Romantikers Poe, der aus der Arbeit des Dichters eine intellektuelle Übung macht.

La vita no, ma la virtú sostenta
quel cadavere indomito e feroce.

Das Leben nicht, sondern die Tugend hält diesen
unbändigen und wilden Leichnam aufrecht.

In der revidierten Fassung gehen Hyperbel und Wirkung
gleichermaßen verloren:

La vita no, ma la virtú sostenta
il cavaliere indomito e feroce.

Das Leben nicht, sondern die Tugend hält diesen
unbändigen und wilden Ritter aufrecht.

Dann kommt Milton, der sein Leben einer heroischen Dichtung weiht. Von Kind an, vielleicht schon bevor er eine Zeile
zu Papier gebracht hat, weiß er sich für die Literatur bestimmt. Er fürchtet, er sei für die epische Dichtung zu spät
auf die Welt gekommen (zu fern von Homer, zu fern von
Adam) und in einer zu kalten Zone, doch übt er sich viele
Jahre hindurch im Verseschreiben. Er studiert Hebräisch und
Aramäisch, Italienisch, Französisch, Griechisch und natürlich
Latein. Er verfaßt lateinische und griechische Hexameter
und toskanische Elfsilbler. Er ist enthaltsam, weil er das Gefühl hat, Unkeuschheit könne sein poetisches Talent vergeu-
den. Er schreibt im Alter von 33 Jahren, daß der Dichter ein
Gedicht sein muß, »das heißt Mischung und Archetyp der besten Dinge«, und daß niemand, der unwürdig des Lobes sei,
sich erkühnen sollte, »heldische Männer oder berühmte
Städte« zu verherrlichen. Er weiß, daß ein Buch, das die Menschen nicht sterben lassen werden, seiner Feder entspringen
wird, doch ist ihm sein Gegenstand noch nicht offenbart worden, und er sucht nach ihm in der *Matière de Bretagne* und in
den beiden Testamenten. Auf einem zufälligen Papier, das
heute das Cambridge-Manuskript ist, notiert er sich ein run-

des Hundert möglicher Themen. Schließlich wählt er den Sturz der Engel und des Menschen, ein historisches Thema nach der Auffassung seiner Zeit, wenn wir es auch heute für symbolisch oder mythologisch halten mögen.*

Milton, Tasso und Vergil weihten sich dem Schaffen von Dichtungen; Flaubert war der erste, der sich einem rein ästhetischen Werk in *Prosa* weihte (ich verwende dieses Wort im strengen etymologischen Sinn). In der Geschichte der Literatur steht die Prosa dem Vers zeitlich nach; dieser paradoxe Sachverhalt spornte den Ehrgeiz Flauberts an. »Die Prosa wurde gestern geboren«, schrieb er, »der Vers ist in der Literatur der Antike die Form *par excellence.* Die kombinatorischen Möglichkeiten der Metrik haben sich erschöpft; nicht so die der Prosa.« Und an anderer Stelle: »Der Roman wartet noch auf seinen Homer.«

Das Gedicht Miltons umspannt Himmel und Hölle, Welt und Chaos, aber trotz alledem ist es eine Ilias, eine Ilias vom Umfang des Universums. Flaubert dagegen wollte kein vorangehendes Modell wiederholen oder überbieten. Er war der Ansicht, daß sich jedes Ding nur auf eine Art sagen lasse und daß der Schriftsteller diese Art treffen müsse. Klassiker und Romantiker stritten sich mit ohrenbetäubendem Lärm; Flaubert meinte, ihre Mißerfolge könnten unterschiedlich sein, doch seien ihre Erfolge die gleichen, denn das Schöne sei immer das Genaue, das Richtige, und ein guter Vers von Boileau sei ein guter Vers von Hugo. Er glaubte an eine prästabilierte Harmonie zwischen dem Wohlklingenden und dem Genauen

* Verfolgen wir die Abwandlungen eines homerischen Motivs im Laufe der Zeiten. Helena von Troja wirkt in der *Ilias* einen Teppich, und was sie hineinwirkt, sind Schlachten und Mißgeschicke des Trojanischen Kriegs. In der *Aeneis* erreicht der Held, der dem Trojanischen Krieg als Flüchtling entronnen ist, Karthago; hier sieht er in einem Tempel Abbildungen dieses Krieges und unter den vielen Bildern von Kriegern auch sein eigenes Bild. Im zweiten *Jerusalem*-Gedicht empfängt Godofredo die ägyptischen Gesandten in einem mit Darstellungen geschmückten Pavillon, dessen Gemälde seine eigenen Kriege darstellen. Von den drei Versionen ist die letzte die am wenigsten glückliche.

und war erstaunt über »den notwendigen Zusammenhang des richtigen Worts mit dem musikalischen Wort«. Dieser Sprachaberglaube hätte einen anderen Schriftsteller dazu verführt, ein kleines Eigenidiom übler Angewohnheiten syntaktischer und prosodischer Art auszuhecken; nicht so Flaubert, den sein tief eingewurzelter Sinn für das Schickliche vor den Gefahren seiner Lehre bewahrte. Mit großzügiger Redlichkeit ging er auf die Jagd nach dem *mot juste*, das gewiß nicht den Gemeinplatz ausschließt und das später zum aufgeblasenen *mot rare* der Symbolisten werden sollte.

Die Geschichte erzählt, daß der berühmte Laotse im stillen leben und keinen Namen haben wollte; der gleiche Wunsch, unbekannt zu bleiben, und die gleiche Berühmtheit kennzeichnen das Schicksal Flauberts. Er wollte nicht in seinen Büchern zugegen sein, oder höchstens auf unsichtbare Art, so wie Gott in seinen Werken; tatsächlich würden wir nicht erraten, daß *Salammbô* und *Madame Bovary* aus derselben Feder stammen, wenn wir es nicht im voraus wüßten. Doch läßt sich ebensowenig leugnen, daß an das Werk Flauberts denken an Flaubert denken heißt, an den bestrebten und bemühten Arbeiter mit den reich gefüllten Zettelkästen und den unentwirrbaren Manuskriptentwürfen. Quijote und Sancho sind wirklicher als der spanische Soldat, der sie erfand, aber kein Geschöpf Flauberts ist so wirklich wie Flaubert.

Wer sagt, sein Hauptwerk sei die *Correspondance*, kann dies damit begründen, daß in diesen mannhaften Bänden das Antlitz seines Schicksals ist.

Dieses Schicksal ist nach wie vor beispielhaft, so wie für die Romantiker das Schicksal Byrons es war. Der Nachahmung der Flaubertschen Technik verdanken wir *The Old Wives' Tale* und *O primo Basilio*. Sein Schicksal hat sich, auf geheimnisvolle Weise erweitert und variiert, im Schicksal Mallarmés wiederholt (dessen Epigramm »Der Endzweck der Welt ist ein Buch« eine Überzeugung Flauberts trifft), im Schicksal von George Moore und Henry James, aber auch im Schicksal des verschrobenen und nahezu unendlichen Iren, der den *Ulysses* wob.

Der argentinische Schriftsteller und die Tradition*

Zum Problem des argentinischen Schriftstellers und der Tradition will ich ein paar skeptische Behauptungen aufstellen und begründen. Und zwar bin ich nicht skeptisch, weil ich die Lösung dieses Problems für schwierig oder unmöglich halte, sondern weil ich bezweifle, daß ein Problem überhaupt vorliegt. Ich glaube, daß wir es mit einem rhetorischen Gemeinplatz zu tun haben, über den man sich pathetisch ergehen kann. Nicht um eine echte geistige Schwierigkeit handelt es sich, wie ich glaube, sondern um einen bloßen Schein, ein Trugbild, ein Scheinproblem.

Bevor ich es untersuche, will ich die verbreitetsten Feststellungen und Auskünfte betrachten. Ich beginne mit jener Auskunft, die sich fast instinktiv eingestellt hat und ohne die Mitwirkung vernünftigen Denkens auftritt; und zwar wird behauptet, daß die literarische Tradition Argentiniens in der Gauchodichtung bereits vorliege. Ihr zufolge muß sich der heutige Schriftsteller an dem Wortschatz, den Stilmitteln, den Themen der Gauchodichtung inspirieren; sie haben ihm als Ausgangspunkt, vielleicht auch als Archetyp zu gelten. Dies ist die geläufigste Lösung; deshalb will ich bei ihrer Erörterung verweilen.

Vorgebracht wurde sie von Lugones in *El payador.* Da lesen wir, daß wir Argentinier eine klassische Dichtung besitzen: den *Martín Fierro*, und daß diese Dichtung für uns dasselbe bedeuten soll wie für die Griechen die Homerischen Gedichte. Ohne Schmälerung des *Martín Fierro* läßt sich dieser Ansicht, scheint es, nur schwer widersprechen. Ich glaube, daß der *Martín Fierro* das dauerhafteste Werk ist, das in Argen-

* Stenographische Niederschrift eines Vortrags am Colegio Libre de Estudios Superiores.

tinien je geschrieben wurde, aber ich glaube ebenso fest, daß wir nicht annehmen dürfen, wie manchmal gesagt worden ist, der *Martín Fierro* sei unsere Bibel, unser kanonisches Buch.

Ricardo Rojas, der für die Kanonisierung des *Martín Fierro* gleichfalls eingetreten ist, schreibt in seiner *Historia de la literatura argentina* etwas, das nach einem Gemeinplatz aussieht, in Wahrheit jedoch eine listige Unterstellung ist.

Rojas untersucht die Dichtung der *»gauchescos«*, das heißt die Dichtung von Hidalgo, Ascásubi, Estanislao del Campo und José Hernández, und leitet sie von der Dichtung der *payadores*, von der spontanen Dichtung der Gauchos ab. Er weist darauf hin, daß das Versmaß der Volksdichtung der Achtsilbler ist und daß die Verfasser gauchesker Dichtungen dieses Versmaß verwenden, woraus er am Ende den Schluß zieht, daß die Dichtung der *gauchescos* als eine Fortsetzung oder Erweiterung der Dichtung der *payadores* anzusehen sei.

Ich hege den Verdacht, daß in dieser Behauptung ein schwerwiegender Irrtum steckt; man könnte auch sagen, ein gewitzter Irrtum, weil Rojas, wie wir sahen, um die Dichtung der *gauchescos*, die mit Hidalgo beginnt und in Hernández gipfelt, aus der Wurzel der Volksdichtung hervorgehen zu lassen, sie als eine Fortsetzung oder einen Ableger der Gauchodichtung ausgibt, woraus folgt, daß Bartolomé Hidalgo nicht der Homer dieser Dichtungsgattung ist, wie Mitre ihn genannt hat, sondern Glied in einer Kette.

Ricardo Rojas macht aus Hidalgo einen *payador*; und doch verwendete laut Angabe derselben *Historia de la literatura argentina* dieser angebliche Stegreifdichter den Elfsilbler, ein Versmaß, das den Volksdichtern natürlich verschlossen war, für dessen Harmonie sie kein Ohr hatten, so wenig wie die spanischen Leser für den Elfsilbler, als Garcilaso ihn aus Italien importierte.

Ich will damit sagen, daß zwischen der Dichtung der Gauchos und der gauchesken Dichtung ein fundamentaler Unterschied besteht. Man braucht nur irgendeine Sammlung von Volksliedern mit dem *Martín Fierro*, mit dem *Paulino Lucero*, mit dem *Fausto* zu vergleichen, um diesen Unterschied zu sehen, der nicht weniger im Wortschatz als in der künstlerischen Absicht der Dichter hervortritt. Die Volksdichter auf dem Land und in der Vorstadt versifizieren allgemeine Themen: die Schmerzen der Liebe und der Trennung, die Liebespein, und verwenden einen ebenfalls allgemeinen Wortschatz; dagegen bemühen sich die gauchesken Dichter um eine bewußt volkstümliche Sprache, wie sie bei den Volksdichtern nicht anzutreffen ist. Ich will damit nicht sagen, daß die Sprache der Volksdichter ein korrektes Spanisch sei; ich will vielmehr sagen, daß etwaige Sprachverstöße auf Unkenntnis zurückzuführen sind. Dagegen herrscht bei den gauchesken Dichtern ein Suchen nach einheimischen Wörtern, ein verschwenderischer Reichtum an Lokalfarbe. Das zeigt sich darin, daß ein Kolumbianer, ein Mexikaner oder ein Spanier die Dichtung der *payadores*, der Gauchos, unmittelbar verstehen kann, daß er hingegen ein Wörterbuch benötigt, um auch nur annähernd Estanislao del Campo oder Ascásubi zu verstehen.

Aus all dem läßt sich der Schluß ziehen, daß die gaucheske Dichtung, die – wie ich noch einmal betone – herrliche Werke hervorgebracht hat, als Literaturgattung genau so künstlich ist wie irgendeine andere. In den ersten Zeugnissen gauchesker Dichtung, in den *trovas* von Bartolomé Hidalgo, finden wir schon die Absicht, sie vom Gaucho her, aus dem Munde des Gauchos kommend vorzuführen, damit der Leser sie in gaucheskem Tonfall aufnehmen soll. Nichts liegt der Volksdichtung ferner. Das Volk – und diese Beobachtung habe ich nicht nur bei *payadores* vom Land, sondern auch aus der Umgebung von Buenos Aires gemacht – lebt in der Überzeugung, daß es mit etwas Wichtigem befaßt ist, wenn es etwas in Verse bringt, und flieht instinktiv volkstümliche Ausdrücke und sucht nach hochtönenden Worten und Wendungen. Vermutlich hat unterdessen die gaucheske Dichtung auch auf die *payadores* abgefärbt und diese ergehen sich in Criollismen, doch war dies ursprünglich nicht der Fall, und einen Beweis dafür (auf den bis heute niemand hingewiesen hat) liefert uns gerade der *Martín Fierro*.

Der *Martín Fierro* ist in einem gauchesk intonierten Spanisch abgefaßt und läßt uns lange Zeit nicht vergessen, daß der Sänger ein Gaucho ist; er schwelgt in Vergleichen, die aus dem Hirtenleben stammen; trotzdem kommt darin eine berühmte Stelle vor, wo der Verfasser dieses Bedachtsein auf Lokalfarbe plötzlich vergißt und ein geläufiges Spanisch schreibt; und zwar spricht er da nicht von einheimischen Themen, sondern von den großen abstrakten Themen, von der Zeit, vom Raum, vom Meer, von der Nacht. Ich meine den Singwettstreit zwischen Martín Fierro und dem Schwarzen, der den Schlußabschnitt des zweiten Teils einnimmt. Es ist, als hätte Hernández selber den Unterschied zwischen seiner gauchesken Dichtung und der echten Dichtung der Gauchos sichtbar machen wollen. Wenn diese beiden Gauchos, Fierro und der Schwarze, zu singen anheben, vergessen sie das ganze gaucheske Gehabe und schneiden philosophische Themen an. Dasselbe fand ich bei uruguayischen *payadores* bestätigt; auch sie haben eine Scheu davor, Dialekt oder Lunfardo zu verwenden und versuchen, sich korrekt auszudrücken. Natürlich scheitern sie, aber ihr Ziel ist es, aus der Dichtung etwas Hehres zu machen; etwas Distinguiertes, könnten wir mit einem Lächeln sagen.

Die Auffassung, daß die argentinische Dichtung ausgesprochen argentinische Züge und argentinische Lokalfarbe in verschwenderischer Fülle darbieten soll, scheint mir auf einem Irrtum zu beruhen. Wenn wir uns fragen, welches Buch argentinischer ist, der *Martín Fierro* oder die Sonette aus *La Urna* von Enrique Banchs, besteht kein Grund zu behaupten, argentinischer sei das erste von beiden. Man wird sagen, in *La Urna* seien die argentinische Landschaft, die argentinische Topographie, die argentinische Botanik, die argentinische Zoologie nicht zugegen; trotzdem enthält *La Urna* argentinische Wesensmerkmale anderer Art.

Ich denke an ein paar Verse aus *La Urna*, von denen man

glauben könnte, der Dichter habe sie geschrieben, um nicht als Argentinier angesehen zu werden; sie lauten: »... *El sol en los tejados / y en las ventanas brilla. Ruiseñores / quieren decir que están enamorados.*« [Auf Ziegeldächern und in Fensterscheiben glänzt die Sonne. Nachtigallen wollen verkünden, daß sie verliebt sind.].

Hier darf es anscheinend auf keinen Fall heißen: »*El sol en los tejados y en las ventanas brilla.*« Enrique Banchs schrieb diese Verse in einer Vorstadt von Buenos Aires, und in der Vorstadt von Buenos Aires gibt es keine Ziegeldächer, sondern Dachterrassen; »*ruiseñores quieren decir que están enamorados*«: Die Nachtigall ist nicht so sehr ein Vogel der Realität als vielmehr der Literatur aus antiker und germanischer Überlieferung. Trotzdem würde ich behaupten, daß im Umgang mit diesen konventionellen Bildern, diesen anomalen Ziegeldächern und Nachtigallen zwar nicht die Architektur und die Ornithologie Argentiniens getroffen werden, wohl aber die argentinische Scheu, die argentinische Zurückhaltung. Daß Banchs, um von dem großen Schmerz, der auf ihm lastete, zu sprechen, um von jener Frau zu sprechen, die ihn verlassen und die Welt für ihn leer gemacht hatte, sich in nichteinheimische und konventionelle Bilder flüchtet wie Ziegeldächer und Nachtigallen, ist bezeichnend. Bezeichnend für die Scheu, das mangelnde Zutrauen, die Hemmungen des Argentiniers; für unsere Schwierigkeiten mit Zutrauen und Intimität.

Außerdem weiß ich nicht, ob eigens betont werden muß, daß der Gedanke, eine Literatur müsse sich nach den unterscheidenden Zügen des Landes richten, das sie hervorbringt, ein ziemlich junger Gedanke ist; so jung und willkürlich wie der Gedanke, daß sich die Schriftsteller nach Stoffen umsehen müssen, die für ihr Land eigentümlich sind. Ich glaube, daß Racine – um ein naheliegendes Beispiel zu wählen – denjenigen nicht einmal verstanden hätte, der ihm den Titel eines französischen Dichters mit der Begründung abgesprochen hätte, er habe sich ja griechische und lateinische Stoffe ausgesucht. Ich glaube, daß Shakespeare sehr verblüfft gewesen wäre, wenn man ihn auf englische Themen hätte einschränken wollen und wenn man zu ihm gesagt hätte, als Engländer habe er kein Recht, einen *Hamlet* zu schreiben, der skandinavischer Herkunft, und einen *Macbeth*, der schottischer Herkunft ist. Der argentinische Kult der Lokalfarbe ist ein europäischer Kult jüngeren Datums, den gerade die Nationalisten als Fremdgut zurückweisen müßten.

Vor einiger Zeit habe ich eine merkwürdige Bestätigung dafür gefunden, daß das Einheimische, wenn es echt ist, ohne Lokalfarbe auskommt und auskommen kann; und zwar fand ich diese Bestätigung in Edward Gibbons *History of the Decline and Fall of the Roman Empire*. Gibbon stellt fest, daß in dem arabischen Buch *par excellence*, dem Koran, keine Kamele vorkommen. Ich glaube, daß, sofern an der Authentizität des Korans irgendwelche Zweifel bestünden, diese fehlenden Kamele ein hinreichender Beweis seiner arabischen Herkunft wären. Mohammed schrieb ihn, und Mohammed war als Araber nicht gehalten zu wissen, daß die Kamele eine arabische Spezialität sind; sie waren für ihn ein Teil der Wirklichkeit; sie besonders hervorzuheben, bestand kein Anlaß; dagegen hätten ein Fälscher, ein Tourist, ein arabischer Nationalist nichts Eiligeres zu tun gehabt, als mit Kamelen um sich zu werfen, auf jeder Seite Kamelkarawanen aufmarschieren zu lassen; Mohammed war als Araber seiner Sache sicher; er wußte, daß er Araber auch ohne Kamele sein konnte. Ich glaube, wir Argentinier können uns mit Mohammed vergleichen; wir können an die Möglichkeit glauben, Argentinier zu sein, auch ohne in Lokalfarbe zu schwelgen.

Hier sei mir eine Beichte erlaubt, eine ganz kleine persönliche Beichte. Viele Jahre hindurch war ich bemüht, in Büchern, die heute glücklicherweise vergessen sind, den Eigengeschmack, das besondere Wesen der Randviertel von Buenos Aires einzufangen; natürlich machte ich reichlichen Gebrauch von ortsüblichen Bezeichnungen, ließ mir Worte wie »*cuchillero*«, »*milonga*«, »*tapia*« und andere nicht entgehen, und schrieb auf diese Art jene vergessenswerten und vergessenen Bücher; dann, vor etwa einem Jahr, schrieb ich eine Geschichte mit dem Titel ›Der Tod und der Kompaß‹; sie hatte etwas von einem Albtraum, und in diesem Albtraum kommen Elemente von Buenos Aires in entstellter Form vor; ich denke da zum Beispiel an den Paseo Colón und nenne ihn »rue de Toulon«, ich denke an die Landgüter von Adrogué und nenne sie »Triste-le-Roy«. Als die Geschichte erschien, sagten meine Freunde zu mir, sie hätten in meinen Sachen plötzlich den Eigengeschmack der Außenbezirke von Buenos Aires gespürt. Gerade weil ich mir nicht vorgenommen hatte, diesen Eigengeschmack zu treffen, weil ich mich dem Träumen überlassen hatte, war mir das geglückt, was ich so lange Jahre vergeblich gesucht hatte.

Ich möchte nun von einem Werk sprechen, das mit Recht berühmt ist und auf das die Nationalisten sich zu berufen pflegen. Ich meine den *Don Segundo Sombra* von Güiraldes. Die Nationalisten nennen den *Don Segundo Sombra* das Muster eines nationalen Buches; doch fallen uns bei einem Vergleich des *Don Segundo Sombra* mit den Werken der gauchesken Überlieferung als erstes Unterschiede auf. *Don Segundo Sombra* ist voll von Metaphern eines Schlags, der mit der Sprache auf dem Land nichts, dagegen mit den Metaphern zeitgenössischer literarischer Zirkel am Montmartre sehr viel zu tun hat. Was die Fabel, die Geschichte angeht, so läßt sich der Einfluß von Kiplings *Kim* nachweisen, der in Indien spielt, und der seinerseits von Mark Twains *Huckleberry Finn*, dem Epos des Mississippi, angeregt war. Indem ich dies feststelle, will ich nicht den Wert des *Don Segundo Sombra* schmälern; im Gegenteil, ich will deutlich machen, daß wir dieses Werk nicht besäßen, hätte sich nicht Güiraldes die Darstellungstechnik der französischen Literatenzirkel seiner Zeit zunutze gemacht und auf die Erinnerung an Kipling, den er viele Jahre früher gelesen hatte, zurückgegriffen. Das heißt: Kipling, Mark Twain und die Metaphorik der französischen Dichter waren nötig für dieses argentinische Buch, das – ich wiederhole es – nicht weniger argentinisch ist, weil es diese Einflüsse in sich aufgenommen hat.

Ich möchte auf einen weiteren Widerspruch hinweisen: Die Nationalisten tun so, als verehrten sie die argentinischen Geistesfähigkeiten; sie möchten jedoch die dichterische Ausübung dieser Geisteskraft auf ein paar armselige lokale Stoffe einschränken, gerade so, als könnten die Argentinier nur von Vororten und Estancias, nicht aber vom Universum sprechen.

Betrachten wir eine weitere Auffassung. Es wird gesagt, es gebe eine Überlieferung, der wir argentinischen Schriftsteller uns anschließen müßten, und diese Überlieferung sei die spanische Literatur. Nun ist dieser zweite Ratschlag zwar ein bißchen weniger eng gefaßt als der erste, aber auch er ist darauf angelegt, uns einzusperren. Vielerlei könnte man ihm entgegenhalten, doch mögen zwei Einwände genügen. Der erste ist folgender: Die argentinische Geschichte läßt sich zweifelsfrei als ein Wille zur Absonderung von Spanien, als absichtliche Distanzierung von Spanien definieren. Der zweite Einwand lautet: Bei uns ist das Vergnügen an spanischer Literatur – ein Vergnügen, das ich persönlich teile – gewöhnlich ein erworbener Geschmack; ich habe häufig an Personen, die literarisch nicht besonders gebildet waren, französische und englische Bücher ausgeliehen, und diese Bücher wurden unmittelbar, ohne Anstrengung genossen. Wenn ich dagegen meinen Freunden die Lektüre spanischer Bücher empfohlen hatte, konnte ich feststellen, daß diese Bücher ihnen ohne spezielle Vorbildung nur schwer genießbar waren. Deshalb glaube ich, die Tatsache, daß ein paar berühmte argentinische Schriftsteller wie Spanier schreiben, ist nicht so sehr das Zeugnis einer ererbten Fähigkeit als ein Beweis für das argentinische Einfühlungsvermögen.

Ich komme auf eine dritte Ansicht zu sprechen, die ich kürzlich über die argentinischen Schriftsteller und die Tradition gelesen habe und die mich sehr erstaunt hat. Ihr zufolge seien wir, die Argentinier, von der Vergangenheit abgetrennt; zwischen uns und Europa habe eine Art Kontinuitätsbruch stattgefunden. Wenn es nach dieser sonderbaren Anschauung ginge, befänden wir Argentinier uns sozusagen in den

267

ersten Tagen der Schöpfung; die Tatsache, daß wir nach europäischen Themen und Darstellungsformen greifen, wäre eine Illusion, ein Fehler. Wir müßten einsehen, daß wir von Grund aus allein seien und nicht so tun könnten, als seien wir Europäer.

Ich halte diese Auffassung für unbegründet. Ich verstehe wohl, daß sie vielen zusagt, weil die Erklärung, wir seien allein, verloren, an unsere Urtümlichkeit preisgegeben, wie der Existentialismus die Zauberwirkung des Pathetischen hat. Viele können dieser Anschauung beipflichten; denn haben sie ihr einmal beigepflichtet, werden sie sich einsam und trostberaubt fühlen und sich irgendwie interessant vorkommen. Trotzdem habe ich bemerkt, daß es in unserem Land, gerade weil es ein neues Land ist, sehr viel Gefühl für die Zeit gibt. Alles, was in Europa geschehen ist, die dramatischen Ereignisse, die sich in den letzten Jahren in Europa abgespielt haben, wurde hier mit starkem Widerhall aufgenommen. Ob jemand während des Spanischen Bürgerkriegs auf der Seite Francos oder der Republikaner oder ob er auf der Seite der Nazis oder der Alliierten gestanden hat, war in vielen Fällen bestimmend für schlimmste Zwistigkeiten und Zerwürfnisse. Das könnte nicht vorkommen, wenn wir von Europa losgelöst wären. Was die argentinische Geschichte angeht, so glaube ich, daß wir alle für sie ein tiefes Gefühl haben, und daß wir dieses Gefühl haben ist natürlich, weil sie uns zeitlich und blutsmäßig so nahesteht; die Namen, die Schlachten der Bürgerkriege, der Unabhängigkeitskrieg, mit all dem sind wir in der Zeit und durch die Familienüberlieferung eng verbunden.

Was ist die argentinische Tradition? Ich glaube, die Antwort darauf ist leicht, und die Frage birgt kein Problem. Ich glaube, daß unsere Tradition die gesamte abendländische Kultur ist, und ich glaube auch, daß wir auf diese Tradition ein Recht haben, ein größeres Recht, als es die Angehörigen dieser oder jener abendländischen Nation haben können. Ich denke hierbei an einen Essay des nordamerikanischen Soziologen Thorstein Veblen, in dem von dem Vorrang der Juden innerhalb der abendländischen Kultur die Rede ist. Der Verfasser stellt sich die Frage, ob dieser Vorrang auf eine angeborene Überlegenheit der Juden schließen lasse, und er verneint dies. Er sagt, daß sie in der abendländischen Kultur den Vorrang behaupten, weil sie innerhalb dieser Kultur tätig, zugleich aber durch keine spezielle Ehrfurcht an sie gebunden seien: »deshalb«, sagt er, »wird es einem Juden immer leichter fallen, in der europäischen Kultur erneuernd zu wirken als einem nichtjüdischen Abendländer«; und dasselbe können wir von den Iren in der englischen Kultur sagen. Was die Iren angeht, zwingt uns nichts zu der Annahme, daß die Fülle irischer Namen in der Literatur und Philosophie Großbritanniens rassischer Überlegenheit zuzuschreiben sei, da viele dieser berühmten Iren (Shaw, Berkeley, Swift) von Engländern abstammten und kein keltisches Blut in den Adern hatten; allein die Tatsache, daß sie sich als Iren, als etwas Besonderes empfanden, reichte für sie aus, um auf die englische Kultur erneuernd einzuwirken. Ich glaube, daß wir Argentinier, wir Südamerikaner allgemein, in einer ähnlichen Lage sind; wir können sämtliche europäischen Themen in die Hand nehmen, ohne abergläubische Hemmungen, mit Respektlosigkeit, die glückliche Folgen haben kann und schon heute hat.

Das soll nicht heißen, daß alle argentinischen Experimente auf gleiche Weise geglückt sind; ich glaube, daß dieses Problem der Tradition und des Argentiniers lediglich eine zeitgenössische und vorübergehende Form des ewigen Problems des Determinismus ist. Wenn ich jetzt den Tisch mit einer meiner Hände berühre und mich frage: Soll ich ihn mit der linken oder mit der rechten Hand berühren?, und wenn ich ihn dann mit der rechten Hand berühre, so werden die Deterministen sagen, daß ich gar nicht anders handeln konnte und daß die ganze vorangehende Geschichte des Universums mich zwang, ihn mit der rechten Hand zu berühren, und daß es ein Wunder gewesen wäre, hätte ich ihn mit der linken Hand berührt. Hätte ich ihn aber mit der linken Hand berührt, so hätten sie dasselbe zu mir gesagt; ich sei gezwungen gewesen, ihn mit dieser Hand zu berühren. Genau so verhält es sich mit den literarischen Themen und Verfahren. Alles, was uns argentinischen Schriftstellern zu schaffen gelingt, gehört der argentinischen Tradition an, genau so wie die Behandlung italienischer Stoffe durch die Leistung Chaucers und Shakespeares der englischen Tradition angehört.

Übrigens glaube ich, daß alle diese alten Erörterungen über Ziele und Absichten des literarischen Schaffens auf der irrigen Annahme beruhen, Absichten und Projekte seien wichtig. Nehmen wir Kipling als Beispiel: Kipling war sein Leben lang bestrebt, im Dienst bestimmter politischer Ideale zu schreiben, er wollte aus seinem Werk ein Propagandamittel machen und mußte sich doch am Ende seines Lebens eingestehen, daß der eigentliche Gehalt seines Werks dem Schriftsteller selber gewöhnlich verborgen bleibt, und er erinnerte an Swift, der, als er *Gullivers Reisen* schrieb, ein Zeugnis gegen die Menschheit aufbringen wollte und ein Kinderbuch hinterließ. Platon sagte, die Dichter seien Zöglinge eines Gottes, der sie gegen ihren Willen, gegen ihre Pläne beseele, so wie der Magnet einen Haufen Eisenringe beseelt.

Deshalb wiederhole ich: Wir dürfen keine Angst haben, sondern müssen glauben, daß unser Erbteil das Universum ist; wir müssen uns an allen Themen versuchen und können uns nicht auf das Argentinische festlegen, um argentinisch zu sein: Denn entweder ist Argentinier sein eine Schicksalsbestimmung, und wenn dies so ist, werden wir es auf jede Weise sein, oder Argentinier sein ist eine bloße Affektiertheit, eine Maske.

Ich glaube, wenn wir uns jenem absichtlichen Traum überlassen, der sich künstlerische Schöpfung nennt, werden wir Argentinier sein und zugleich gute oder wenigstens annehmbare Schriftsteller.

Notizen

H. G. Wells und die Parabeln:
The Croquet Player. Star Begotten

In diesem Jahr hat Wells zwei Bücher veröffentlicht. Das erste – *The Croquet Player* – schildert eine pestilenzialische Gegend mit wirren Sümpfen, in der scheußliche Dinge zu geschehen beginnen; am Ende verstehen wir, daß diese Gegend der ganze Planet ist. Das andere – *Star Begotten* – stellt eine freundschaftliche Verschwörung der Marsbewohner dar, um die Menschheit durch Aussendung kosmischer Strahlen zu erneuern. Unsere Kultur ist durch die monströse Wiedergeburt der Dummheit und der Grausamkeit bedroht, will das erste bedeuten; unsere Kultur kann durch eine etwas andersgeartete Generation erneuert werden, raunt das zweite. Beide Bücher sind Parabeln, beide Bücher werfen das alte Problem der Allegorien und der Symbole auf.

Wir alle neigen zu dem Glauben, daß Interpretation die Symbole aushöhlt. Nichts ist irriger. Ich wähle ein elementares Beispiel: ein Rätsel. Jedermann weiß, daß die thebanische Sphinx Ödipus fragte: »Was ist das Tier, das bei Tagesanbruch vier, um die Mittagszeit zwei und abends drei Füße hat?« Jedermann weiß auch, daß Ödipus antwortete, das sei der Mensch. Wer von uns merkt nicht sofort, daß der nackte Begriff *Mensch* dem magischen Tier unterlegt ist, das die Frage ahnen läßt: Gleichsetzung des gewöhnlichen Menschen mit diesem veränderlichen Ungeheuer, der siebzig Jahre mit einem Tag, die des Stocks der Greise mit einem dritten Fuß? Eine solche mehrfache Natur ist allen Symbolen eigen. Allegorien wiederum legen dem Leser eine doppelte oder dreifache Anschauung nahe, nicht Figuren, die sich mit eigenständigen abstrakten Namen vertauschen lassen. »Die allegorischen Charaktere«, bemerkt sehr richtig de Quincey (*Writings*, XI, p. 199), »nehmen eine mittlere Stellung ein zwischen den absoluten Wirklichkeiten des menschlichen Lebens und den reinen Abstraktionen der logischen Erkenntnis.« Die hungrige hagere Wölfin des ersten Gesangs der *Göttlichen Komödie* ist kein Emblem oder Wahrzeichen der Habsucht: Sie ist eine Wölfin und auch die Habsucht, wie in den Träumen. Mißtrauen wir dieser Doppelnatur nicht zu sehr; für die Mystiker ist die greifbare Welt nicht mehr als ein System von Symbolen...

Aus dem Vorhergegangenen wage ich abzuleiten, daß es absurd ist, eine Geschichte auf ihre Moral, eine Parabel auf ihre bloße Intention, eine »Form« auf ihren »Inhalt« zu reduzieren. (Schon Schopenhauer hat beobachtet, daß das Publikum selten auf die Form und immer auf den Inhalt achtet.) In *The Croquet Player* gibt es eine Form, die wir verurteilen oder gutheißen, jedoch nicht ablehnen können; die Erzählung *Star Begotten* dagegen ist vollkommen amorph. Eine Reihe eitler Diskussionen erschöpft den Band. Die Handlung – die unerbittliche Veränderung des Menschengeschlechts durch die kosmischen Strahlen – ist nicht verwirklicht worden; die Protagonisten diskutieren kaum ihre Möglichkeit. Die Wirkung ist wenig anregend. Wie schade, daß dieses Buch nicht Wells eingefallen ist! denkt der Leser wehmütig. Sein Wunsch ist vernünftig: der Wells, den die Handlung erfordert hätte, war nicht der kraftvoll vage Plauderer der *World of William Clissold* und der unklugen Enzyklopädien. Er war der andere, der alte Erzähler gräßlicher Wunder: der der Geschichte von dem Reisenden, der aus der Zukunft eine welke Blume mitbringt, der der Geschichte von den tierischen Menschen, die in der Nacht ein serviles Credo näseln, der der Geschichte von dem Verräter, der vom Monde floh.

Edward Kasner and James Newman:
Mathematics and the Imagination
(Simon and Schuster)

Beim Durchsehen meiner Bibliothek stelle ich zu meiner Verwunderung fest, daß die Werke, die ich am häufigsten wiedergelesen und mit handschriftlichen Bemerkungen überfüllt habe, die folgenden sind: das *Wörterbuch der Philosophie* von Mauthner, die *Biograpische Geschichte der Philosophie* von Lewes, die *Geschichte des Krieges von 1914–1918* von Liddell Hart, *Das Leben des Samuel Johnson* von Boswell und die Psychologie von Gustav Spiller: *The Mind of Man*, 1902. Diesem heterogenen Katalog (der Werke, die vielleicht reine Gewohnheiten sind, wie das von G. H. Lewes, nicht ausschließt) werden die Jahre aller Voraussicht nach dieses höchst anregende Buch zugesellen.

Seine vierhundert Seiten verzeichnen mit Klarheit die unmittelbaren und zugänglichen Reize der Mathematik, die sogar ein bloßer *homme de lettres* verstehen oder zu verstehen sich einbilden kann: die unendliche Karte von Brouwer, die vierte Dimension, die More ahnte und die Howard Hinton sich vorstellen zu können behauptet, der leicht obszöne Möbiusstreifen, die Grundbegriffe der Theorie der transfiniten Zahlen, die acht Paradoxa Zenons, Desargues' parallele Geraden, die sich im Unendlichen schneiden, die binäre Notation, die Leibniz in den Diagrammen des *I Ging* entdeckte, die schöne euklidische Beweisführung der stellaren Unendlichkeit der Primzahlen, das Problem des Turms von Hanoi, der dilemmatische oder zweigehörnte Syllogismus.

Von diesem letzten, mit dem die Griechen spielten (Demokrit schwört, daß die Abderiten Lügner sind; aber Demokrit ist Abderit, folglich lügt Demokrit; folglich ist es sicher, daß die Abderiten nicht Lügner sind; folglich lügt Demokrit nicht; folglich ist es wahr, daß die Abderiten Lügner sind; folglich lügt Demokrit; folglich…), gibt es nahezu zahllose Versionen, die nicht in der Methode, wohl aber in den Protagonisten und in der Fabel variieren. Aulus Gellius (*Attische Nächte*, fünftes Buch, Kapitel X), nimmt einen Redner und dessen Schüler; Luis Barahona de Soto (*Angélica*, elfter Gesang) zwei Sklaven; Miguel de Cervantes (*Quijote*, zweiter Teil, Kapitel LI) einen Fluß, eine Brücke und einen Galgen; Jeremy Taylor in einer seiner Predigten einen Mann, der von einer Stimme geträumt hat, die ihm offenbart, daß alle Träume eitel sind; Bertrand Russell (*Introduction to Mathematical Philosophy*, p. 136) auf die Klasse der Klassen, die sich nicht selbst enthalten.

Zu diesen illustren Perplexitäten wage ich folgende hinzuzufügen:

In Sumatra will jemand die Hellseherei erlernen. Der prüfende Zauberer fragt ihn, ob er durchfallen oder die Prüfung bestehen werde. Der Kandidat antwortete, er werde durchfallen... Und schon ahnt man die unendliche Fortsetzung.

Gerald Heard:
Pain, Sex and Time
(Cassell)

Zu Beginn des Jahres 1896 bemerkte Bernard Shaw, in Friedrich Nietzsche habe ein untüchtiger Akademiker gesteckt, der befangen war in einem abergläubischen Kult der Renaissance und der Klassiker (*Our Theatres in the Nineties*, II, p. 94). Es ist nicht zu leugnen, daß Nietzsche, um dem Jahrhundert Darwins seine evolutionistische Mutmaßung vom Übermenschen zu vermitteln, dazu ein wurmstichiges Buch schrieb, das eine linkische Parodie aller *Sacred Books of the East* ist. Er wagte kein einziges Wort über die Anatomie oder Psychologie der künftigen biologischen Gattung; er beschränkte sich auf ihre Moral, die er (geängstigt von Gegenwart und Zukunft) mit der des Cesare Borgia und der Wikinger gleichsetzte.*

Heard korrigiert die Nachlässigkeit und Lücken des *Zara-thustra* auf seine Weise. Bei einer Stichprobe ist sein Stil schlichtweg minderwertig; bei längerer Lektüre ist er erträglicher. Er glaubt nicht an eine Übermenschheit, kündigt jedoch eine weitgehende Evolution menschlicher Fähigkeiten an. Diese geistige Entwicklung benötigt nicht Jahrhunderte: In den Menschen ist eine unversiegbare Reserve an Nervenenergie gespeichert, die ihnen im Unterschied zu anderen

, * Einmal (›Geschichte der Ewigkeit‹) habe ich alle vor-nietzscheschen Zeugnisse von der Lehre der Ewigen Wiederkehr aufzuzählen oder zu sammeln versucht. Dieses eitle Vorhaben übersteigt die Schranken meiner Gelehrsamkeit und des menschlichen Lebens. Zu den bereits vorhandenen Aussagen möchte ich vorläufig nur die des Paters Feijoo (*Teatro crítico universal*, vierter Band, Diskurs zwölf) hinzufügen. Dieser schreibt, wie Sir Thomas Browne, die Lehre Platon zu. Die Stelle lautet: »Eine von Platons Besessenheiten bestand darin, daß, wenn der Kreis des Großen Jahres abgelaufen ist (so nannte er jenen Zeitraum, in dem alle Sterne nach zahllosen Kreisläufen sich wieder in der gleichen Stellung und Ordnung einfinden müssen, welche sie vorher untereinander innegehabt haben), sich alle Dinge erneuern müssen; das heißt: auf der Bühne der Welt müssen dieselben Schauspieler wieder auftreten und dieselben Ereignisse wieder aufführen, wobei Menschen, Tiere, Pflanzen, Steine eine neue Existenz erlangen; schließlich muß alles, was es an Belebtem und Unbelebtem in den vorangegangenen Jahrhunderten gegeben hat, in ihnen wiederkehren – mit den gleichen Übungen, den gleichen Ereignissen, den gleichen Spielereien des Zufalls, die in ihrer ersten Existenz vorgekommen waren.«

Das sind Worte aus dem Jahre 1730: sie sind im Band LVI der *Biblioteca de Autores Españoles* wiedergegeben. Sie erläutern sehr gut die *astrologische* Rechtfertigung der Wiederkehr.

Im *Timaios* bekräftigt Platon, daß die sieben Planeten, nachdem ihre verschiedenen Geschwindigkeiten ausgeglichen sind, zum Ausgangspunkt ihrer Reise zurückkehren werden, doch leitet er von diesem weitreichenden Kreislauf keine minutiöse Wiederholung der Geschichte ab. Übrigens erklärt Lucilio Vanini: »Achilles wird wieder nach Troja ziehen; die Zeremonien und Religionen werden wieder entstehen; die menschliche Geschichte wiederholt sich; nichts ist jetzt, was nicht war; was gewesen ist, wird sein; doch all dies im Allgemeinen, nicht (wie Platon bestimmt) im Besonderen.« Das schrieb er im Jahre 1616; ihn zitiert Burton in der vierten Abteilung des dritten Teils des Buchs *The Anatomy of Melancholy*. Francis Bacon (*Essays*, LVIII, 1625) gibt zu, daß die Gestirne nach der Erfüllung des platonischen Jahrs die gleichen typischen Wirkungen verursachen werden, aber er leugnet ihre Kraft, die gleichen Personen zu wiederholen.

Gattungen, deren Sexualität periodisch ist, erlaubt, ihren Geschlechtstrieb unablässig auszuüben. »Die Geschichte«, schreibt Heard, »ist ein Teil der Naturgeschichte. Die menschliche Geschichte ist psychologisch beschleunigte Biologie.«

Die Möglichkeit einer späteren Evolution unseres Zeitbewußtseins ist vielleicht das Grundthema dieses Buches. Heard meint, daß die Tiere dieses Bewußtseins vollständig ermangeln und daß ihr diskontinuierliches und organisches Leben reine Gegenwart ist. Diese Vermutung ist uralt; schon Seneca hatte im letzten Brief an Lucilius argumentiert: »*Animalibus tantum, quod brevissimum est in transcursum, datum praesens*...« Auch die theosophische Literatur ist voll von solchen Überlegungen. Rudolf Steiner vergleicht den leblosen Zustand der Minerale mit dem der Leichname; das schweigsame Leben der Pflanzen mit dem schlafender Menschen; das momentane Aufmerken des Tieres mit denen des sorglosen Schläfers, der Unzusammenhängendes träumt. Im dritten Band seines wunderbaren *Wörterbuchs der Philosophie* bemerkt Fritz Mauthner: »Es scheint, daß die Tiere von dem Zeitverlaufe und der Zeitdauer höchstens dunkle Ahnungen haben. Der Mensch dagegen, wenn er noch dazu ein Psychologe der neuen Schule ist, kann zwei Eindrücke als in der Zeit verschieden wahrnehmen, die nur durch 1/500 einer Sekunde getrennt sind.« In einem posthumen Buch von Guyau – *La Genèse de l'Idée du Temps*, 1890 – stehen zwei oder drei analoge Stellen. Ouspenski (*Tertium Organum*, Kapitel IX) stellt sich dem Problem nicht ohne Beredsamkeit; er behauptet, die Welt der Tiere sei zweidimensional, sie seien unfähig, eine Kugel oder einen Würfel zu begreifen. Jeder Winkel ist für sie eine Bewegung, ein Vorfall in der Zeit... Wie Edward Carpenter, wie Leadbeater, wie Dunne sagt Ouspenski voraus, daß unser Geist auf die lineare Zeitabfolge verzichten und das Weltall auf engelhafte Art und Weise anschauen wird: *sub specie aeternitatis*.

Zum gleichen Schluß gelangt Heard in einer gelegentlich vom psychiatrischen oder soziologischen *patois* verseuchten

Sprache. Er gelangt, das heißt: Ich glaube, daß er dahin gelangt. Im ersten Kapitel seines Buches behauptet er die Existenz einer unbeweglichen Zeit, die wir Menschen durchschreiten. Ich weiß nicht, ob dieses denkwürdige Urteil eine bloße metaphorische Verneinung der kosmischen, gleichförmigen Zeit Newtons ist oder ob er buchstäblich die Koexistenz der Vergangenheit, der Gegenwart und der Zukunft behauptet. Im letzten Fall (würde Dunne sagen) entartet die unbewegliche Zeit zum Raum und unsere Ortsveränderung erfordert eine *andere* Zeit...

Daß die Wahrnehmung der Zeit sich irgendwie entwickeln könnte, scheint mir nicht unwahrscheinlich, und vielleicht ist es unvermeidlich. Daß diese Entwicklung sehr schnell ablaufen könne, scheint mir eine willkürliche Behauptung des Autors und eine künstliche Anregung zu sein.

Gilbert Waterhouse:
A Short History of German Literature
(Methuen, London 1943)

Gleichermaßen entfernt vom Marquis de Laplace (der es für möglich hielt, in einer einzigen Formel alle Fakten zusammenzufassen, die sein werden, die sind und die gewesen sind) wie vom umgekehrt paradoxen Doktor Rojas (dessen Geschichte der argentinischen Literatur weitläufiger ist als die argentinische Literatur selbst), hat Mr. Gilbert Waterhouse auf einhundertvierzig Seiten eine nicht immer unangemessene Geschichte der deutschen Literatur verfaßt. Die Prüfung dieses Handbuchs regt weder zu einer Beschwerde noch zu einem Loblied an; sein offensichtlicher und vermutlich unvermeidlicher Fehler ist der, den De Quincey den Urteilen deutscher Kritiker vorwirft: das Fehlen anschaulicher Beispiele. Auch ist es wenig großzügig, dem vielfältigen Novalis genau eine

Zeile zu widmen und diese Zeile zu mißbrauchen, um ihn in einem untergeordneten Katalog von Romanciers unterzubringen, deren Vorbild *Wilhelm Meister* war. (Novalis verurteilte den *Wilhelm Meister*; Novalis' berühmter Ausspruch über Goethe lautet: »Goethe ist ganz praktischer Dichter. Er ist in seinen Werken, was der Engländer in seinen Waren ist: höchst einfach, nett, bequem und dauerhaft.«) Das traditionelle Weglassen von Schopenhauer und Fritz Mauthner empört mich, doch überrascht es mich nicht mehr: Der Horror vor dem Wort *Philosophie* hindert die Kritiker daran, im *Wörterbuch* des einen und in den *Parerga und Paralipomena* des anderen die unerschöpflichsten und angenehmsten Essay-Bücher der deutschen Literatur zu erkennen.

Die Deutschen scheinen unfähig zu sein, ohne irgendeine halluzinatorische Lehrzeit zu Werk zu gehen: Sie können glückliche Schlachten schlagen oder schmachtende und endlos lange Romane verfassen, doch nur unter der Bedingung, daß sie sich für »reine Arier«, von den Juden mißhandelte Wikinger, oder Akteure aus Tacitus' *De Germania* halten. (Über diese eigenartige rückwärtsgewandte Hoffnung hat Friedrich Nietzsche die Meinung vertreten, alle echten Germanen seien ausgewandert, das Deutschland von heute sei ein Vorposten der Slawen und bereite die Russifizierung Europas vor. Eine analoge Antwort verdienen die Spanier, die sich als Enkel der Eroberer Amerikas proklamieren: Die Enkel sind wir, die Südamerikaner; sie sind die Neffen...) Bekanntlich haben die Götter den Deutschen die spontane Schönheit verwehrt. Diese Beraubung erklärt das Tragische am deutschen Shakespeare-Kult, der in gewisser Weise einer unglücklichen Liebe gleicht. Der Deutsche (Lessing, Herder, Goethe, Novalis, Schiller, Schopenhauer, Nietzsche, Stefan George...) empfindet mit geheimnisvoller Vertrautheit Shakespeares Welt und weiß sich gleichzeitig unfähig, mit diesem Schwung und mit dieser Unschuld, mit diesem zartfühlenden Glück und mit diesem sorglosen Glanz schöpferisch zu sein. *Unser Shakespeare* sagen oder sagten die Deutschen, wissen sich jedoch für eine Kunst anderer Art bestimmt: eine Kunst vorbedachter Symbole oder polemischer Thesen. Man kann nicht zu einem Buch wie Gundolfs *Shakespeare und der deutsche Geist* oder wie Pascals *William Shakespeare in Germany* greifen, ohne diese Sehnsucht oder diesen Zwiespalt der deutschen Intelligenz zu spüren, diese jahrhundertealte Tragödie, deren Schauspieler nicht ein einzelner Mensch, sondern viele menschliche Generationen sind.

Die Menschen anderer Länder mögen aus Zerstreuung grausam, durch Zufall heldenhaft sein; die Deutschen brauchen Seminare der Selbstverleugnung, Ethiken der Niedertracht.

Von den kurzgefaßten Geschichten der deutschen Literatur ist meines Wissens die beste die bei Kröner verlegte von Karl Heinemann; die überflüssigste und mühseligste die von Doktor Max Koch, entwertet durch patriotischen Aberglauben und von einem katalanischen Verlag verwegen in die spanische Sprache übertragen.

Leslie D. Weatherhead:
After Death
(The Epworth Press, London 1942)

Ich habe einmal eine Anthologie der phantastischen Literatur zusammengestellt. Ich gebe zu, daß dieses Werk zu den höchst seltenen Werken gehört, die ein zweiter Noah aus einer zweiten Sintflut retten müßte, aber ich bekenne die schuldhafte Auslassung der unvermuteten und größten Meister der Gattung: Parmenides, Platon, Johannes Scotus Eriugena, Albertus Magnus, Spinoza, Leibniz, Kant, Francis Bradley. In der Tat, was sind die Wundergeschichten von Wells oder Edgar Allan Poe – eine Blume, die aus der Zukunft zu uns gelangt, ein der Hypnose unterworfener Toter – verglichen mit der Erfindung Gottes, mit der mühsamen Theorie eines Wesens, das auf gewisse Weise drei ist und *außerhalb der Zeit* einsam fortdauert? Was ist der Bezoar angesichts der prästabilierten Harmonie, was ist das Einhorn gegenüber der Dreieinigkeit, was ist Lucius Apulejus angesichts der Multiplikatoren von Buddhas im Großen Fahrzeug, was sind alle Nächte der Scheherazade angesichts einer Beweisführung von Berkeley? Ich habe die stufenweise Erfindung Gottes verehrt; auch Hölle und Himmel (unsterblicher Lohn, unsterbliche Strafe) sind wunderbare und merkwürdige Entwürfe der menschlichen Einbildungskraft.

Die Theologen definieren den Himmel als Ort immerwährender Glorie und Glückseligkeit und weisen darauf hin, daß er nicht der den Höllenqualen zugewiesene Ort ist. Das vierte Kapitel dieses Buches leugnet vernünftigerweise diese Teilung. Es argumentiert, daß Hölle und Himmel nicht topographische Lokalitäten sind, sondern Ausnahmezustände der Seele. Es stimmt völlig mit André Gide überein (*Journal*, p. 677), der von einer immanenten Hölle spricht, die bereits durch Miltons Vers erklärt ist: »*Which way I fly is Hell; myself am Hell*«; und teilweise mit Swedenborg, dessen unrettbar verlorene Seelen Höhlen und Sümpfe dem unerträglichen Glanz des Himmels vorziehen. Weatherhead schlägt die These einer einzigen heterogenen Jenseitswelt vor, die abwechselnd höllisch und paradiesisch ist, je nach der Fähigkeit der Seelen.

Für fast alle Menschen sind die Begriffe Himmel und Glückseligkeit nicht zu trennen. Im letzten Jahrzehnt des 19. Jahrhunderts plante Butler jedoch einen Himmel, in dem alle Dinge halbwegs scheiterten (denn niemand kann vollkommenes Glück ertragen), und eine entsprechende Hölle, in der jeder unangenehme Anreiz fehlen wird – ausgenommen diejenigen Anreize, die den Schlaf unmöglich machen. Bernard Shaw etablierte um 1902 in der Hölle die Illusion der Erotik, der Selbstverleugnung, des Ruhms und der reinen unvergänglichen Liebe, im Himmel das Verständnis der Wirklichkeit (*Man and Superman*, dritter Akt). Weatherhead ist ein mittelmäßiger und fast inexistenter, durch fromme Lektüren stimulierter Schriftsteller, empfindet jedoch, daß das unmittelbare Streben nach einem reinen und dauerhaften Glück jenseits des Todes nicht weniger lächerlich sein wird als hier. Er schreibt: »Die höchste Vorstellung von den freudigen Erfahrungen, die wir Himmel benannt haben, ist die, zu dienen: es ist die einer vollen und freien Teilhabe an Christi Werk. Das mag unter anderen Geistern geschehen, möglicherweise in anderen Welten; vielleicht können wir mithelfen, daß die unsere erlöst werde.« In einem anderen Kapitel betont er: »Der Schmerz des Himmels ist ungeheuer stark, denn je mehr wir uns in dieser Welt entwickelt haben, desto mehr werden wir in der anderen am Leben Gottes teilnehmen können. Und das Leben Gottes ist schmerzlich. In seinem Herzen sind die Sünden, die Leiden, aller Kummer der Welt. Solange ein einziger Sünder im Universum übrig ist, wird es kein Glück im Himmel geben.« (Schon Origenes, Bekräftiger einer endlichen Versöhnung des Schöpfers mit allen Geschöpfen einschließlich des Teufels, hat diesen Traum geträumt.)

Ich weiß nicht, was der Leser von solchen halbtheosophischen Mutmaßungen halten wird. Die Katholiken (ich meine die argentinischen Katholiken) glauben an eine überirdische Welt, ich habe jedoch festgestellt, daß sie sich nicht für sie interessieren. Bei mir ist das Gegenteil der Fall; mich interessiert sie, aber ich glaube nicht an sie.

M. Davidson:
The Free Will Controversy
(Watts, London 1943)

Dieser Band will eine Geschichte der weitreichenden jahr-
hundertealten Polemik zwischen Deterministen und Partei-
gängern des freien Willens sein. Er ist es nicht oder ist es
wegen der vom Autor angewandten irrigen Methode nur
unvollkommen. Dieser beschränkt sich darauf, die verschiedenen philosophischen Systeme darzulegen und die Lehre
eines jeden in bezug auf das Problem zu umreißen. Die Methode ist irrig oder unzureichend, weil es sich um ein besonderes Problem handelt, dessen beste Erörterungen in
besonderen Texten und nicht in irgendeinem Absatz der kanonischen Werke zu suchen sind. Soviel ich weiß, sind diese
Texte *The Dilemma of Determinism* von James, das fünfte Buch
des Werkes *De consolatione Philosophiae* von Boethius und die
Abhandlungen *De divinatione* und *De fato* von Cicero.

Die älteste Form des Determinismus ist die Sterndeutung.
So versteht es Davidson und widmet ihr die ersten Kapitel seines Buches. Er erklärt die Einflüsse der Planeten, legt jedoch
nicht mit genügender Klarheit die stoische Lehre von den
Vorzeichen dar, nach der, da das Weltall ein Ganzes bildet, jeder einzelne seiner Teile die Geschichte der anderen (zumindest auf geheime Weise) vorausdeutend darstellt. »Alles, was
geschieht, ist ein Zeichen von etwas, das geschehen wird«,
sagte Seneca (*Naturales quaestiones*, II, 32). Cicero hatte bereits
erklärt: »Die Stoiker lassen nicht zu, daß die Götter in jede
Falte der Leber oder in jeden Gesang der Vögel eingreifen, sie
sagen, das sei göttlicher Majestät unwürdig und in jeder Hinsicht unannehmbar; sie behaupten hingegen, daß die Welt
von Anfang an so geordnet ist, daß bestimmten Ereignissen
bestimmte Zeichen vorausgehen, welche die Eingeweide der
Vögel liefern, die Blitze, die Wunder, die Sterne, die Träume
und die prophetischen Rasereien… Da alles Geschehen

durch das Schicksal bedingt ist, wäre ein Sterblicher, dessen Geist die allgemeine Verkettung der Ursachen zu erfassen vermöchte, unfehlbar; denn der, welcher die Ursachen aller künftigen Ereignisse kennt, sieht zwangsläufig die Zukunft voraus.« Fast zweitausend Jahre später spielte der Marquis de Laplace mit der Möglichkeit, in einer einzigen mathematischen Formel alle Ereignisse, die einen Augenblick der Welt ausmachen, zu verschlüsseln, um aus dieser Formel die gesamte Zukunft und die gesamte Vergangenheit zu gewinnen.

Davidson übergeht Cicero, er übergeht auch den enthaupteten Boethius. Diesem verdanken übrigens die Theologen die eleganteste Versöhnung des menschlichen freien Willens mit der Göttlichen Vorsehung. Welchen freien Willen haben wir, wenn Gott, bevor er die Sterne entzündete, alle unsere Handlungen und unsere verborgensten Gedanken kannte? Boethius merkt scharfsinnig an, unsere Hörigkeit verdanke sich dem Umstand, daß Gott *im voraus* wisse, wie wir handeln werden. Wäre die göttliche Kenntnis Zeitgenosse der Ereignisse und nicht Vorläufer, empfänden wir nicht, daß unser freier Wille null und nichtig sei. Uns bedrückt, daß unsere Zukunft mit peinlich genauer Priorität in Jemandes Geist beschlossen liegen soll. Nachdem dieser Punkt aufgeklärt ist, erinnert Boethius uns daran, daß es für Gott, dessen reines Element die Ewigkeit ist, weder Vorher noch Nachher gibt, da ja die Vielfalt der Orte und die Abfolge der Zeiten für Ihn dasselbe ist. Gott sieht meine Zukunft nicht voraus; meine Zukunft ist einer der Teile der einzigen Zeit Gottes, die unwandelbare Gegenwart ist. (Boethius verleiht in dieser Beweisführung dem Wort *providentia* den etymologischen Wert der *praevidentia*; hier liegt der Irrtum, denn die *providentia*, wie die Wörterbücher verbreiten, beschränkt sich nicht nur darauf, die Ereignisse vorauszusehen; sie ordnet sie auch.)

Ich habe den von Davidson rätselhafterweise übergangenen James erwähnt, der ein geheimnisvolles Kapitel der Diskussion mit Haeckel widmet. Die Deterministen leugnen, daß es im Kosmos ein einziges mögliches Ereignis gebe, das heißt, ein Ereignis, das geschehen oder nicht geschehen könnte; James vermutet, daß das Weltall einen allgemeinen Plan hat, daß aber die Einzelheiten der Ausführung dieses Planes zu Lasten der Akteure gehen.* Was sind für Gott Einzelheiten? muß gefragt werden. Der körperliche Schmerz, die individuellen Schicksale, die Ethik? Wahrscheinlich ist es so.

Über die Synchronisation

Die Möglichkeiten der Kunst des Kombinierens sind nicht unendlich, aber sie pflegen entsetzlich zu sein. Die Griechen schufen die Chimäre, ein Ungeheuer mit Löwenkopf, Drachenkopf und Ziegenkopf; die Theologen des 2. Jahrhunderts die Dreifaltigkeit, in der sich auf unentwirrbare Weise der Vater, der Sohn und der Heilige Geist ausdrücken; die chinesischen Zoologen das *ti-yang*, einen übernatürlichen blutroten Vogel, mit sechs Klauen und vier Flügeln ausgestattet, doch ohne Gesicht und Augen; die Geometer des 19. Jahrhunderts den Hyperkubus, eine vierdimensionale Figur, die eine unendliche Anzahl von Kuben enthält und durch acht Kuben und vierundzwanzig Quadrate begrenzt ist. Hollywood ist es gelungen, dieses unsinnige teratologische Museum zu bereichern. Mit Hilfe eines üblen Kunstgriffs, der *Synchronisation* heißt, bringt es Monstren hervor, die die illustren Gesichtszüge Greta Garbos mit der Stimme von Aldonza Lorenzo in Verbindung bringen. Wie kämen wir umhin, unsere Verwunderung ob dieses jämmerlichen Wunders, ob dieser ausgetüftelten phonetiko-visuellen Anomalien publik zu machen?

Jene, welche die Synchronisation verteidigen, werden (viel-

* Heisenbergs Prinzip – ich spreche mit Furcht und Unwissenheit – scheint dieser Vermutung nicht feindselig gegenüberzustehen.

leicht) behaupten, daß Einwände, die sich ihr entgegenhalten lassen, jedem beliebigen anderen Beispiel von Übersetzungen ebenso widerstünden. Dieses Argument verkennt oder umgeht den Hauptfehler: das willkürliche Aufpfropfen einer anderen Stimme und einer anderen Sprache. Die Stimme von Hepburn oder von Garbo ist nichts Beliebiges; sie ist, für die Welt, eine der Eigenschaften, die sie definieren. Desgleichen sei daran erinnert, daß die Mimik des Englischen nicht die des Spanischen ist.*

Ich habe sagen hören, in der Provinz habe die Synchronisation Gefallen gefunden. Das ist nichts als eine Behauptung; solange die Syllogismen der *connaisseurs* aus Chilecito oder aus Chivilcoy nicht vorliegen, lasse ich mich jedenfalls nicht einschüchtern. Auch habe ich gehört, die Synchronisation sei erfreulich – oder annehmbar – für jene, die des Englischen nicht mächtig sind. Meine Kenntnisse des Englischen sind weniger vollkommen als meine Unkenntnis des Russischen; desungeachtet wäre ich nicht bereit, *Alexander Newskij* in einer anderen als der Originalsprache anzuschauen, und ich sähe ihn mit Inbrunst ein neuntes oder zehntes Mal, wenn man die Originalfassung oder eine, die ich dafür halte, zeigen würde. Und das Wichtigste: Schlimmer als die Synchronisation, schlimmer als der Ersatz, welchen die Synchronisation mit sich bringt, ist das allgemeine Bewußtsein einer Vertauschung, eines Betrugs.

Es gibt keinen Befürworter der Synchronisation, der sich nicht zu guter Letzt auf die Prädestination und den Determinismus berufen würde. Sie versichern uns, daß dieses Behelfsmittel die Frucht einer unerbittlichen Entwicklung sei und daß wir bald nur noch die Wahl hätten, entweder synchronisierte oder gar keine Filme zu sehen. Angesichts des

* Mehr als ein Zuschauer fragt sich: Wenn es schon eine Usurpierung der Stimme gibt, warum nicht auch eine der Gestalten? Wann wird das System perfekt sein? Wann werden wir Juana González unmittelbar in der Rolle von Greta Garbo in der Rolle der Königin Christine von Schweden sehen?

weltweiten Verfalls der Filmkunst (der durch einige Ausnahmen wie *The Mask of Dimitrios* kaum gemildert wird) ist die zweite Alternative nicht schmerzlich. Jüngste Stümperarbeiten – ich denke an *El diario de un nazi* aus Moskau und an *The Story of Dr. Wassell* aus Hollywood – drängen uns, sie als eine Art negatives Paradies zu bewerten. *Sight-seeing is the art of disappointment,* hat Stevenson vermerkt; diese Definition trifft auf das Kino zu und – leider nur zu oft – auf jene ununterbrochene und unaufschiebbare Übung, die leben heißt.

Dr. Jekyll und Edward Hyde, verwandelt

Hollywood hat, zum dritten Mal, Robert Louis Stevenson diffamiert. Diese Verleumdung heißt *El hombre y la bestia* [Der Mann und das Tier (*Dr. Jekyll and Mr. Hyde*)] und wurde von Victor Fleming begangen, der mit unheilvoller Treue die ästhetischen und moralischen Entgleisungen der Version (der Perversion) Mamoulians wiederholt. Ich beginne bei letzteren, den moralischen. In dem Roman aus dem Jahre 1886 ist Dr. Jekyll moralisch entzweit, wie alle Menschen, während seine Hypostase – Hyde – ein rastloser Übeltäter durch und durch ist; in dem Film von 1941 ist Dr. Jekyll ein junger Pathologe, der Enthaltsamkeit übt, während seine Hypostase – Hyde – ein Lebemann mit sadistischen und akrobatischen Zügen ist. Das Gute – für die Denker Hollywoods – ist das Verlöbnis mit der schamhaften und schwerreichen Miss Lana Turner; das Böse (das schon David Hume und die Häresiarchen aus Alexandria so sehr beschäftigte) der außergesetzliche Beischlaf mit Fröken Ingrid Bergman oder Miriam Hopkins. Es versteht sich von selbst, daß Stevenson an dieser Einengung oder Entstellung des Problems völlig unschuldig ist. Im letzten Kapitel seines Werkes benennt er Jekylls Gebrechen: Sinnlichkeit und Heuchelei. In einer seiner *Ethical Stu-*

dies – aus dem Jahr 1888 – will er »sämtliche Ausdrucksformen des wahrhaft Diabolischen« aufzählen und schlägt diese Liste vor: »der Neid, die Heimtücke, die Lüge, das läßliche Schweigen, die verleumderische Wahrheit, der Verleumder, der kleine Tyrann, der Nörgler, der das häusliche Leben vergiftet.« (Ich möchte betonen, daß die Ethik das Sexuelle nicht einbezieht, sofern nicht der Verrat, die Habgier oder die Eitelkeit es verseuchen.)

Die Struktur des Films ist noch viel rudimentärer als seine Theologie. Im Buch ist die Identität von Jekyll und Hyde eine Überraschung: Der Autor spart sie bis zum Schluß des neunten Kapitels auf. Die allegorische Erzählung gibt vor, eine Kriminalgeschichte zu sein; kein Leser erriete, daß Hyde und Jekyll ein und dieselbe Person sind; der Titel selbst läßt uns davon ausgehen, daß sie zwei sind. Nichts ist einfacher, als dieses Vorgehen auf das Kino zu übertragen. Stellen wir uns einen beliebigen Kriminalfall vor: es treten zwei Schauspieler auf, die das Publikum kennt (sagen wir, George Raft und Spencer Tracy); sie können ähnliche Wörter benutzen, sie können Dinge erwähnen, die auf eine gemeinsame Vergangenheit schließen lassen; wenn das Problem unlösbar wird, nimmt einer von ihnen das Zaubermittel und verwandelt sich in den anderen. (Selbstverständlich müßte die gute Ausführung dieses Entwurfs einige phonetische Angleichungen beinhalten: die Veränderung der Namen der Protagonisten.) Weit kultivierter als ich, geht Victor Fleming jeder Verwirrung und jedem Geheimnis aus dem Weg: In den Anfangsszenen schüttet Spencer Tracy furchtlos den Zaubertrank herunter und verwandelt sich in Spencer Tracy, mit veränderter Haartracht und negroiden Gesichtszügen.

Aber jenseits der dualistischen Parabel Stevensons und verwandt dem *Kolloquium der Vögel*, die (im 12. Jahrhundert unserer Zeitrechnung) Farid ud-din Attar verfaßte, können wir uns einen pantheistischen Film vorstellen, dessen zahlreiche Personen sich am Ende auflösen in Einen, welcher ewig ist.

Anhang

Editorische Notiz

Evaristo Carriego erschien zuerst 1930. Nach drei Gedichtbänden, die durch zahlreiche Umarbeitungen hindurch wenigstens teilweise überlebten, und drei von Borges bald verworfenen Essaybänden (*Inquisiciones*, 1925; *El tamaño de mir esperanza*, 1926; *El idioma de los argentinos*, 1928; Borges' Abneigung gegen diese Bücher ging so weit, daß er jahrelang Exemplare aufkaufte und verbrannte) ist dies sein erstes »kanonisches« Prosawerk. Es erfreut sich allerdings bei der Kritik keiner besonderen Wertschätzung und wurde im Gegensatz zu Borges' sonstigen Werken international kaum rezipiert; Übersetzungen erschienen nur in wenigen Sprachen, und selbst in Frankreich, wo Borges früh übersetzt und geschätzt wurde, dauerte es bis 1970, bis *Evaristo Carriego* dort vorlag. Auf deutsch lag bisher lediglich das Kapitel ›Geschichte des Tango‹ (in *Essays 1952-1979* der bisherigen Hanser-Ausgabe) vor, das später entstand.

Gründe für die mangelnde Wertschätzung lassen sich leicht feststellen und fallen letztlich unter »mangelndem Wert« zusammen. Das Thema der Studie ist unergiebig: ein *poeta minor* aus Buenos Aires, dem auch in Argentinien niemand große Bedeutung zuspricht und der Borges (vgl. ›Autobiographischer Essay‹ in *Borges lesen*) weniger als Literat denn als Freund der Familie interessierte. Wie Borges selbst teils ausdrücklich, teils zwischen den Zeilen einräumt, sind die meisten der untersuchten Texte von Carriego nicht besonders substanzreich; unter anderem aus diesem Grund schweift Borges immer wieder durchaus gezielt ab in Bereiche, die zum Grundstock seines eigenen Œuvres gehören und später immer wieder variiert wurden: die Vorstadt Palermo, die Messerstecher, der Tango. Dies sind dann auch die Teile des Buchs, die größere Klarheit, größere Präzision und größeres Interesse bieten.

Ein weiteres Problem stellt der Stil dar. *Evaristo Carriego* ist weit von der klaren, scharfen Schlichtheit des eigentlichen Borges, von seiner »geheimen Kompliziertheit« entfernt. Der Text wimmelt von preziösen Formulierungen, die im Spanischen als Echo oder Parodie kanonischer Autoren gerade noch möglich sind, sich aber jeder Übersetzung entziehen. Einzelne Wörter, die im Lauf der Zeit ihre Bedeutung geändert haben, werden (z. T. in nicht immer lichtvollen

Wortspielen) in ihrer alten, oft vergessenen Bedeutung verwendet; hier waren leichte Abschwächungen unvermeidlich, da eine getreue Übersetzung sich wie die schiere Stümperei las – was beim Autor akzeptable Spielerei ist, verzeiht einem Übersetzer niemand. Ein weiteres Problem, das gar nicht zu lösen ist, bietet bei Borges die gelegentliche Verwendung spanischer Wörter lateinischen Ursprungs in ihrer englischen Bedeutung; das gilt auch für einige Essays in *Discusión*. So läßt Borges z. B. Rubén Darío *»comodidades métricas«* aus dem Französischen schmuggeln; hier ist nicht das spanische Wortfeld (Bequemlichkeit, Behaglichkeit, Luxus, Komfort etc.), maßgebend, sondern das englische *»ocmmodity«*, Ware, Gebrauchsgegenstand. Später spricht er im Zusammenhang mit Gauchodichtung von der *»destitución del narrador«* – Amtsenthebung, Entlassung? Der betreffende Erzähler beklagt an dieser Stelle den Verlust von Heimat und Besitz, so daß nicht die Amtsenthebung des Erzählers, sondern seine engl. *»destitution«*, Mittellosigkeit, Armut, vordringlich ist. Wobei die spanischen Bedeutungen in diesen Fällen natürlich mitschwingen, was sich der Übersetzung verweigert.

Discusión erschien zuerst 1932. In diesem ersten »überlebenden« Essayband finden sich bereits zahlreiche Themen, die Borges später in Essays, Erzählungen und Gedichten imer wieder aufgegriffen hat; die Anmerkungen nehmen hierauf Rücksicht. Fußnoten im durchlaufenden Text stammen von Borges. Die Anmerkungen zur deutschen Ausgabe sollen innere Werkbezüge aufzeigen sowie Anspielungen oder Verweise klären, die zum Verständnis der Texte wichtig sind und nicht ohne weiteres jedem Konversationslexikon entnommen werden können. Einige Dinge waren nicht zu klären, andere Klärungen unterblieben absichtlich – enzyklopädische Anmerkungen etwa zu Platon, Augustinus, Dante, Shakespeare oder Schopenhauer suche man bitte anderswo. Im Anhang kursiv gesetzte deutsche Buchtitel von Borges beziehen sich, wenn nicht ausdrücklich anders erwähnt, auf Bände dieser vorliegenden Ausgabe. (›Diskussionen‹ fand sich im Band *Essays 1932 - 1936* der bisherigen Hanser-Edition und wurde für diese neue Ausgabe vollständig revidiert.)

Zitate wurden, soweit dies möglich war, überprüft; wo der Originalwortlaut von dem bei Borges abweicht, wurde dies in den Anmerkungen vermerkt. Der Versuch, z. B. einen einzelnen nicht näher lokalisierten Satz im Gesamtwerk von Nietzsche oder Victor Hugo zu finden, wurde nicht unternommen.

Erklärungen einiger in ›Evaristo Carriego‹ und mehreren Essays wiederkehrender Begriffe:

Caudillo: Führer, Chef, Boss einer politischen oder kriminellen (oder beides) Gruppe.

Compadre bzw. Compadrito: der typische, typisierte kleine Gauner von Buenos Aires; Borges gibt in ›Evaristo Carriego‹ mehrere Definitionen und Beschreibungen.

Corte: »Schnitt«, ursprünglich als obszön geltender Tangoschritt, bei dem sich jeweils ein Bein des/der einen Tänzers/Tänzerin zwischen beiden des/der anderen befindet. Zuletzt vom Lambada wiederaufgenommen.

Criollo: Selbstbezeichnung der im Lande geborenen, rein hispanischen Argentinier (oder Uruguayer, Mexikaner usw.).

Gringo: Im Gegensatz zum Criollo jeder des Spanischen nicht oder nicht ausreichend mächtige Ausländer, um die Jahrhundertwende vor allem die zahlreichen italienischen Einwanderer. Die Begrenzung des Begriffs auf US-Amerikaner setzte sich erst später von Mittelamerika aus durch.

Guapo: »hübsch, tapfer, schneidig« (Adjektiv), als Substantiv soviel wie »tapferer Messerheld«, Schläger.

Lunfardo: Art Gaunersprache, »Rotwelsch« von Buenos Aires; nach Borges' Meinung allerdings kein eigentliches Volks-*argot*, sondern eine Erfindung von Dandies und Tangokomponisten.

Milonga: Anders als der in Bordellen und anderen Salons entstandene Tango tatsächlich Volkslied bzw. -tanz in Argentinien; vgl. auch in Deutschland erhältliche Aufnahmen etwa von Atahualpa Yupanqui; vgl. auch Borges' zahlreiche Milongas in *Die zyklische Nacht*.

Orilla, Orillero etc.: von »orilla«, Strand, Ufer, abgeleitete Bezeichnung für Stadtrand, Stadtrandbewohner, -sprache etc.

Payador: wandernder Sänger, Gaucho-Troubadour.

Porteño, -a: zu *puerto* (lat. *portus*), Hafen, adjektivische und substantivische Bezeichnung für Buenes Aires Zugehöriges.

Anmerkungen

Evaristo Carriego

Vorwort

Stevensons blinder Bukanier: Blind Pew in *Die Schatzinsel*; vgl. hierzu auch das Gedicht ›Blind Pew‹ in *Borges und ich*.

Der Verräter, der seinen Freund im Mond zurückließ, und der Zeitreisende: *First Men in the Moon* und *The Time Machine* von H. G. Wells.

Dschinn in Salomons Krug: vgl. *1001 Nacht*, 3. bis 9. Nacht (Littmann-Ausgabe).

Prophet von Khorassan: vgl. ›Der maskierte Färber Hakim von Merv‹ in *Niedertracht und Ewigkeit*.

Erklärung
ecclesia visibilis / invisibilis: sichtbare / unsichtbare Kirche.

Gabriel, Melián Lafinur etc.: Autoren über bzw. Freunde von Evaristo Carriego, deren Bedeutung im Verlauf des Buchs erläutert wird.

Kap. I
Paul Groussac: arg. Literat (1848-1929) frz. Herkunft, lange Zeit Direktor der Nationalbibliothek von Buenos Aires; vgl. Essay ›Paul Groussac‹ in diesem Band.

Don Juan Manuel: der arg. Diktator Juan Manuel de Rosas (1793-1877); vgl. hierzu u. a. ›Rosas‹ (*Mond gegenüber*) und ›Totengespräch‹ sowie Anm. dazu (*Borges und ich*).

William Henry Hudson: engl. Autor und Ornithologe (1841-1922), lebte lange in den La-Plata-Staaten; vgl. ›Über *The Purple Land*‹ (*Inquisitionen*).

Justo José: Justo José de Urquiza (1801-1870), Präsident der arg. Konföderation von 1854 bis 1860, vorher Offizier unter Rosas, mit dem er 1845 brach und den er 1852 bei Caseros entscheidend besiegte.

Mazorca: terroristische Polizei unter Rosas.

Hilario Ascásubi: Autor (1807-1875); vgl. ›Die Gaucho-Dichtung‹ in diesem Band.

Entre Ríos: »zwischen (den) Flüssen« Uruguay und Paraná gelegener arg. Bundesstaat.

Shakespeare: Zeile aus *Macbeth* (I,iii. 79).

Confiserie: *Confitería*, Art Café-Konditorei.

große vaterländische Erhebung: Euphemismus, *»patriada«*, im Prinzip Aufstand, Putsch; was die spanischen Militärs bis hin zu Franco *»pronunciamiento«* nannten, wenn sie sich mit Waffen für eine andere politische Verfahrensweise »aussprachen«.

Schwank: wahrscheinlich das Stück *Arrojo Maldonado* von Alberto Vacarezza und Carlos Mauricio Pacheco.

Witwe, Blechschwein: Die Witwe ist ein auf die Entführung und Entfernung von Junggesellen spezialisierter Geist; über das Blechschwein erteilt Auskunft ›Die Kettensau und andere argentinische Fauna‹ (*Einhorn, Sphinx und Salamander*).

Kap. II

Thomas Babington Macaulay: engl. Autor und Politiker (1800-1859), formulierte als Beamter in Indien das damalige indische Strafrecht, verfaßte u. a. *Lays of Ancient Rome.*

Plutarch von Garnier: vermutlich im frz. Verlag Garnier erschienene Ausgabe der Werke Plutarchs (ca. 46-120).

Martiniano Leguizamón: Verfasser bodenständiger Erzählungen und Romane (1858-1935).

Elías Regules: Tangokomponist zu Beginn des 20. Jahrhunderts.

Acuña de Figueroa: urug. Autor (1790-1862), Verfasser der urug. Nationalhymne.

Martín Fierro: vgl. ›Die Gaucho-Dichtung‹ im vorliegenden Band sowie ›Das Ende‹ (*Fiktionen*).

Sombra: Protagonist des Romans *Don Segundo Sombra* von Ricardo Güiraldes (1866-1927).

inspired Eurasian journalist…: »inspirierter eurasischer Journalist«; Rudyard Kipling (1865-1936) arbeitete von 1882 bis 1889 als Journalist bei mehreren britisch-indischen Zeitungen und schrieb in dieser Zeit seine ersten Erzählungen und Gedichte. Da er in Haut und Haar dem in England nicht eben seltenen dunklen Pigment-Typus angehörte, wurde gelegentlich das Gerücht verbreitet, sein Hang zu Indien und indischen Themen habe möglicherweise etwas mit gemischtem Blut zu tun; allerdings befanden sich die Eltern zum vermutlichen Zeitpunkt der Zeugung noch fernab jedes möglichen indischen Einfließens: Sie hatten im Frühjahr 1865 geheiratet, reisten anschließend erstmals zu Schiff nach Indien, wo Kiplings Vater eine Kunstschule in Bombay leiten sollte und Kipling am 30. Dezember geboren wurde. Weitere mögliche Ursache für Borges' Reaktion auf dieses Gerücht ist eine Begriffsverwirrung bzw. Begriffsverschiebung: Im 19. Jahrhundert wurden im Englischen die Begriffe Anglo-Inder und Eurasier zunächst ohne Unterschied »durcheinander« benutzt; erst gegen Ende des Jahrhunderts setzte sich Anglo-Inder als Bezeichnung für in Indien lebende Briten durch; als Eurasier bezeichnete man hinfort Mischlinge.

Almafuerte: »starke Seele«, Pseudonym des arg. Autors Pedro Bonifacio Palacios (1854-1917).

Euduardo Gutiérrez: arg. Autor (1853-1890), verfaßte vor allem Fortsetzungsromane und romanhafte Biographien, wie die hier erwähnten über real existiert habende Messerstecher.

Carriegos Freundeskreis: Der hier erwähnte Jorge Borges ist JLBs Vater.

Paredes: vgl. auch ›Mann von Esquina Rosada‹ (*Niedertracht und Ewigkeit*) sowie ›Geschichte des Rosendo Juárez‹ (*Spiegel und Maske*).

elemento electoral: »die Wahl betreffendes bzw. Wähler-Element«, Euphemismus für die Organisationen/Banden, die bis zum Beginn der Gültigkeit des von Borges zitierten Gesetzes Sáenz Peña (benannt nach dem damaligen Staatspräsidenten) die Wahlen organisierten/manipulierten, indem sie Wähler zu den Wahlurnen holten (und einschüchterten).

contrapunto: mündliches Wettdichten.

che: Einigen alten Indiosprachen der Plata-Region gemeinsame Selbstbezeichnung, »Mensch«. Im Plata-Spanischen als Interjektion gebraucht – Mensch, Mann, hallo, he du usw. – ähnlich dem span. »*hombre*«, außerhalb der Plata-Region unüblich. Die Verwendung von »*che*« trug dem arg. Arzt Ernesto Guevara auf Kuba den Beinamen Che ein.

L. C.: Abkürzung für »*ladrón conocido*«, »bekannter Räuber« = der Polizei einschlägig bekannter »Stammkunde«.

Lugones, Banchs: Leopoldo Lugones (1874-1938) und Enrique Banchs (1888-1968) gelten als die wichtigsten arg. Lyriker der ersten Jahrhunderthälfte; vgl. hierzu u. a. ›Widmung‹ in *Borges und ich* sowie ›Die Dichtung‹ in *Die letzte Reise des Odysseus*.

Kap. III

Jacob Peuser: Verlagshaus und Papierhandel in Buenos Aires.

Jules Laforgue: frz. Dichter (1860-1887).

Stéphane Mallarmé: frz. Dichter (1842-1898).

Rubén Darío: nicar. Dichter (1867-1916), von Mallarmé und der damals avantgardistischen frz. Lyrik beeinflußt, einer der wichtigsten »modernistischen« Lyriker der spanischsprachigen Welt.

José Gabriel: der zitierte Verfasser des Buchs über Carriego.

Ätiologie: Lehre von den Ursachen (bes. Krankheitsursachen).

Horaz, Lydia: Horaz, *Oden* I, XXV.

Contursi: Pascuale Contursi, Tangotexter.

harlot's progress: etwa »Lebenslauf einer Dirne«.

alsinistisch: aus Puente Alsina.

Fußnote: Zu den von Borges hier aufgeführten Messerstechern vgl. ›Für die sechs Saiten‹ (*Die zyklische Nacht*) und die ersten fünf Erzählungen in ›David Brodies Bericht‹ (*Spiegel und Maske*).

Kap. IV

Unabhängigkeit: am 25. Mai 1810 setzte eine Junta den span. Vizekönig ab und bildete eine autonome Regierung; die formelle Unabhängigkeitserklärung der Vereinigten Provinzen des Rio de la Plata erfolgte am 9. Juli 1816.

Biograph: frühes Stummfilmkino, Vorläufer des Kinematographen.

Cattaneo: arg. Flieger.

Santos Vega: Pseudonym bzw. Buchtitel von Ascásubi; vgl. ›Die Gaucho-Dichtung‹.

José Hernández: vgl. ›Die Gaucho-Dichtung‹.

Quevedo: Francisco de Quevedo y Villegas (1580-1645), einer der größten Autoren des Goldenen Zeitalters, Verfasser von Gedichten, Pamphleten, Romanen (*Leben des Buscón*), Satiren etc. Von ihm stammen die nachstehend von Borges zitierten Verse.

Shakespeare-Zitat: gesprochen von Cleopatra, *Antony and Cleopatra,* IV, xiii.

Soame Jenyns: engl. Parlamentarier und Poet (1704-1787), dessen Nachruhm vor allem darauf beruht, daß Samuel Johnson eine Schrift von Jenyns zerfetzte; über die *Free Enquiry into the Nature and Origin of Evil* (1757), in der Jenyns das Böse und das Leid rechtfertigt, weil sie zur »Skala allen Lebens« einfach gehören, und Unwissenheit als

»Opium der Armen« bezeichnet; es finden sich dort auch Sentenzen wie »das Leiden von Individuen ist absolut notwendig für das universale Glück«. Johnson schrieb, Jenyns habe vermutlich nie das Elend gesehen, das er sich als so leicht zu ertragen vorstelle, und nannte Jenyns Konzept höher entwickelter Wesen (Engel, Übermenschen), die das menschliche Elend als Anlaß zu Gelächter nähmen, überaus lächerlich.

Fausto criollo: vgl. ›Die Gaucho-Dichtung‹.

Estanislao del Campo: vgl. ›Die Gaucho-Dichtung‹.

Kap. V
Boedo-Gruppe: litararischer Zirkel in den 20er Jahren; vgl. ›Autobiographischer Essay‹ in *Borges lesen*.

Truly I loved…: korrekt: »For I loved the man, and do honour his memory, on this side idolatry, as much as any.« Etwa: »Denn ich liebte den Mann und ehre sein Andenken in höchstem Maße, diesseits der Götzendienerei« – Ben Jonson (1573-1637) über Shakespeare.

Kap VI
Don Juan Manuel: der arg. Diktator Rosas.

Junín, Temple: damals beides Bordellviertel.

Kap. VII
in idesen italianisierten Tagen: Seit der Jahrhundertwende fand in Argentinien eine massive Einwanderung aus Italien statt.

Marcelino Menéndez y Pelayo: span. Literaturwissenschaftler (1856-1912), verfaßte u. a. *La ciencia española* (Die spanische Wissenschaft), *Historia de las ideas estéticas en España* (Geschichte des ästhetischen Denkens in Spanien) sowie zahlreiche kritische Anthologien.

Francis Turner Palgrave: engl. Gelehrter (1824-1897), 1855-84 Beamter im Erziehungswesen, 1885-95 Professor für Lyrik in Oxford, gab unter Beratung von Tennyson 1861 die Anthologie *The Golden Treasury of best songs and Lyrical poems in the English language* heraus, die seitdem immer wieder von neuen Herausgebern ergänzt und nachgedruckt wird.

Polonius: Person aus Shakespeares *Hamlet*.

Baltasar Gracián y Morales: span. Jesuit, Autor (1601-1658), verfaßte u. a. das von Schopenhauer übersetzte *Handorakel*; zu seinem Stil vgl. ›Die Kenningar‹ (*Niedertracht und Ewigkeit*).

Alejandro Xul Solar: eigentl. A. Schulz Solari (1887-1963), arg. Autor, Maler, Mystiker baltisch-italienischer Abkunft, mit Borges befreundet.

Góngora: Luis de Góngora y Argote (1561-1627), span. Dichter des Goldenen Zeitalters; Borges spielt hier auf seine oft dunklen, gedrechselten Metaphern an.

Los carros de costado ...: dieser »zufällige Passus eines meiner Vorläufer« stammt von Borges und findet sich im Gedicht ›Elegía de los portones‹ (*Mond gegenüber*).

Kap. VIII

Aparicio Saravia: Zur Lage in Uruguay um die Jahrhundertwende vgl. u. a. die Erzählung ›Avelino Arredondo‹ (*Spiegel und Maske*).

López Jordán: arg. Caudillo, zettelte um 1880 einen der zahlreichen Bürgerkriege an.

Montonero: zu *»montón«,* Haufe, Herde; daraus *»montonera«,* Truppe berittener Aufständischer, Partisanen, Freischärler, »Montoneros«. In den 60ern und 70ern dieses Jahrhunderts von der linken Guerrilla in Uruguay und Argentinien als Selbstbezeichnung verwendet im Anklang an die »patriotischen« Gauchotruppen der zahlreichen Bürgerkriege des 19. Jahrhunderts.

peon: Knecht, Handlanger.

Hernández, *Martín Fierro:* vgl. ›Die Gaucho-Dichtung‹.

Kap. IX

»Der Dolch« gehörte zuerst als Prosapoem in die immer wieder erweiterte Gruppe der Gedichte, die später *El otro, el mismo* betitelt wurde.

Kap XI

Vicente Rossi: Essayist (1871-1945); verfaßte *Cosas de negros; los orígenes del tango y otros aportes al folklore ríoplatense* (1926).

Carlos Vega: Musikwissenschaftler (1898-1966); verfaßte *Danzas y canciones argentinas. Teorías e investigaciones. Un ensayo sobre el tango* (1936).

Carlos Muzzio Sáenz Pena: Übersetzer (1885-1954) der *Rubayyat* des Omar Khayyam. Ein Buch über den Tango war nicht zu ermitteln.

José Saborido: Musiker und Komponist (1876-1941). Seine Komposition *La morocha* (Text von Angel Villoldo) wurde von den Kadet-

ten der arg. Fregatte *Sarmiento* bei einer Fahrt nach Europa zu mehreren tausend Exemplaren in den angelaufenen Häfen verteilt; so ge-
langte 1906 der Tango nach Europa.

Ernesto Poncio: Musiker und Komponist (1885-1934).

Vicente Greco: Musiker und Komponist (1888-1924).

Paredes: über den Caudillo gibt der Text Auskunft.

Zur Anstößigkeit des Tango existiert eine Bemerkung, die u. a. Sa-
cha Guitry und mehreren kath. Bischöfen zugesprochen wird:
»Nette Sache, der Tango; ich frage mich nur, warum man das im Stehen macht.«

Afghane, *Kim:* Mahbub Ali in Kap. X von Kiplings Roman.

Jordanes: Gote oder Alane, möglicherweise später Bischof von
Croton; *De origine actibusque Getarum* verfaßte er ca. 551.

... entlegene Schlachten des Kontinents: die drei erstgenannten
waren Entscheidungen im Kampf um die Unabhängigkeit gegen spanische Truppen.

Don Segundo Sombra, Paulino Lucero etc.: vgl. ›Die Gaucho-Dichtung‹.

›El alma que canta‹: seit 1916 erscheinende Wochenzeitschrift für
Tango und Tangotexte (»Die singende Seele«).

quidquid agunt homines: Was auch immer die Menschen tun; von De-
cimus Iunius Iuvenalis (ca. 60-140), röm. Dichter, gilt als der humor-
loseste Satiriker der Weltliteratur.

Friedrich August Wolf: deutscher Gelehrter (1759-1824), schrieb
u. a. *Prolegomena ad Homerum.*

Andrew Fletcher: schottischer Politiker und Autor (1655-1716);
das Zitat stammt aus *Conversation concerning a right Regulation of Gou-
vernment for the Common Good of Mankind* (1703) und lautet dort: »Give
me the making of the songs of a nation, and I care not who makes its
laws.«

›Mann von Esquina Rosada‹: in *Niedertracht und Ewigkeit.*

Fußnote: Romanze von Bernardo del Carpio: span. Gedicht aus
dem Mittelalter.

Diskussionen

Vorwort
zum Motto vgl. ›In memoriam Alfonso Reyes‹ in *Borges und ich.*

Auslassung: Das ursprüngliche Vorwort enthielt hier einen Verweis auf einen später von Borges verworfenen Text, ›*Nuestras imposibilidades*‹. Den Hinweis ließ Borges stehen, versah ihn ab 1955 mit der Fußnote: »Der Artikel, der heute sehr schwach erschiene, wurde für diese Neuausgabe ausgeschieden.«

Die Gaucho-Dichtung
El Gaucho Martín Fierro: Argentiniens »Nationalepos« von José Hernández, im folgenden gründlich behandelt. Borges widmete dem Werk ferner eine Monographie (*El Martín Fierro,* 1953, zusammen mit Margarita Guerrero).

Juan Cruz Varela: arg. Dichter (1794-1839), Verfasser klassizistischer Dramen.

Francisco Acuña de Figueroa: urug. Lyriker (1790-1862), verfaßte u. a. die urug. Nationalhymne.

Leopoldo Lugones: arg. Autor (1874-1938); seine frühe Lyrik ist sehr metaphorisch und von Rubén Daríos Modernismus beeinflußt; in *El payador* (916) würdigt er *Martín Fierro* und Hernández (unter Herabsetzung der meisten anderen Gaucho-Dichter).

Hilario Ascásubi: Mitbegründer der Gaucho-Dichtung (1807-1875). Die mehrfach erwähnten *Aniceto el Gallo* (Aniceto der Hahn), *Paulino Lucero* (Paulchen Morgenstern), *Santos Vega* sind Titel, Ich-Erzähler und Pseudonyme Ascásubis.

Vicente Rossi: vgl. Anm. zu ›Evaristo Carriego‹.

Fausto: Burlesk-parodistische Dichtung (1866) von Estanislao del Campo, in der ein Gaucho den Inhalt von Gounods Oper *Margarethe* (*Faust*) in gauchesker Diktion referiert.

Vizcacha, Fierro: Protagonisten aus *Martín Fierro.*

Manuel Oribe: urug. Politiker und Militär (1796-1857).

Bartolomé Hidalgo: urug. Autor (1788-1823), verfaßte u. a. *Diálogos patrióticos.*

Ricardo Rojas: arg. Literaturwissenschaftler und Kritiker, *Historia de la literatura argentina* (Buenos Aires 1948).

chiripá: Art großer Schurz bzw. *culotte*, von den Gauchos über den Beinkleidern getragen.

capataz: Aufseher, Vorarbeiter.

Chano, Contreras: Dialogpartner in Hidalgo o. g. Werk.

Carlos Roxlo: urug. Literaturwissenschaftler (1860-1930), *Historia crítica de la literatura uruguaya.*

Pierre Jean de Béranger: frz. Dichter (1780-1857); über seine Lieder schreibt Stevenson im zitierten Artikel der *Encyclopaedia Britannica:* »Bérangers Songs... sind ausgefeilt, in klarem und sprühendem Stil geschrieben, voll von Witz und Biß.« Stevenson vergleicht ihn, mit Vorbehalten, mit Robert Burns. In der Entwicklungsgeschichte des frz. Chansons steht Béranger zwischen François Villon und den Großen des 20. Jahrhunderts, Aristide Bruant und Georges Brassens.

José Hernández: Autor des *Martín Fierro* und des Nachziehers *La vuelta de M. F.* (»Die Rückkehr...«) (1834-1886).

Estanislao del Campo: arg. Autor (1834-1880), Verfasser des *Fausto*, nannte sich in Anlehnung an eines der Pseudonyme von Ascásubi »Anastasio el pollo« (Hähnchen).

... eine gewisse unnütze Betrachtung über Ascásubi: nicht zu ermitteln; vermutlich in einem der unterdrückten frühen Essaybände.

halbe/ganze Caña: Volkstänze.

Calixto Oyuela: Literaturwissenschaftler; schrieb u. a. einen Artikel ›José Hernández‹, in *Poetas hispanoamericanos*, Buenos Aires 1950.

Unitarier: eine der politischen Hauptströmungen Argentiniens im 19. Jahrhundert. Die Unitarier verfochten einen nach europäischen Vorbildern organisierten Zentralstaat mit kodifizierter Verfassung, die Föderalisten ein zunächst von Caudillos zu leitendes Bündnis einzelner Staaten.

Florencio Varela: arg. Dichter und Journalist (1807-1848).

facit indignatio versum: etwa »Entrüstung zeugt den Vers«.

zehn Jahre, Don Frutos, Cagancha: Zehn Jahre nach Beginn der Diktatur von Rosas schlug Fructuoso (»Frutos«) Rivera, später Präsident von Uruguay, anno 1839 einen von Rosas' Generalen bei Cagancha.

Angst, Kipling: Borges bezieht sich möglicherweise auf Kiplings Erzählung »The Drums of the Fore and Aft« (in *Wee Willie Winkie*, 1888) und die Ballade »That Day« (*Barrack-room Ballads*, 1892).

Robert Cedric Sherriff: engl. Dramatiker (1896-1975), verarbeitete im Stück *Journey's End* (1928/29) seine Erlebnisse im Ersten Weltkrieg.

Erich Maria Remarque: deutscher Autor (1898-1970); Borges bezieht sich auf den Roman *Im Westen nichts Neues* (1929).

Ituzaingó, Montevideo, Cepeda: Auseinandersetzungen in den ehemals vereinten span. La-Plata-Kolonien Argentinien und Uruguay um die staatliche Eigenständigkeit Uruguays, z. T. gegen Brasilien, z. T. gegen Argentiniens Diktator Rosas.

Paul Groussac: vgl. u. a. ›Paul Groussac‹ im vorliegenden Band sowie Anm. zu ›Evaristo Carriego‹, Kap. I.

criollismo: In Literatur, Politik etc. das Beharren auf Eigenständigkeit und Vorzüglichkeit etc. des im Lande geborenen spanischsprachigen *criollo*.

Truco: vgl. Kap. VI, 2 von ›Evaristo Carriego‹.

Hipólito Irigoyen: arg. Politiker (1850-1933), mehrfach Präsident, 1930 durch Putsch gestürzt.

Antonio Lussich: urug. Gaucho-Dichter (1848-1928), mit Hernández befreundet; bekanntestes Werk *Los tres gauchos orientales*.

Ricardo Gutiérrez: arg. Dichter (1838-1896), befreundet mit Estanislao del Campo.

Esteban Echeverría: arg. Lyriker (1805-1851), Erst-Entdecker der Pampa als Gegenstand der Dichtung.

amargo: ungesüßter Mate.

tout sonore encore: etwa »noch ganz erfüllt/klingend«.

William Henry Hudson: engl. Ornithologe und Autor (1841-1922); vgl. ›Über *The Purple Land*‹ in *Inquisitionen*.

Ricardo Güiraldes: arg. Autor (1886-1927); sein Gauchoroman erschien auch deutsch als *Der Gaucho Sombra*.

… immer nur wegen Totschlag: im Orig. *»por homicidio«*; gemeint ist: Ich habe immer nur wegen ehrenhafter Dinge gesessen, nie wegen Schändlichkeiten wie etwa Diebstahl.

»bessere, beliebige vergangene Zeit«: Zitat aus dem Gedicht *Coplas por la muerte de su padre* von Jorge Manrique (ca. 1440-1479), in dem es heißt, immer sei jede beliebige Vergangenheit besser gewesen als die jeweilige Gegenwart: *»Cualquier tiempo pasado fue mejor«*.

Die vorletzte Fassung der Wirklichkeit
Francisco Luis Bernárdez: arg. Literat, mit Borges befreundet.

Graf Korzybski: Alfred H. Korzybski (1879-1950), in Polen geborener US-Philosoph, Positivist, Semantiker.

Fritz Mauthner: Sprachphilosoph (1849-1923), verfaßte ferner *Der Atheismus und seine Geschichte im Abendland* (1920/23) u.a.

Baruch Spinoza: Philosoph (1632-1677); vgl. u.a. ›Spinoza‹ in *Die zyklische Nacht.*

Deus sive natura: »(entweder) Gott oder die Natur«.

Robert Clive, Warren Hastings: die ersten britischen Gouverneure von Bengalen, Amtszeiten 1765-67; 1772-85.

Herbert Spencer: engl. Philosoph (1820-1903), Hauptvertreter des Evolutionismus; von ihm, nicht von Darwin stammt die Formel *»survival of the fittest«.*

Gehör und Geruchssinn: Spencer und Borges irren hier insofern, als es durchaus Riech- und Klangrichtungen gibt, vgl. die Schallorientierung der Fledermaus, die Klangveränderung beim Nahen/Entfernen einer Polizeisirene, die Geruchsorientierung zahlreicher Tiere. Die Abhängigkeit eines Raumbewußtseins ausschließlich von Sehen, Tasten etc. ist bestenfalls eine schwache Hypothese.

Die abergläubische Ethik des Lesers
Miguel de Unamuno: span. Autor und Gelehrter (1864-1936), verfaßte u.a. *Agonía del cristianismo*, war lange Zeit Rektor der Universität Salamanca.

Polonius, Gracián: vgl. Anm. zu ›Evaristo Carriego‹, Kap. VII.

Agudeza…: Über Graciáns ästhetische Schrift (etwa: »Geistesschärfe und Kunst der Erfindung«) schrieb E.R. Curtius: »Die Originalität Graciáns besteht … darin, daß er als erster und einziger das System der antiken Rhetorik für ungenügend erklärt und es durch eine neue Disziplin ergänzt hat, für die er systematische Geltung in Anspruch nimmt. Die Alten überließen sich der Kraft des ›Ingeniums‹, für die Geistesschärfe (›agudeza‹) haben sie nichts getan« (*Europäische Literatur und lateinisches Mittelalter,* Bern 1948, S. 299).

Guzman de Alfarache: Schelmenroman von Mateo Alemán (ca. 1547-1613).

Quevedo: Francisco de Quevedo y Villegas; vgl. Anm. zu ›Evaristo Carriego‹, Kap. IV.

Leopoldo Lugones: vgl. Anm. zu ›Die Gaucho-Dichtung‹.

Paul Groussac: vgl. Essay in diesem Band.

Sir Thomas Browne: engl. Arzt und Autor (1605-1682), gilt als einer der besten engl. Prosastilisten überhaupt; verfaßte neben dem *Urne Buriall* u.a. *Religio Medici* (Die Religion eines Arztes) und *Pseudodoxia Epidemica* (Über allgemeinen Irr- und Aberglauben), bereicherte die engl. Sprache um einige Wörter (z.b. *umbrella*), etc.

Góngora: Luis de Góngora y Argote, vgl. Anm. zu ›Evaristo Carriego‹, Kap. VII.

Je suis navré: ursprünglich etwa: »Es zerreißt mir das Herz«, heute nur noch »tut mir leid«.

ces plus beaux…: »diese schönsten Verse der Welt«.

Der andere Whitman

Der amerikanische Dichter Walt Whitman lebte 1819-1892; eine Auswahl aus seinen *Leaves of Grass* übersetzte und edierte Borges 1970.

Sohar oder Buch vom Glanz: eines der Hauptwerke der Kabbala.

licence majestueuse: etwa »majestätische Freiheit« (die man sich herausnimmt).

Ralph Waldo Emerson: amerik. Essayist und Dichter (1803-1882), verfaßte u.a. *Society and Solitude*.

Die Perser: Tragödie von Aischylos (ca. 525-455 v. Chr.).

Schiffskatalog: vgl. *Ilias* II, 493f.

And of the threads…: »Und von den Fäden, die die Sterne verbinden, und von Leibern und vom Vaterstoff«.

From what the divine…: »Von dem, was der göttliche Gatte weiß, vom Werk der Vaterschaft«.

I am as one…: »Ich bin wie ein Entleibter, Triumphierender, Toter«.

Hugo: gemeint ist Victor Hugo.

Die Whitman-Gedichte wurden nach Borges übersetzt, unter Vergleich mit den Originalen; allerdings sind die Abweichungen eher geringfügig. In ›Once I Passed…‹ (zu Zeile 6 der Übersetzung) heißt es bei Borges »que me demoró por amor«, bei Whitman »who detain'd me for love of me«. Dies stellt bereits die gröbste Abweichung dar.

Eine Rechtfertigung der Kabbala

Jeremy Taylor: engl. Geistlicher und Autor (1613-1667); verfaßte u.a. *Rule and Exercise of Holy Living, Dissuasive from Popery* etc.

Irenäus: Kirchenvater aus Kleinasien, gestorben ca. 200 als Bischof von Lyon und Vienne; bekämpfte durch seine Schrift *Adversus haereses* (Wider die Ketzer) den Gnostizismus.

zeitloses Zeitwort: im Orig. undekliniert deutsch.

Paulinus: P. von Nola (353-431), 378 Konsul in Rom, ab 394 in Nola, dort ab 409 Bischof, verfaßte u. a. Hymnen und gilt als Erfinder der Kirchenglocken.

Athanasius: »Vater der Orthodoxie« (ca. 295-373), seit 328 Bischof in Alexandria, Hauptwortführer der Orthodoxen gegen die Arianer.

Macedonius: Patriarch der Ostkirche (?-362), während der arianischen Kontroverse zweimal (342-48, 350-60) Bischof von Konstantinopel. Nach ihm benannten sich später die Macedonianer oder *Pneumatomachoi*, die die Göttlichkeit des Heiligen Geistes leugneten.

Sozinianer: Anhänger der Lehre des Laelius Socinus (eigentl. Sozzini, 1525-1562), der statt der Dreifaltigkeit die Einheit Gottes verfocht und Göttlichkeit nur dem Vater zusprach.

Gibbon: vgl. Kap. L in Bd. 9 von *History of the Decline and Fall of the Roman Empire*.

Zu diesem Essay vgl. auch. ›Geschichte der Ewigkeit‹ in *Niedertracht und Ewigkeit*.

Eine Rechtfertigung des falschen Basilides
Quevedo: vgl. Anm. zu ›Evaristo Carriego‹, Kap. IV.

Irenäus: vgl. Anm. zu ›Kabbala‹.

Satornilos: frühchristlicher Gnostiker, lebte ca. 100 AD in Syrien.

Occam: Wilhelm von Occam (Ockham), engl. Scholastiker (ca. 1300-1350), einer der wichtigsten Vertreter des Nominalismus, betrieb die Trennung von Philosophie (damit Wissenschaft allgemein) und Theologie. Der zitierte Satz: »Die Wesen(heiten) sind nicht über Gebühr/Notwendigkeit hinaus zu vervielfachen«.

Valentinus: Aus Alexandria stammender Gnostiker, 2. Jh.

Simon Magus: vorchristlicher Gnostiker, Magier in Samaria und evtl. Rom unter Kaiser Claudius (41-54 AD); der Ketzerhistorie zufolge Vater aller Ketzerei.

Augustin, Universum: vgl. ›Geschichte der Ewigkeit‹ in *Niedertracht und Ewigkeit*.

Strauß: David Friedrich S. (1808-1874), Theologe und Philosoph, verfaßte u. a. *Das Leben Jesu* und *Die christliche Glaubenslehre*.

Novalis, Rimbaud, Richter: Zitate nicht eindeutig zu ermitteln; bei Richter könnte es sich um Jean Paul Richter handeln.

Die Realitätsforderung
David Hume, George Berkeley, Benedetto Croce: vgl. einschlägige Lexika.

Góngora: vgl. Anm. zu ›Evaristo Carriego‹, Kap. VII.

William Morris: engl. Autor, Künstler, Sozialist (1834-1896); vgl. auch ›Die Erzählkunst und die Magie‹.

La gloria de don Ramiro: historischer Roman über das Spanien Philipps II. von Enrique Rodríguez Larreta (Argentinien, 1875-1961).

Fußnote: Kiplings Erzählung ›Die beste Story der Welt‹ in *Vielerlei Schliche*, Zürich 1987.

Filme
Der Mörder Dimitri Karamasoff: Deutschland 1931, Regie Fedor Ozep.

The Docks of New York: USA 1928; Regie Josef von Sternberg.

City Lights: USA 1931, Regie Charles Chaplin.

The Gold Rush: USA 1925, Regie Charles Chaplin.

The Private Life of Helen of Troy: USA 1927, Regie Alexander Korda.

For the Defense: USA 1930, Regie John Cromwell.

Street of Chance: USA 1930, Regie John Cromwell.

The Crowd: USA 1928, Regie King Vidor.

Broadway Melody: USA 1929, Regie Harry Beaumont.

Frank Borzage: Regisseur (1893-1962).

Harry Langdon: Regisseur und Schauspieler (1884-1944).

Buster Keaton: Regisseur und Schauspieler (1895-1966).

Sergej Eisenstein: Regisseur (1898-1948).

Charles Spencer Chaplin: Regisseur und Schauspieler (1889-1977).

Morocco: USA 1930; Regie Josef von Sternberg.

Underworld: USA 1927, Regie Josef von Sternberg.

Martín Fierro: vgl. ›Die Gaucho-Dichtung‹.

The Dragnet: USA 1928, Regie Josef von Sternberg.

Cecil B. de Mille: Regisseur, Spezialist für Massenszenen (1881-1959).

Alexander Blok: russischer Dichter (1880-1921).

Walt Whitman: vgl. die beiden Essays im vorliegenden Band.

Krazy Kat, Bimbo: Figuren aus Zeichentrickfilmen.

Hallelujah!: USA 1929, Regie King Vidor.

Billy the Kid: USA 1930, Regie King Vidor.

Elmer Rice: eigentl. E. Reizenstein, US-Dramatiker (1892-1967).

William Morris: engl. Autor, Künstler, Sozialist (1834-1896), Inspirator der Präraffaeliten, Übersetzer bzw. Nachdichter antiker und nordischer Sagenstoffe.

Apollonios Rhodios: griech. Dichter (ca. 295-215 v. Chr.); ob die *Argonautika* tatsächlich von ihm stammt, ist nicht ganz sicher.

Samuel Taylor Coleridge: engl. Dichter (1772-1834), Autor von *Rhyme of the Ancient Mariner* u. a.; der Satz »that willing suspension of disbelief for the moment, which constitutes poetic faith« steht in *Biographia Literaria*. Vgl. auch zwei mit Coleridge befaßte Essays in *Inquisitionen*.

Where bears...: »Wo der Zentauren Pfeile Bären und Wölfe finden« (oder umgekehrt).

And by their faces...: Und an ihren Gesichtern konnte die Königin sehen, wie lieblich all dies war, wenngleich es den erschöpften Mühseligen auf dem bitteren Meer keine Geschichte erzählte [noch nichts sagte].«

for they were...: »denn sie waren nahe genug, um den böigen Abendwind lange Haarlocken über die weißen Leiber wehen und mit goldener Gischt ein Wonnekleinod verbergen zu sehen.«

such bodies...: »Solche Leiber mit Goldgirlanden, so fein, so hold«.

Paul Valéry: Borges bezieht sich vermutlich auf die Zeile »la mer, la mer, toujours recommencée«, das immer wieder neu begonnene/beginnende Meer, in Valérys *Cimetière Marin*.

Victorieusement...: etwa »Siegreich war der Selbstmord schön(es) Glorienvlies, Blutschaum, Gold, Sturm!«

Melville: Hinweis auf Kap. XLII von *Moby Dick*.

Joan Crawford: US-Schauspielerin (1906-1977).

Frazer: James George Frazer (1854-1941), Autor der großen mythologisch-religionswissenschaftlichen Untersuchung *The Golden Bough*.

Heilsalbe, Kenelm Digby: Der engl. Autor, Diplomat und Marineoffizier K. D. (1603-1665) war eines der ersten Mitglieder der Royal Society; er entdeckte die Bedeutung des Sauerstoffs für das pflanzliche Leben und glaubte an die Heilung von Wunden durch allerlei sympathetische Verfahren.

As all stars...: »Wie alle Sterne in der einen Sonne schrumpfen, so sind der Wörter viele, aber Das Wort ist eins« bzw. »... aber das Wort ist Eins«.

Estanislao del Campo: vgl. ›Die Gaucho-Dichtung‹.

The Showdown: mehrere US-Filme; allerdings war keiner zu ermitteln, der vor dem Datum des Essays (1932) gedreht wurde.

La ley del hampa: so nicht zu ermitteln; evtl. *Law and Order,* USA 1932, Regie Edward L. Cahn.

Dishonored: USA 1931, Regie Josef von Sternberg.

Paul Groussac
P. G. (1848-1929) wurde in Frankreich geboren, wanderte als junger Mann nach Argentinien aus, verfaßte vor allem Essays und kritisch-literaturgeschichtliche Texte; war zuletzt Direktor der Nationalbibliothek Buenos Aires. Außerdem Lyrik, Erzählungen, Theater, Reiseberichte.

Alfonso Reyes: mexikanischer Autor und Gelehrter (1889-1959), zeitweilig diplomatischer Vertreter Mexikos in Argentinien, dort mit Borges befreundet, der ihn für den besten hispanischen Prosastilisten des Jahrhunderts hielt.

José Hernández: Autor des *Martín Fierro*; vgl. ›Die Gaucho-Dichtung‹.

facit indignatio…: vgl. Anm. zu ›Die Gaucho-Dichtung‹.

Renan: Ernest R. (1823-1892), berühmt durch sein Buch *La vie de Jésus* (»Das Leben Jesu«).

Dr. Samuel Johnson: engl. Autor und Gelehrter (1709-1784), berühmt vor allem wegen zahlreicher von Boswell in *The Life of Johnson* kolportierter Anekdoten und Sentenzen sowie wegen seines *Dictionary.*

Die Dauer der Hölle
Propaganda, katholischer Begriff: Borges bezieht sich auf das Kollegium für die *propaganda fidei,* »zur Verbreitung des Glaubens«.

Tertullian: Der Kirchenvater Quintus Septimus Florens Tertullianus (ca. 160-220) wurde in Karthago geboren.

die literarischen Höllen Quevedos: vgl. u. a. *Träume* und *Die Fortuna mit Hirn* (Frankfurt 1966).

Diego de Torres y Villarroel: span. Autor (1693-1770), verfaßte u. a. kurze Stücke (*Sainetes*), eine kontroverse Autobiographie (*Vida*) und das Unterwelts-Szenario *La barca de Aqueronte.*

gêner: Das Verb (»quälen, stören« etc.) sowie das Substantiv *gêne* sind laut *Petit Robert* und Dauzats *Dictionnaire Etymologique* abgeleitet von *gehenna,* »Brandplatz, Hölle« (hebr.).

Gibbon, Geschichte: *History of the Decline and Fall of the Roman Empire.*

Bunyan: der engl. Dichter und Prediger John Bunyan (1628-1688), verfaßte u.a. *The Holy War, The Holy City* sowie vor allem *The Pilgrim's Progress.*

Richard Whately: engl. Logiker und Geistlicher (1787-1863), verfaßte ca. 1820/23 (?) sein witziges Gedankenspiel *Historic Doubts relative to Napoleon Bonaparte,* in dem er, um exzessiven Skeptizismus zu widerlegen, mit dessen analytischen Mitteln nachwies, daß Napoleon Teil eines großeuropäischen Sonnenmythos sei und niemals existiert habe. Whatel war Professor in Oxford, später anglikanischen Erzbischof von Dublin; ferner verfaßte er *Logic* sowie *Rhetoric* und religiöse Traktate.

Rothe: evtl. der Theologe Richard Rothe (1799-1867), zuletzt Prof. in Heidelberg; verfaßte *Die Anfänge der christlichen Kirche, Theologische Ethik, Zur Dogmatik* u.a. Borges bezieht sich mit dem Datum 1869, zwei Jahre nach Rothes Tod, evtl. auf die 1867-1874 erschienene 2. Auflage von *Theologische Ethik.* Der folgende Verweis auf die *Dogmatik* spräche allerdings für einen simplen Druckfehler, da diese 1863 erschien. Zu Rothes Jenseitsvorstellung vgl. auch Ambrose Bierce, »Die Straße im Mondlicht« (in *Horrorgeschichten,* Zürich 1988).

detestabile ...: etwa »abscheulicher Umgang mit bösen Geistern«.

Fußnote: sabianische Hölle – evtl. zu Sabier bzw. Mandäer. Rest einer gnostischen Sekte, der sich lange nahe Bagdad hielt.

Swedenborgs Hölle: vgl. ›Emanuel Swedenborg‹ in *Die letzte Reise des Odysseus.*

Die Homerübersetzungen

Bertrand Russell: engl. Philosoph und Mathematiker (1872-1970), Nobelpreis für Literatur 1950; vgl. ›Geschichte der Ewigkeit‹ und ›Ewige Wiederkehr‹ in *Niedertracht und Ewigkeit.*

Die wichtigsten Übersetzer und Kommentatoren:

George Chapman (1559-1634); Andrew Lang (1844-1912); William Morris (1834-1896); Samuel Butler (1835-1902); Alexander Pope (1688-1744); Rémy de Gourmont (1858-1915); William Cowper (1731-1800).

italienisches Sprichwort: »Traduttore-traditore«, der Übersetzer ist Verräter.

Augustín Moreto y Canbaña: span. Dramatiker (1618-1669); zur idiomatischen »Heiligkeit« des Tages vgl. die deutsche »Lieblichkeit« des lieben langen Tages.

Robert Browning: Borges bezieht sich hier auf *The Ring and the Book* des engl. Dichters (1812-1889), über einen römischen Mordprozeß des Jahres 1698 in zwölf dramatischen Monologen.

Newman und Arnold: vgl. hierzu ›Die Übersetzer von *1001 Nacht*‹ in *Niedertracht und Ewigkeit* sowie Anm. dazu.

Die hier diskutierte Stelle (*Odyssee* XI, 533-537) lautet bei J. H. Voss:

»Als wir die hohe Stadt des Priamos endlich zerstöret,
Stieg er, mit Ehrengeschenken und großer Beute bereichert,
Unbeschädigt ins Schiff, von keinem fliegenden Erze,
Noch von der Schärfe des Schwerts verwundet, welches doch selten
Tapfere Streiter verschont; denn blindlings wütet der Kriegsgott.«

Der ewige Wettlauf zwischen Achilles und der Schildkröte
Zenon von Elea: griech. Philosoph (ca. 490-430 v. Chr.); vgl. hierzu auch ›Die Lehre von den Zyklen‹ in *Niedertracht und Ewigkeit*.

George Henry Lewes: engl. Autor (1817-1878) mit vielfältigen Talenten und Interessen; Dramatiker, Essayist, Verfasser von Aufsätzen über Hegel, das spanische Drama, Comtes Positivismus, *Life of Goethe*, ferner Lebensgefährte und Förderer von George Eliot (Mary Ann Evans, 1819-1880, *Middlemarch* etc.). Die *Biographical History of Philosophy* erschien 1845/46.

Henri Bergson: frz. Philosoph (1859-1941); vgl. ›Die Zeit‹ und ›Die Unsterblichkeit‹ in *Die letzte Reise des Odysseus*.

diskontinuierliche Zeit: These von William James (1842-1910); vgl. ›Geschichte der Ewigkeit‹, a. a. O.

Bemerkungen über Walt Whitman
Vgl. früheren Essay ›Der andere Whitman‹ im vorliegenden Band. Die Verweise zu Beginn beziehen sich auf:

Apollonios Rhodios (ca. 295-215 v. Chr.), *Argonautika*; Marcus Annaeus Lucanus (39-65), *Pharsalia*; Luis Vaz de Camões (ca. 1525-1580), *Os Lusíadas*; John Donne (1572-1631), *Of the Progres of the Soule*; John Milton (1608-1674), *Paradise Lost*; Abu'l-Qasim Mansur ibn-e Hasan Firdausi (ca. 940-1020), *Schahnameh*; Louis de Góngora y Argote (1561-1627), *Soledades*; Stéphane Mallarmé (1842-1898); Walter Pater (1839-1894); *tout aboutit…*: »Alles mündet in ein(em)

Buch«, von Mallarmé; William Butler Yeats (1865-1939); Henri Barbusse (1873-1935); Lascelles Abercrombie (1881-1938); Edmund Gosse (1849-1928).

Vathek: Orientalisierender Schauerroman von William Beckford (1760-1844); vgl. Borges' Essay hierzu in *Inquisitionen.*

Edmond Teste: Figur bei Valéry.

Heraklit, Plotin: vgl. ›Geschichte der Ewigkeit‹, a.a.O.

Attar: der persische Dichter Fard ud-Din Attar (ca. 1140-1230); zu ihm und seinem *Manteq at-tair* vgl. ›Der Weg zu Almotasim‹ und Borges' Fußnote in *Niedertracht und Ewigkeit.*

Fußnote: Die Verse von James Elroy Flecker (1884-1915) lauten: »O unerblickter, ungeborener, unbekannter Freund, Student unserer lieblichen englischen Sprache, lies meine Verse nachts, allein: Ich war ein Dichter, ich war jung.«

Volney: der frz. Autor François de Chasseb œuf, Comte de Volney (1757-1820), Autor von *Les ruines.*

Horaz: Borges bezieht sich vermutlich auf den Vers »exegi monumentum aere perennius«, ich habe mir ein Denkmal errichtet, das dauerhafter ist als Erz (Oden III, 30).

not marble…: »Nicht Marmor, nicht die vergoldeten Monumente«.

Inkarnationen der Schildkröte
Vgl. ›Der ewige Wettlauf…‹ und Anm.

Agrippa: Der Skeptiker lebte vermutlich um die Zeitenwende; von ihm stammen die später immer wieder aufgegriffenen Grundpositionen des Skeptizismus – zum Beweis einer Tatsache bedarf es des Beweises einer vorauszusetzenden Tatsache usw. *ad infinitum*; sinnliche und intellektuelle Erkenntnis sind abhängig von der Beschaffenheit des zu Erkennenden und des Erkennenden, also veränderbar und niemals absolut; Erkenntnis ist Überprüfung einer Hypothese durch Sinne und/oder Verstand, damit (s.o.) zwangsläufig relativ und somit nicht wertvoller oder korrekter als die Hypothese ohne Überprüfung; Sinnesdaten und Verstandesdaten bedürfen der gegenseitigen Stützung bzw. Überprüfung, ergeben somit einen Zirkelschluß und führen nicht zu logisch haltbaren Ergebnissen.

Sextus Empiricus: griech. Arzt und Philosoph (ca. 200-250), wirkte in Alexandria und Athen; als Philosoph Skeptiker, als Arzt Empiriker, der für die Behandlung von Kranken die Abkehr von Theoriegebäuden über Säfte, Sphären etc. und die kritische Betrachtung von Ursachen und Wirkungen forderte.

Thomas von Aquin: Scholastiker (1225-1274), zog scharfe Grenze zwischen Glauben und Wissen, verband gleichzeitig die Lehren der Kirche mit der Philosophie des Aristoteles; seit 1879 der »offizielle« Philosoph der kath. Kirche.

Rudolf Hermann Lotze: Physiologe und Philosoph (1817-1881), ab 1844 Prof. in Göttingen, suchte eine Synthese zwischen der Metaphysik des Idealismus und den exakten Naturwissenschaften. Verfaßte u. a. *Logik, Metaphysik, Geschichte der Ästhetik.*

Bradley Francis Herbert: engl. Philosoph (1846-1924), seit 1876 Prof. in Oxford; von platonischen Traditionen beeinflußter Neuhegelianer.

Lewis Carroll: Pseud. von Charles Lutwidge Dodgson (1832-1898), Mathematiker und Autor (*Alice in Wonderland* etc.).

William James: amer. Philosoph (1842-1910), von Borges immer wieder zitiert. Hauptwerk *Principles of Psychology.*

Eine für Borges, Metaphysik und Aporie irrelevante Lösung des Problems formulierte u. a. B. Matzbach (*Common Sense und Uncommon Nonsense,* 1979): »Das Problem ist die unendliche Teilung. Wenn wir statt ›Die Schildkröte läuft zehnmal langsamer als Achilles‹ sagen, daß Achilles zehnmal schneller läuft als die Schildkröte, kommen wir zu einer endlichen Multiplikation. Die Kröte kriegt den üblichen Vorsprung; wenn sie bei elf Metern ist, ist Achilles bei zehn, und wenn sie bei zwölf ist, ist er bei zwanzig. Wenn Sie unbedingt einen *regressus* haben wollen, können Sie ja jetzt den Punkt auszurechnen versuchen, wo der Kerl die Kröte überholt.«

Rechtfertigung von Bouvard et Pécuchet
Edmund William Gosse: engl. Autor (1849-1928), mit den Präraffaeliten, Swinburne, Stevenson, James, Hardy befreundet, von H. G. Wells bezeichnet als »the official British man of letters«. Verfaßte u. a. *Father and Son,* Gedichte, lit. Biographien (z. B. über Donne, Ibsen, Swinburne); bedeutender Mittler neuerer frz. Literatur (Gide u. a.) in England.

Rémy de Gourmont: frz. Autor und Kritiker (1858-1915), verfaßte u. a. *Un cœur virginal.*

Pangloss und Candide: aus *Candide* von Voltaire.

Syllogismus: Schlußfolgerung/Beweis mit zwei Prämissen und

Conclusio, z. B. »Alle Menschen sind sterblich – X. ist ein Mensch – X. ist sterblich«. Die Scholastiker teilten die möglichen Formen des Syllogismus in Gruppen ein, je nach Qualität und Quantität der Prämissen.

Auserwähltheit der Toren: vgl. 1 Kor. 1:27.

Johannes Scotus Eriugena: Philosoph (ca. 810-877), versuchte christl. und neuplatonische Ideen zu verbinden; Hauptwerk *De civisione naturae*.

Moctezuma: Montezuma, Motecuzoma, der Aztekenherrscher Moctezuma II. Xocoyotzin (1467-1520).

Herbert Spencer: engl. Philosoph (1820-1903), Vertreter des Evolutionismus, *»survival of the fittest«*.

Hippolyte Taine: frz. Philosoph, Historiker und Kritiker (1828-1893), seit 1865 Prof. in Paris, Positivist.

Raimundus Lullus: der span./katal. Dichter, Theologe und Philosoph Ramón Llull (ca. 1235-1315); in seiner *Ars magna* versuchte er, durch Kombinatorik der obersten, allgemeinsten evidenten Begriffe alle übrigen Wahrheiten abzuleiten und anschaulich zu machen.

Agrippa: vgl. Anm. zu ›Inkarnationen der Schildkröte‹.

Flaubert und sein beispielhaftes Schicksal
John Middleton Murry: engl. Autor, Journalist (1889-1957), befreundet mit D. H. Lawrence, verheiratet mit Katherine Mansfield, gehörte zu den Förderern von Virginia Woolf, T. S. Eliot und Paul Valéry.

Ion: eines der Bücher Platons.

Aeneis: Epos von Vergil; Lemprière stellte im 19. Jh. ein *Classical Dictionary* zusammen.

Francesco Petrarca: ital. Dichter (1304-1374); Borges bezieht sich hier auf das 1338/42 entstandene Epos *Africa*.

Torquato Tasso: ital. Dichter (1544-1595); zu seinen Werken vgl. Text des Essays.

John Milton: engl. Dichter (1608-1674); *Paradise Lost*.

Matière de Bretagne: auch *Cycle breton*, altfrz. Sammlung der zum Artus-Komplex gehörenden Überlieferungen und Werke.

mot juste: das treffende Wort; *mot rare:* das ausgefallene Wort.

The Old Wives' Tale: Roman von Arnold Bennett (1867-1931).

O primo Basilio: Roman von Eça de Queirós (1845-1900).

»Der Endzweck...«: Mallarmés Zitat lautet: »Tout aboutit à un livre.«

George Moore: angloirischer Autor (1853-1933), verfaßte Gedichte und Erzählungen, Romane, Kritik.

Henry James: amer. Autor (1843-1916), seit 1869 in England, schrieb Romane und Erzählungen (*The Aspern Papers, The Turn of the Screw, Roderick Hudson* etc.).

Der argentinische Schriftsteller und die Tradition
Zu den einzelnen Autoren und ihren Werken vgl. ›Die Gaucho-Dichtung‹ und Anm.

Elfsilbler, Garcilaso: Garcilaso de la Vega (1503-1536), Autor von *Églogas* (Eklogen), übernahm den u.a. von Borges in seinen Sonetten verwendeten strengen Elfsilbler, dem Blankvers verwandt, von Petrarca.

La urna von Enrique Banchs (1888-1968) erschien 1911; vgl. ›Die Dichtung‹ in *Die letzte Reise des Odysseus*.

cuchillero: Messerstecher; *milonga:* Volkslied bzw. -tanz; *tapia:* Wand aus Lehmziegeln.

›Der Tod und der Kompaß‹: in *Fiktionen*.

Notizen
Über die Synchronisation
Die erwähnten Filme:

Alexander Newskij; UdSSR 1938, Regie Sergej Eisenstein.

The Mask of Dimitrios; USA 1944, Regie Jean Negulesco.

(Nazi:) *Voevoi kinosbornik Nr. 9*; UdSSR 1942, Leitung Mark Donskoi.

The Story of Dr. Wassell; USA 1944, Regie Cecil B. de Mille.

Dr. Jekyll und Edward Hyde, verwandelt
Die beiden früheren »Verleumdungen« Stevensons durch Hollywood wurden begangen 1921 von John S. Robertson und 1931 von Reuben Mamoulian.

Kolloqium der Vögel: vgl. ›Der Weg zu Almotásim‹ in *Niedertracht und Ewigkeit*.

Inhalt

Evaristo Carriego

Diskussionen

Anhang

Übersetzer:
* Gisbert Haefs
° Curt Meyer-Clason und Gisbert Haefs
+ Melanie Walz
alle anderen Übersetzungen Karl August Horst und Gisbert Haefs

Jorge Luis Borges
Werke in 20 Bänden

Herausgegeben von Gisbert Haefs
und Fritz Arnold

Mond gegenüber

Gedichte 1923–1929
Werke Band 1
Übersetzt von Gisbert Haefs
Band 10577

Borges' Gedichte aus den 20er Jahren waren auf Deutsch
bisher nur in einer Auswahl zugänglich. In diesem Band
liegen sie nun erstmals vollständig vor, und zwar in einer
spanisch-deutschen Ausgabe.

Fischer Taschenbücher

fi 2034/1

Jorge Luis Borges
Werke in 20 Bänden
Herausgegeben von Gisbert Haefs
und Fritz Arnold

Niedertracht und Ewigkeit

Erzählungen und Essays 1935–1936
Werke Band 3
Übersetzt von Karl August Horst
und Gisbert Haefs
Band 10579

Die Verwandlung des Rohstoffs Wahrheit zur Kunstform
Dichtung ist selten so genau und zugleich bizarr vorgeführt worden wie hier. Dabei entstanden kompakte Stories
von oft atemberaubender Dichte und Farbigkeit.

Fischer Taschenbücher

fi 2035/1